思想之光与文艺之路

《文艺观察》精选集

文新达 著

中国文联出版社

图书在版编目（CIP）数据

思想之光与文艺之路：《文艺观察》精选集 / 文新达著 . -- 北京：中国文联出版社，2024.10. -- ISBN 978-7-5190-5645-2

Ⅰ.Ⅰ206.7-53

中国国家版本馆 CIP 数据核字第 2024RV0712 号

著　　者　文新达
责任编辑　曹艺凡
责任校对　秀点校对
装帧设计　任　毅

出版发行　中国文联出版社有限公司
社　　址　北京市朝阳区农展馆南里 10 号
邮　　编　100125
电　　话　010-85923025（发行部）　　010-85923091（总编室）
经　　销　全国新华书店等
印　　刷　北京顶佳世纪印刷有限公司

开　　本　710 毫米 ×1000 毫米　1/16
印　　张　23.75
字　　数　260 千字
版次印次　2024 年 10 月第 1 版第 1 次印刷
定　　价　98.00 元

版权所有·侵权必究
如有印装质量问题，请与本社发行部联系调换

出版说明

2021年元月初，按照中国文联党组要求，中国文联理论研究室和中国艺术报社合作，在《中国艺术报》头版开设了《文艺观察》栏目，以"文新达"为笔名，以专栏的形式，刊发文艺类理论评论言论文章，截至2024年8月底已刊发139期。《文艺观察》栏目旨在深化习近平文化思想，特别是习近平总书记文艺工作重要论述的学理性、系统性、整体性研究阐释，及时准确传达贯彻党中央关于文艺文联工作的重大决策部署，以及中国文联党组各项工作要求，以深入浅出的道理明晰引导广大文艺工作者和各级文联组织学思想、悟真理、重实践，推动文艺文联工作实现高质量发展。

在专栏开办过程中，我们深耕选题、做好策划，所刊发的文章注重深度广度、强调厚度温度，有的从习近平总书记文艺工作重要论述给予的启示入手，有的集中探讨文艺文联各项具体工作，有的紧跟文艺领域和社会热点展开时评，既有针对某一重点问题的全方位深入剖析，也有从不同角度阐发、推动形成共识和合力的组论。同时，通过传统媒体和新媒体统筹发力，我们不断推动专栏的优质内容实现优质传播。专栏的品牌效应和引导价值不断彰显，得到了中国文联党组的肯定，受到了文艺领域乃至社会各界的广泛关注和普遍好评，并被中国报纸副刊研究会授予"2021年度报纸副刊优秀专栏"荣誉。

今年是习近平总书记主持召开文艺工作座谈会并发表重要讲话十周年。经中国文联同意，我们编辑出版这本《思想之光与文艺之路：〈文艺观察〉精选集》，分"实现中华民族伟大复兴需要中华文化繁荣兴盛""创作无愧于时代的优秀作品""坚持以人民为中心的创作导向""中国精神是社会主义文艺的灵魂""加强和改进党对文艺工作的领导"五个专题，对专栏文章加以精选和编排，使其思想上、内容上、逻辑上与习近平总书记文艺工作座谈会重要讲话精神更加紧密呼应，展现该系列文章的整体性、连贯性，旨在引导文艺界重温习近平总书记在文艺工作座谈会上的重要讲话，深刻体悟这篇闪耀着马克思主义真理光芒、充盈着中华文化独特气韵的纲领性文献的思想魅力、实践伟力。

精选集秉持优中选优的原则，采用原文选编与链接知识扩展相结合的形式，收录了 113 篇具有代表性的理论评论文章，部分文章在收录时对一些表述作了修改。其他未收入原文，欢迎查阅《文艺观察》专栏合集。为了让读者进一步加深对背景信息、文章内容的理解，我们选取与文章内容紧密相关的文联主责主业工作内容等作为链接知识并配以插图。

2024 年 8 月

目　录

**实现中华民族伟大复兴
需要中华文化繁荣兴盛**

1. 文化是民族生存和发展的重要力量

003　彰显文艺在强信心中的独特作用
007　为推动文化繁荣作出文艺贡献
　　　——自觉担负起新的文化使命 ①
011　为建设文化强国注入文艺力量
　　　——自觉担负起新的文化使命 ②
014　为中华民族现代文明增添文艺色彩
　　　——自觉担负起新的文化使命 ③
018　汇聚推进中国式现代化的文艺力量
020　奋力构筑巍然耸立的中华民族精神大厦

2. 文艺是时代前进的号角

022　凝聚奋斗共识　激扬奋进力量
026　重整行装再出发
031　文艺：在新的赶考路上交出更加优异的答卷
035　吹响奋进新征程的时代号角
038　新时代新征程上勇立文艺新功
041　让大历史观大时代观照亮文艺创作前路

3. 伟大事业需要伟大精神

044　让中华民族现代文明繁花似锦
047　让文艺之光照亮共同富裕的美丽梦想
051　高擎远征的精神火炬
053　奋力书写民族复兴新史诗

创作无愧于时代的
优秀作品

1. 文艺繁荣发展最根本的是创作生产优秀作品

059　奏响新时代现实主义文艺创作的最强音
062　在创作中展现时代的万千气象
065　用作品说话最有底气

2. 优秀文艺作品是思想性和艺术性的有机统一

068　以作品塑造人心　用品格担当责任
071　新的文化使命激发文艺能量
074　让文艺作品闪耀时代的辉光

3. 力戒浮躁创作优秀作品

076 远离浮躁创精品
079 读万千气象　涵艺坛书香
082 打造高品质节目推动高质量发展
085 胸怀两个大局，推动文艺高质量发展

4. 把创新精神贯穿文艺创作生产全过程

087 "两个结合"推动新时代文艺气象更新
091 为网络文明建设贡献文艺力量
094 推进媒体深度融合　繁荣发展新时代文艺
098 生动书写守正创新的文艺新篇章
101 坚定走文艺创新创造之路

5. 造就一支德艺双馨的文艺队伍

104 突出逻辑主线抓实文艺行风建设
107 走正路的艺术方能行稳致远
111 培养造就大批文学艺术家
115 闪亮的勋章　榜样的力量
119 立业先立德　为艺先为人

坚持以人民为中心的创作导向

1. 社会主义文艺是人民的文艺

125 走好新时代文艺创作的"群众路线"
128 站稳立场是出精品的根本前提
131 奏响人民群众精神富裕的华彩乐章

2. 人民需要文艺

134 打造新时代文明实践的文艺百花园
138 贯彻群众路线 凝聚文艺力量
142 做优文艺志愿服务 增强人民精神力量

3. 文艺需要人民

145 从人民生活和文化传统中汲取创作营养
148 与人民"艺"起前行
151 扎根生活 扎根人民 涵养文艺工作者的创造活力

4. 文艺要热爱人民

154 用文艺守护人民的心
158 始终走在高扬人民性的创作大路上

5. 文艺不能当市场的奴隶

161　新征程上文艺大军当守正道走大道
164　网络"清朗"行动，文艺界该如何作为？
167　依法依规代言广告也是重要的社会担当
170　热搜应当搜出正能量
173　对网络暴力要敢怒敢批敢管

中国精神是
社会主义文艺的灵魂

1. 文艺工作者要高扬社会主义核心价值观的旗帜

179　让文艺助力网络生态更加山清水秀
181　彰显行业新风正气　推动文艺高质量发展
184　让文艺志愿服务成为社会新风尚

2. 唱响爱国主义主旋律

188　讲好中国故事是文艺创作传播主旋律
191　唱响新征程自信自强的奋进之歌

3. 追求真善美是文艺的永恒价值

193　自觉遵守《中国文艺工作者职业道德公约》
　　共建山清水秀文艺生态
196　抢抓历史机遇　网聚新时代文艺正能量
199　高度警惕"娘炮形象"背后的审美偏狭
201　让文艺推动社会向美而行

4. 继承和弘扬中华优秀传统文化

204　传承中华优秀传统文化　让文物古籍活起来
208　在深刻把握连续性中涵养新时代文艺的文明根脉
　　——深刻把握中华文明的突出特性①
211　在深刻把握创新性中激发新时代文艺创造活力
　　——深刻把握中华文明的突出特性②
214　在深刻把握统一性中构筑中华民族共有精神家园
　　——深刻把握中华文明的突出特性③
217　在深刻把握包容性中拓宽新时代文艺的创作视野
　　——深刻把握中华文明的突出特性④
219　在深刻把握和平性中彰显新时代文艺的人类情怀
　　——深刻把握中华文明的突出特性⑤

5. 学习借鉴世界优秀文化成果

222　绘就人类文明新形态的文艺篇章
225　形塑可信可爱可敬的中国形象
228　共建美美与共的世界文明百花园
231　在世界舞台唱响中国文艺之声

加强和改进
党对文艺工作的领导

1. 党的领导是社会主义文艺发展的根本保证

235　深入践行"三牛"精神 推动文艺更大繁荣

238　坚持党的自我革命永不停歇

241　吹响风雨无阻向前行的号角

244　坚定不移沿着党领导的文艺发展道路不断前进

249　新时代新征程文艺文联工作的根本保证

252　从党的奋斗历史中汲取前进力量

2. 深入学习贯彻党的文艺创新理论

255　以习近平文化思想为指导回答好推动高质量发展的必答题
　　　——学习贯彻全国宣传思想文化工作会议精神系列评论①

259　持续深化习近平文化思想学习研究阐释
　　　——学习贯彻全国宣传思想文化工作会议精神系列评论②

262　在奋斗和实践中展现新气象新作为
　　　——学习贯彻全国宣传思想文化工作会议精神系列评论③

265　"彼此契合"为新时代文艺提供无尽滋养
　　　——"两个结合"指引新时代文艺发展①

268　"相互成就"为新时代文艺注入强劲动力
　　　——"两个结合"指引新时代文艺发展②

271　"道路根基"为新时代文艺引领壮阔前程
　　　——"两个结合"指引新时代文艺发展③

274 "创新空间"为新时代文艺打开广阔前景
——"两个结合"指引新时代文艺发展④

277 "文化主体性"为新时代文艺筑牢自信根基
——"两个结合"指引新时代文艺发展⑤

3. 紧紧依靠文艺工作者

280 聚焦做人的工作 向建成文化强国目标进军

283 谱写新时代中国文艺更加动人的青春华章

286 抓好"做人的工作"开创文联工作新格局

290 团结凝聚"文艺两新"成为有生力量

294 在青春的赛道上绽放文艺的风采

4. 尊重和遵循文艺规律

296 把握创作规律 繁荣文艺事业

299 增强系统观念 共谋文联发展

302 文艺新征程：团结就是力量

305 让调查研究为文艺高质量发展赋能

307 精心浇灌文艺繁荣发展之根

5. 充分发挥文联优势

309 争做抓落实促落实保落实的表率

312 文联"两个优势"是历史形成的，也是时代召唤的

315 善于从职能定位中 找准文联"两个优势"

318 让文联的组织优势汇聚起文艺奋进的力量

321　文联的优势应在"专"字上发力

324　贯通"两个优势"　彰显实践效能

6. 创新优化文联组织职能

328　加强文艺人才培训培养　为文化强国建设提供厚实支撑

332　以艺术教育之光塑造时代新人

335　让文艺评奖引领德艺双馨的行业风尚

338　维护文艺工作者合法权益文联组织责无旁贷、大有可为

341　做好会员工作　发挥文联优势

344　以深化改革成效汇聚文联发展新力量

348　让专委会真正"专"起来

7. 高度重视和切实加强文艺评论工作

351　文艺评论须增强历史主动

353　理论评论应观照艺术现场

355　构建中国特色评论话语正当其时

359　以科学的文艺评价体系推动行业建设

362　大力倡导文艺评论说真话、讲道理

实现中华民族伟大复兴

需要中华文化繁荣兴盛

1. 文化是民族生存和发展的重要力量

彰显文艺在强信心中的独特作用

2023年是全面贯彻落实党的二十大精神的开局之年，也是为全面建设社会主义现代化国家奠定基础的重要一年。前进的道路上，必然会遇到各种可以预料和难以预料的风险挑战、艰难险阻，甚至惊涛骇浪，尤其需要我们紧紧围绕党和国家中心任务，不断增强历史主动精神，极大彰显文艺聚人心、强信心、筑同心的重要作用，激励全体中华儿女为实现中华民族伟大复兴而团结奋斗。

党领导文艺的百年历史，就是一部文艺不断鼓舞斗志、提振信心、塑造精神的历史。中国共产党诞生这个开天辟地的大事变孕育了革命文艺。要唤醒"熟睡的人们"，打破黑暗憋闷的"铁屋子"，用呐喊改变"无声的中国"，党领导的文艺举起了国民精神的火炬，在斗争中组成一支文艺大军，唤起工农千百万，推翻了"三座大山"。新中国成立，开启了中华民族的新纪元。一唱雄鸡天下白，党领导的文艺奏起了人民共和的乐章，书写艰苦奋斗的创业史，唱响发愤图强的东方红，鼓舞人民守护来之不易的新中国、建设当家做主的新世界。改革开放新时期，党领导的文艺吹起了抚慰心灵、解放思想的浩荡春风，文艺百花园里写满了春天的故事，激励中国人民改革创新、大踏步地赶上时代。党的十八大以来，中国特色社会主义进入新时代，中华民族迎来了从站起来、富起来到强起来的伟大飞跃。党领导的文艺刻画了人民奋斗的火热美景，记录了时代进步的铿锵足音，点燃了民族复兴的伟大梦想，在中国式现代化道路上谱写了一曲曲感人至深的文艺篇章。

历史用不可辩驳的事实告诉我们，一个民族的觉醒，首先是文化上的觉醒；一个国家的强盛，首先是文化上的强盛。建成社会主义现代化强国，不仅要有强大的物质力量，更要有强大的精神力量；不仅在物质上富足，而且在精神上富有。没有深厚的文化底蕴，没有持续的文化创新，没有先进文化的积极引领，没有人民精神世界的极大富足，一个国家和民族就难以获得持久的前行动力和坚实的崛起支撑，不可能走向世界舞台中央，也不可能屹立在世界民族之林。文联组织应充分发挥组织优势和专业优势，最大限度、最大范围、最大可能团结文艺工作者，聚焦时代主题，高扬爱国主义旗帜，创作推出一大批筑牢信仰之源、信念之坚、信心之力的精品力作，为激励中国人民共创强国业、同圆中国梦提供强大精神支撑。

踏上新征程，人民群众的期待"水涨船高"，渴望更多优秀的文艺作品，追求更高品质的文化生活，迫切需要我们为人民群众奉献精神食粮时，既要解决"有没有""多不多"的问题，更要解决"优不优""均不均"的问题，从而更好地满足人民群众精神文化需求，推动实现精神共同富裕。文艺不仅应满足人民群众对美好生活的向往，更应引导人民群众向往美好生活。文艺带来的向上向善向

歌曲《大爱苍生》录制留影

美,与时代的精神、历史的浩然、社会的正气、生活的真谛、人民的善良是浑然一体的。广大文艺工作者应把脚步深扎到广袤的中华大地,把眼睛朝向人类精神世界的最深处,把笔端倾注在伟大的时代、伟大的民族和伟大的人民,向全社会传达催人奋进的精神、包容和谐的气度、至真至爱的温暖,让向往美好的信心信念成为历史前进中战胜一切的强大力量。

今天的中国,创造了世所罕见的经济快速发展奇迹、社会长期稳定奇迹和人类文明史上人口大国走出疫情大流行奇迹,取得了新时代十年彪炳史册的非凡成就,为文艺书写中国式现代化新道路、人类文明新形态、中华民族新史诗提供了前所未有的广阔舞台。我们坚信,拥有勇往直前、无坚不摧的精神力量,就一定能够创造出一个又一个人间新的奇迹。

链接知识

2020年年初,面对突如其来的新冠疫情,中国文联团结引领广大文艺家、文艺工作者,统筹各级文联协会,迅速行动,集中推出形式多样、内容积极的文艺作品,创新文艺志愿服务模式,为抗击疫情提供精神动力,为人民群众提供精神食粮。由梁芒作词,舒楠作曲,吴京、沈腾、海霞、雷佳、王力宏等海峡两岸暨港澳地区18位文艺工作者共同录制的抗疫主题MV《坚信爱会赢》,唱响中国人民坚定信心、同舟共济、共克时艰的时代强音,抖音播放总量达42亿次。由中国文联副主席、中国音乐家协会主席叶小钢牵头众多音乐家创作的歌曲《大爱苍生》抚慰疫情创伤、传递奋进力量,在非常时期起到了强信心、聚民心、暖人心、筑同心的独特作用。

为推动文化繁荣作出文艺贡献
——自觉担负起新的文化使命 ①

习近平总书记在文化传承发展座谈会上的重要讲话强调，在新的历史起点上继续推动文化繁荣、建设文化强国、建设中华民族现代文明，要坚定文化自信，坚持走自己的路，立足中华民族伟大历史实践和当代实践，用中国道理总结好中国经验，把中国经验提升为中国理论，实现精神上的独立自主。

没有中华文化繁荣兴盛，就没有中华民族伟大复兴。推动文化繁荣，既是新的文化使命的重要内容，也是实现民族复兴的基本前提。推动文化繁荣，文艺高质量发展是重要支点，文艺百花齐放、硕果累累是重要方面，文艺精品迭出、人才辈出以及文艺生态山清水秀是重要标识。

衡量一个时代的文艺成就最终要看作品。五千年中华文明，从《诗经》、《楚辞》、汉赋，到唐诗、宋词、元曲、明清小说等，那些璀璨耀眼的不朽作品，不仅为那个时代铸就起一座又一座的文艺高峰，而且为历史留下了一个又一个的精神坐标，让我们感到无比自豪，无比自信。文化自信是一种对自身文化理想、文化价值以及文化生命力、创造力的高度信心，是一个国家、一个民族发展中最基

文艺工作者在河南省郏县冢头镇柏坟周村为村民讲故事

本、最深沉、最持久的力量,能够为文艺创作提供丰厚的文化底蕴和强大的精神推力。没有文化自信,不可能写出有骨气、有个性、有神采的作品。只有树牢文化自信之根,才能结出文艺精品之果。新时代以来那些立得住、传得开、留得下的标志性作品,无不是创作者从中华优秀传统文化中蕴含的思想观念、人文精神、道德规范汲取滋养并观照现实生活和时代精神,从而唤起人们心中深沉的文化力量和强烈的情感共鸣。这是新时代文艺创作实践得出的一条重要结论。中华优秀传统文化是文艺创作的制胜密码。

作品是立身之本，人才是兴业之基。从作品可以看出人品，作品背后站立着的永远是人，创作者的思想水平、业务水平、道德水平是根本。坚持以人民为中心的创作导向，推出更多增强人民精神力量的优秀作品，培育造就大批德艺双馨的文学艺术家和规模宏大的文化文艺人才队伍，这是党的二十大作出的重要部署。近年来，文联着眼抓好事业后继有人这一根本大计，分层分级加强文艺人才队伍培养和梯队建设，努力构建起门类齐全、覆盖广泛、梯队衔接的新时代文艺人才体系。思想的感召是最有力的感召，政治的引领是最坚定的引领，团结引领广大文艺工作者以如磐初心涵养政治定力和艺术理想，以如炬赤诚锤炼艺术品格和专业素养，是文联组织优势所在、价值所系。只有真心爱才、悉心育才、倾心引才、精心用才，新时代的文学家、艺术家才能像泉水一样奔涌而出，中国文艺的天空才会更加群星灿烂。

优秀作品是文艺之树结出的花果，优秀人才是支撑文艺之树向阳生长的根脉。文艺百花园的馥郁芬芳和硕果累累，离不开良好的文艺生态。在山清水秀、天朗气清的土壤和环境下，精品和人才才能不断涌现。新时代气象万千，新征程英雄豪迈，新使命神圣光荣。自信自强、守正创新的当代中国，为文艺繁荣提供了丰厚的土壤、优良的环境，也为广大文艺工作者实现艺术理想创造了难得的历史机遇。这需要我们纵目时代上空，飘扬使命旗帜，在深厚沃土中培植文艺正气，在和煦阳光下蓄积奋进力量，让向上向善的文艺成为新时代的号角，催动中国式现代化全面推进。文联组织应大力选树宣传先进典型和模范人物，对文艺界违法失德现象和行为敢于发声亮剑并依法依规依章程严肃处理，建立健全行风建设联动机制，把稳行风建设的方向盘，树立行业建设和职业发展的红绿灯，引导广大文艺工作者担当使命、扎根人民、创新求精、健康批评、崇德尚艺，在艺术人生之路上正道直行、阔步向前。

> **链接知识**
>
> "一带一路"民间文化探源工程是国家财政扶持重点项目，以"立足当代、观照历史、着眼未来"为主题，涉及民间文艺学、民俗学、历史学、考古学、文化人类学、民族学、社会学等诸多学科领域，自2016年1月起，由中国文联、中国民协负责实施，先后走进河南、河北、湖北、陕西、新疆、黑龙江、福建、广东、贵州、江苏等地，旨在通过新思想、新经验、新方法、新途径挖掘深厚丰富的民间文化资源，探寻"活化"民间文化资源的经验与良方。

为建设文化强国注入文艺力量
——自觉担负起新的文化使命②

文化是一个国家、一个民族的灵魂。文化兴则国家兴，文化强则民族强。党的二十大鲜明宣示到2035年我国发展的总体目标，这其中就包括建成文化强国。习近平总书记在文化传承发展座谈会上进一步提出了新时代新的文化使命这一重大命题，建设社会主义文化强国是其中的重要内容。中国文联作为党和政府联系广大文艺工作者的桥梁和纽带，在团结引领文艺工作者、繁荣发展社会主义文艺事业方面肩负重要职责，理应在担负建设社会主义文化强国这一重要文化使命中发挥更大作为，为强国建设、民族复兴提供更多强大正能量。

建设社会主义文化强国，需要建设具有强大凝聚力和引领力的社会主义意识形态。我们党是具有高度文化自觉的党，在党领导文艺的百年历程中，高度重视并充分发挥文艺引领风尚、教育人民、服务社会、振奋人心、推动发展的重要作用，培养了一大批有信仰、有情怀、有担当的优秀文艺家，创作了一大批讴歌党、讴歌祖国、讴歌人民、讴歌英雄的文艺精品，开辟了一条以马克思主义为指导、符合中国国情和文化传统、高扬人民性的文艺发展道路。特别是新时代非凡十年，文艺战线在增强人民精神力量、振奋民族精神方面发挥了重要作用。新征程上，文联组织必须以马克思主义中国化时代化最新成果指导文艺实践，坚持守土有责、守土负责、守土尽责，加强评奖评论、教育培训、座谈研讨、展演展示、传播出版、对外交流等各个阵地建设和管理，用文艺唱响时代主旋律最强音，不断巩固马克思主义在意识形态领域的指导地位，巩固全党全国各族人民团结奋斗的共同思想基础。

精神文明的高度决定了一个国家、一个民族的高度。精神文明始终是一个国家走向强大的根本支撑。建设社会主义文化强国，需要建设具有强大生命力和创造力的社会主义精神文明。"仓廪实而知礼节，衣食足而知荣辱。"现阶段，人民群众对美好生活的向往已经从物质需求向精神需求跃升，对于优质精神文化食粮的期盼更加凸显，对于文艺作品有着更高的审美诉求。文联组织应坚持以人民为中心，以发挥"两个优势"促进"做人的工作"和"推动文艺创作"深度贯通起来，策划开展百花齐放、精彩纷呈的文艺活动，积极助力新时代文明实践中心建设，引导广大文艺工作者大力践行社会主义核心价值观，追求德艺双馨，推出更多增强人民精神力量的优秀作品，激发全民族文化创造活力，共筑中华民族共有精神家园。

文化软实力是一个国家综合国力的体现。中华文化软实力积淀着中华民族的文化根脉，彰显着中华优秀传统文化、革命文化、社会主义先进文化的底色底蕴。建设社会主义文化强国，需要建设具有强大感召力和影响力的中华文化软实力。当今世界正经历百年未有之大变局，文明交流、文明互鉴的重要性更加凸显。饱含中华文化精髓的优秀文艺作品可以超越国家和民族，架起心灵沟通的桥梁，更易引发情感共鸣，促进文化认同。同时，虚拟现实、增强现实、人工智能等科技手段又拓宽了文艺的表现手段，为增强艺术感受和传播力赋能。文联组织应团结引领广大文艺工作者坚定文化自信,增强技术敏感、生活敏感,不断推动中华优秀传统文化创造性转化、创新性发展,用更多彰显中国审美旨趣、传播当代中国价值观念、反映全人类共同价值追求的优秀作品,展示中华文明的精神标识和文化精髓,塑造更加可信、可爱、可敬的中国形象,促进国际社会对中华文化的理解和认同,为推进中国式现代化贡献更多文艺智慧和力量。

为中华民族现代文明增添文艺色彩
——自觉担负起新的文化使命③

习近平总书记在文化传承发展座谈会上发表重要讲话，立足新时代新征程关键历史节点和中华文明赓续传承伟大目标，向全党全国发出了担负起新的文化使命、建设中华民族现代文明的总动员，也为我们推动文艺文联工作创新发展提供了行动指南。

知所从来，方明所往。建设中华民族现代文明，需要文艺为中华文明的现代形态灌注生气。回首五千多年历史长河，作为世界上唯一没有中断的文明，中华文明在一代代华夏子孙的手中接续传承，生生不息，直至今日实现了从传统到现代的跨越，发展出了中华文明的现代形态。这其中凝聚着各族人民披荆斩棘、砥砺奋斗的智慧结晶，蕴含着丰富的哲学思想、人文精神、道德理念，同时也包含着当代中国文艺所贡献的独特气度气韵和精神价值。广大文艺工作者应当真切感悟中华文化蕴含的强大历史穿透力和文明感召力，树立大历史观、大时代观、大文明观，把握中华文明发展的精神脉络，以更多展现中华民族最深层次精神追求的优秀作品，充实中华文明的现代形态，让中华文明在当今世界熠熠生辉、引人入胜。

对民族文化传统的强调，绝不是开历史的倒车。建设中华民族

"中华史诗美术大展"参展作品《屈原与楚辞》(冯远)

现代文明，需要文艺为铸造中国式现代化的文化形态赋能。马克思主义基本原理同中国具体实际相结合、同中华优秀传统文化相结合，让马克思主义成为中国的，中华优秀传统文化成为现代的，让经由"结合"而形成的新文化成为中国式现代化的文化形态。中国式现代化，深深植根于中华优秀传统文化，体现科学社会主义的先进本质，借鉴吸收一切人类优秀文明成果。中国式现代化是物质文明和精神文明相协调的现代化。当高楼大厦在我国大地上遍地林立时，中华民族精神的大厦也应该巍然耸立。广大文艺工作者应以马克思主义为指导对中华五千多年文明宝库进行全面挖掘，用马克思主义激活中华优秀传统文化中富有生命力的优秀因子并赋予时代内涵，发展社会主义先进文化、弘扬革命文化，传承中华优秀传统文化，借鉴人类社会一切优秀文明成果，创作更多增强人民精神力量的文艺作品，不断汇聚全面推进中国式现代化的磅礴力量。

人类社会每一次跃进，人类文明每一次升华，无不伴随着文化的历史性进步。建设中华民族现代文明，需要文艺为创造人类文明新形态增光添彩。当前，世界之变、时代之变正以前所未有的方式展开，人类社会既充满希望，也面临挑战，构建人类命运共同体正成为全世界的共同向往。应对人类共同的挑战，文化的力量不可或缺，文艺桥梁的作用更加彰显。这迫切需要我们搭建以艺通心的桥梁，拓宽艺术沟通世界的渠道，科学精准开展各类文艺活动和民间对外文化交流，生产传播更多具有世界眼光、彰显全人类共同价值、引发国内外受众共鸣的优秀文艺作品，讲好中华民族、中国共产党和大国和平崛起的故事，充分展示蕴含其中的中国精神、中国价值、中国答案，用文艺这一世界语言呈现好鲜活可感的人类文明新形态。

"志行万里者，不中道而辍足。"建设中华民族现代文明非一朝一夕之功，需要接力奋斗，矢志不渝。我们必须以高度的文化自觉、坚定的文化自信、强烈的历史主动精神，更加自觉地担负起新的文化使命，用文艺清晰记录着中华民族发展的铿锵足音，鲜明标识中华文明赓续的精神丰碑，为建设中华民族现代文明贡献文艺光彩。

链接知识

中华文明历史题材美术创作工程自2011年9月启动，历时5年。该工程以中华民族五千年文明为脉络，从河姆渡文化到鸦片战争历史中遴选出重大事件、重要人物、文明成果，凝练成146件（幅）技艺精湛、气势磅礴的美术作品，于2016年11月在国家博物馆推出了恢宏壮观的"中华史诗美术大展"并长久展示，成为体现崛起中的文明古国、经济大国、文化大国的人民意志、民族精神和国家文明形象的艺术图谱，树立了中国重大主题性美术创作新的里程碑。《中华史诗图文志》一函四卷，凡788000字，各类图片1815张，多角度地呈现了中华文明历史题材美术创作工程每一件入选作品的生成始末，以及在此过程中创作者的心路历程，也是对此次创作工程的全面总结。

汇聚推进中国式现代化的文艺力量

党的二十大明确提出了以中国式现代化全面推进中华民族伟大复兴的中心任务。中国式现代化是党领导的社会主义现代化,是基于中国现实国情、根于中华文明传统、合于社会发展规律的现代化。物质文明和精神文明相协调,是中国式现代化的重要特色;丰富人民精神世界,是中国式现代化的本质要求。文艺是精神文明的重要方面和载体,也是满足人民精神文化需求的重要内容和方式。推进中国式现代化,离不开文艺的高质量发展,必然要求汇聚起强大的文艺力量。

广大文艺工作者应当深刻领悟人民群众在中国式现代化道路上的主体作用、壮志豪情和奋进伟力,把人民的文艺百花园培育得更加馥郁芬芳。坚持以人民为中心的创作导向,把人民放在心中最高位置,把人民满意不满意作为检验艺术的最高标准,把艺术创造向着亿万人民的伟大奋斗敞开,深入生活、扎根人民,用丰富多彩的文艺方式,倾情书写14亿多中国人在党的领导下,依靠自己的力量,整体迈入现代化社会的壮阔史诗。

广大文艺工作者应当深刻领悟以中国式现代化实现民族复兴的战略安排,把民族复兴的时代主题贯通融汇到创作生产全过程。以大历史观洞悉历史大势,以大时代观把握时代大局,不断提高从"国之大者"、时代生活中获得灵感、提炼主题、萃取题材的本领,把提高质量作为文艺作品的生命线,深入推进重大主题文艺实践,加大现实题材作品创作力度,用选题准、立意高、内容好、制作精的优秀作品,热忱描绘新时代新征程恢宏气象,激情唱响昂扬向上的时代主旋律。

广大文艺工作者应当深刻领悟中华文明是中国式道路的深厚底蕴和强大动能,全面开掘中华优秀传统文化的丰厚宝藏。自觉赓续中华文脉,践行社会主义核心价值观,弘扬以伟大建党精神为源头的中国共产党人精神谱系,发扬我国文艺追求向上向善的优良传统,把艺术创造力和中华文化价值融合起来,把中华美学精神和当代审美追求结合起来,用富有中华文化神韵、彰显当代审美旨趣的精品佳作,推进中华优秀传统文化创造性转化和创新性发展。

广大文艺工作者应当深刻领悟中国式现代化道路的强大引领力和充沛感召力,切实担当讲好中国故事的职责使命。立足神州大地,胸怀人间正道,择取最能代表中国变革和中国精神的题材,进行艺术表现,用展现人类共同命运、沟通各国人民心灵、激发普遍情感共鸣的大作力作,解码中国的发展道路和成功秘诀,展示展现可信、可爱、可敬的中国形象,描绘人类文明新形态的文艺篇章,为构建人类命运共同体作出文艺贡献。

百花装点复兴路,凯歌响彻新征程。中国式现代化道路是一条越走越广阔的自信之路、复兴之路。奋进在这条前景无比光明的大路上,文艺必须进一步提升文化自觉,增强历史主动,自信自强,守正创新,推出更多增强人民精神力量的优秀作品,鼓舞激励中国人民把国家和民族发展进步的命运牢牢掌握在自己手中,不断谱写新时代中国特色社会主义更加绚丽的华章。

奋力构筑巍然耸立的中华民族精神大厦

习近平总书记鲜明指出，"当高楼大厦在我国大地上遍地林立时，中华民族精神的大厦也应该巍然耸立"。人无精神不立，国无精神不强。一个伟大的民族，从来都是与伟大的精神相伴相生的。中华民族在漫长历史长河中培育、继承、发展起来的伟大民族精神，生生不息、历久弥新，铸就了中华民族独有的品格和气魄，是中华民族生命力、凝聚力、创造力的不竭源泉。

举精神之旗、立精神支柱、建精神家园，都离不开文艺。习近平总书记指出，"中华民族精神，既体现在中国人民的奋斗历程和奋斗业绩中，体现在中国人民的精神生活和精神世界中，也反映在几千年来中华民族产生的一切优秀作品中，反映在我国一切文学家、艺术家的杰出创造活动中"。中华民族历代所创造的那些经典文艺作品，无论是仰观天地之心还是俯察万物之情，是经世致用还是林泉高致，是波澜壮阔还是润物无声，都传承着中华文明的价值观念和基本精神，融入了中华民族亘古亘今、从未断流的精神血脉，成为中国人民虽迭遭忧患却不断浴火重生、百折不挠追求光明前途的精神指引。

"大凡一个时代，总有一个时代的特别空气。"文艺的性质决定了它必须以反映时代精神为神圣使命。历史唯物主义告诉我们，民族精神是一个民族历史实践的产物。当今中国正处于以中国式现代化全面推进中华民族伟大复兴的关键时期，需要物质的积累丰富，更需要精神的刚健有为，也需要文化的自信自强、文艺的振奋人心。新时代文艺工作者理应更加自觉地把艺术创造写到民族复兴的历史上、写在人民奋斗的征程中，以强烈的历史主动精神回应时代召唤、引领时代先声，使自己的作品激励中国人民和中华民族朝气蓬勃迈向未来。

文艺为民族铸魂、为时代立传，从来不是抽象的概念、空洞的说教，而必须是有筋骨、有道德、有温度，能够温润心灵、启迪心智，为人民群众所喜爱的。这就意味着文艺创作应以审美的方式对民族精神和时代精神进行体认，以丰富的表现形式和独特的美学气韵书写时代的进步要求，通过栩栩如生的艺术形象生动描绘人民群众的奋斗姿态，讴歌祖国、礼赞英雄、塑造脊梁，以艺术之美彰显信仰之美、崇高之美，展现新时代新的精神气象。

江河万古之流，文章千秋之业。博大精深的中华优秀传统文化积淀着中华民族最深层的精神追求，代表着中华民族独特的精神标识，也是民族精神形成和发展的根脉所在。文艺创作唯有深深扎根我们脚下这块生于斯长于斯、歌于斯乐于斯的土地，扎根于我们世代传承又不断发展的文化传统之中，才能积蓄自信底气，汲取思想精华，得到灌溉滋养。赓续民族精神的今日中国，需要不断与时俱进、推陈出新，更多从中华优秀传统文化中深入挖掘阐发契合时代发展的思想观念、美学精神和价值追求。"以古人之规矩，开自己之生面"，使其创造性地融合到时代精神的伟大创造中，让中华民族精神大厦在新征程的广阔地平线上巍然耸立。

2. 文艺是时代前进的号角

凝聚奋斗共识　激扬奋进力量

新年前夕，国家主席习近平发表的2021年新年贺词，深情绵暖，纸短情长，语重心长，饱含期待，使举国上下和各行各业感同身受，备受鼓舞，团结一致向前进。同样，新年贺词也在全国文联系统和广大文联工作者中，产生强烈的情感认同、心理认同、思想认同，大家纷纷表示，凝聚奋斗的共识，激扬奋进的力量，既是习近平主席新年贺词的核心要义和实践要求，更是我们的努力方向和不懈追求。

回望所有过往，不忘奋斗奋进。无论是"十三五"期间，文联工作始终坚持和加强党的全面领导，在继承中改革，在改革中创新，在创新中发展，成就可贺可喜，经验可圈可点；还是面对突如其来的新冠疫情严重冲击，广大文联组织和文联工作者认真贯彻党中央提出的坚定信心、同舟共济、科学防治、精准施策总要求，团结引导广大文艺工作者，以艺战"疫"，共赴抗疫斗争，用自己熟悉和擅长的艺术形式助力强信心、暖人心、筑同心，为构筑赢得这场大考大战的中华民族精神大坝注入了强劲的动力和不屈的意志。

回顾这一切，回溯这过往，我们深切地感到，共识源源不断地向奋斗的方向集结、凝聚，力量源源不断地向奋进的目标靠拢、激扬，是最生动的注脚和最有力的证明。一切过往，皆成序章。站在历史新起点的文联组织和文联工作者定能不负韶华，只争朝夕，不忘奋斗，砥砺奋进。

担当使命任务，唯有奋斗奋进。习近平总书记在2018年全国宣传思想工作会议上明确强调，举旗帜、聚民心、育新人、兴文化、展形象是新时代宣传思想工作的使命任务。文联组织是宣传思想战线的重要部门，文联工作是宣传思想工作的重要构成，文联工作者是宣传思想工作队伍的重要力量。以习近平同志为核心的党中央高度重视、格外关心、厚爱有加，切实把文化文艺地位作用提到了历史新高度，作出了一系列涉及全局和战略的重大决策部署和重要方针政策，推动文化建设和文艺事业、文艺工作和文联工作发生历史性变化，取得历史性进步，为我们奋斗"十四五"、奋进新征程，奠定了坚实的基础，创造了有利的条件。无论是高举旗帜、凝聚人心，培育担当民族复兴大任的时代新人，还是推动社会主义文化繁荣兴盛，展示中国形象、中国力量、中国精神；无论是坚持完善马克思主义在社会主义意识形态指导地位这一党和国家的根本制度，还是建设具有强大凝聚力和引领力的社会主义意识形态、具有强大生命力和创造力的社会主义精神文明、具有强大感召力和影响力的中华文化软实力，都迫切需要广大文联组织和文联工作者继续保持永不懈怠的精神状态，继续保持一往无前的奋斗姿态，继续保持砥砺前行的奋进动态，朝着建成社会主义文化强国、实现中华民族伟大复兴的宏伟目标奋勇前进。

履行主责主业，唯有奋斗奋进。立足新时代，踏上新征程，文

"礼赞新时代 奋进新征程"大型原创交响作品音乐会演出现场

联组织的地位不可替代、作用不可或缺，文联工作者大有可为、天地广阔。作为党领导下的文艺界人民团体，作为党和政府联系服务广大文艺工作者的桥梁和纽带，作为弘扬中华优秀文化、建设先进文化、提升文化软实力、建成文化强国的重要方面军，党中央明确赋予文联组织团结引导、联络协调、服务管理、自律维权的基本职能职责，要求文联组织发挥在行业建设中的主导作用。这是文联组织应当而且必须履行的主责主业，应当而且必须完成的职责使命，也是文联组织存在和壮大的价值所在，更是文联工作创新发展的命脉所在。广大文联组织和文联工作者只有通过凝聚更广泛的奋斗共识，激扬更雄健的奋斗力量，团结引导各方面各领域各层次的文艺家、文艺工作者和文艺爱好者，满腔热情听党话，同心同德跟党走，聚精会神搞创作，全心全意为人民，才能有效地履行自身的庄严职责,更好地完成自身的神圣使命,不辜负党和人民的殷殷嘱托。

建设文艺之家,唯有奋斗奋进。文联组织堪称文艺家之家,文联工作者当称文艺大家庭的服务员,也是文艺工作的组织者、推动者和参与者。建设守正创新、奋发有为、覆盖面广、凝聚力强、温馨和谐的文艺工作者之家,对新时代文联组织和文联工作者来讲,既是一项长期的战略任务,也是一项紧迫的现实工作。漫漫征途,唯有奋斗;任重道远,唯有奋进。建设让党中央放心、让文艺工作者满意的文艺家之家,我们必须增强责任感、历史感、使命感和主动性、积极性、创造性;必须聚焦做人的工作这一核心职能,找出最大公约数,画出最大同心圆;必须以更大的气魄推动改革从基层延伸和拓展,提升文联组织的活力、吸引力、向心力和影响力;必须坚持创造性转化和创新性发展,出人出书走正路,用作品和人品铸就文艺繁荣的根基;必须持之以恒地加强文联自身建设和文艺行风建设,强化职业道德和行业规范,树立良好社会形象,书写当代文联组织和文联工作者不懈奋斗、接续奋进的华彩篇章。

新的一年,孕育新的希望。奋斗不停顿,奋进不止步,这是新时代文联组织和文联工作者的庄严承诺和铮铮誓言。

链接知识

"礼赞新时代 奋进新征程"大型原创交响作品音乐会由中国文联、中国音协共同主办,并于2023年10月9日在北京国家大剧院音乐厅上演。这是新时代中国交响乐发展成果的一次集中展示,是新时代音乐工作者为人民抒情、为新时代放歌的真情表达,彰显了新时代中国人民的奋斗之志、创造之力、发展之果。

重整行装再出发

2021年，在重大而庄严的7月1日上午，习近平总书记在庆祝中国共产党成立100周年大会上发表了重要讲话。讲话立足新时代中国特色社会主义，统筹中华民族伟大复兴战略全局和世界百年未有之大变局，贯通历史和未来，联系理论和实践，深情回顾和总结中国共产党百年奋斗的光辉历程，科学展望和描摹中华民族伟大复兴的光明前景，提出了一系列治党治国治军、内政外交国防的新思想新观点新论断，思想深邃，内涵深刻，是一篇站在党的百年历史新起点上，团结带领全党全军全国各族人民坚定不移跟党走，意气风发向着全面建成社会主义现代化强国的第二个百年奋斗目标迈进，满怀豪情地开创党和国家事业新局面、不断夺取新时代中国特色社会主义新胜利的纲领性文献，具有重大的现实意义和深远的历史意义。文联组织和文联系统广大党员干部群众应当积极行动起来，切实把这一重大的政治任务和责任扛在肩上，采取灵活多样、行之有效的方式，谈感受、讲体会、话心得，办实事、解难事、见行动，迅速兴起学习贯彻习近平总书记在庆祝中国共产党成立100周年大会上的重要讲话的热潮，以影响带动文艺界和越来越多的文艺工作者不忘初心牢记使命，更好履行新时代人类灵魂工程师的庄严职责。

习近平总书记重要讲话是在新起点上发出的新的动员令。习近平总书记代表党和人民在庆祝大会上发出一个庄严宣告。这就是："经过全党全国各族人民持续奋斗，我们实现了第一个百年奋斗目标，在中华大地上全面建成了小康社会，历史性地解决了绝对贫困问题，正在意气风发向着全面建成社会主义现代化强国的第二个百年奋斗目标迈进。"这标志着建党一百年的第一个百年奋斗目标任务已经圆满完成，同时也开启了第二个百年奋斗目标的新起点，踏上了新时代全面建成社会主义现代化强国的新征程。回顾过去，我们充满信心；展望未来，我们豪情满怀。过去的一百年，中国共产党向人民、向历史交出了一份优异的答卷。现在，中国共产党团结带领中国人民又踏上了实现第二个百年奋斗目标新的赶考之路。习近平总书记和以习近平同志为核心的党中央向全体中国共产党员发出号召："牢记初心使命，坚定理想信念，践行党的宗旨，永远保持同人民群众的血肉联系，始终同人民想在一起、干在一起，风雨同舟、同甘共苦，继续为实现人民对美好生活的向往不懈努力，努力为党和人民争取更大光荣！"

习近平总书记重要讲话是持续推进和开展好党史学习教育的最新教材。抓住建党百年华诞有利契机，组织全党进行党史学习教育是党中央作出的一项涉及全局、影响未来的重大决策，是党和国家政治生活中的一件大事。习近平总书记在庆祝中国共产党成立100周年大会上的重要讲话中提炼的一个鲜明主题，概括的党的四个历史时期，总结的四个伟大成就，以及归纳的九个必须，特别是习近平总书记从以史为鉴、开创未来的高度，强调必须坚持中国共产党

中国共产党历史展览馆前主题雕塑《攻坚》

坚强领导、必须团结带领中国人民不断为美好生活而奋斗、必须继续推进马克思主义中国化、必须坚持和发展中国特色社会主义、必须加快国防和军队现代化、必须不断推动构建人类命运共同体、必须进行具有许多新的历史特点的伟大斗争、必须加强中华儿女大团结、必须不断推进党的建设新的伟大工程,值得深刻领会和把握。这是因为历史是最好最生动的教科书,既是营养剂,也是清醒剂。我们要用历史映照现实、远观未来,从中国共产党的百年奋斗中看清楚过去我们为什么能够成功、弄明白未来我们怎样才能继续成功,从而在新的征程上更加坚定、更加自觉地牢记初心使命、开创未来。习近平总书记的重要讲话及其包含的丰富内容,无疑为推动全党党史学习教育走深走实、取得更大成效,提供了最鲜活的新教材,注入了新的强大动力。

习近平总书记重要讲话是对马克思主义建党学说的新发展。中国共产党从诞生之日起,一路走来,始终是一个非常注重思想建党、理论强党的马克思主义政党。正因为如此,我们党坚持马克思主义基本原理,实事求是,与时俱进,从中国实际出发,洞察时代大势,把握历史主动,进行艰辛探索,不断推进马克思主义中国化时代化,指导和引领中国人民不断推进伟大社会革命。习近平总书记在重要讲话中创造性地提出了伟大建党精神,其主要内容就是"坚持真理、坚守理想,践行初心、担当使命,不怕牺牲、英勇斗争,对党忠诚、不负人民"。这个彪炳史册的伟大建党精神是中国共产党的精神之源。正因为如此,中国共产党在一百年的长期奋斗中,大力弘扬和践行伟大建党精神,才构建起了中国共产党人的精神谱系,锤炼出鲜明的政治品格。习近平总书记指出,走自己的路,是党的全部理论和实践立足点,更是党百年奋斗得出的历史结论。中国共产党为什么能,中国特色社会主义为什么好,归根到底是因为马克思主义行。江山就是人民,人民就是江山,打江山、守江山,守的是人民的心。坚持把马克思主义基本原理同中国具体实际相结合、同中华优秀传统文化相结合,用马克思主义观察时代、把握时代、引领时代,继续发展当代中国马克思主义、21世纪马克思主义。坚决清除一切损害党的先进性和纯洁性的因素,清除一切侵蚀党的健康肌体的病毒,确保党不变质、不变色、不变味,等等。这些闪烁着科学性、哲理性光芒的思想观点,进一步丰富和发展了马克思主义建党理论,也为习近平新时代中国特色社会主义思想增添了新的内容,极具实践价值。

> **链接知识**
>
> "不忘初心 继续前进——庆祝中国共产党成立100周年大型美术创作工程"和"中国共产党历史展览馆重大主题雕塑工程",是中国共产党成立100周年庆祝活动的重要内容,由中宣部、中国文联、文化和旅游部、财政部共同主办,由中国美协具体协调实施。工程自2018年启动,到2021年历时3年完美收官,《旗帜》《信仰》《伟业》《攻坚》《追梦》五组恢宏壮观的大型主题雕塑矗立在中国共产党历史展览馆广场,精湛多彩的丹青画卷展示在馆内专设的展厅,以美术创作反映党的百年光辉历程,是文艺界向党的百年华诞献上的一份厚礼。

文艺：在新的赶考路上交出更加优异的答卷

百年征程，正道沧桑。1949年3月，当党中央从西柏坡前往北平时，毛泽东同志意味深长地说："今天是进京赶考的日子""我们都希望考个好成绩"。在庆祝中国共产党成立100周年大会上，习近平总书记语重心长地指出，"过去一百年，中国共产党向人民、向历史交出了一份优异的答卷。现在，中国共产党团结带领中国人民又踏上了实现第二个百年奋斗目标新的赶考之路"。作为党的事业的重要组成部分，文艺必将在与党同心同德、同向同行的新的赶考路上，交出一份更加令人瞩目的成绩单。

远行之人，必有故事。回望来时路，"看似寻常最奇崛，成如容易却艰辛"。党领导下的中国文艺始终同党的上下求索、同中华民族的苦难辉煌、同中国人民的前途命运紧紧维系、休戚与共，以鲜明的红色底色留下了革命文艺的光荣传统，积累了社会主义文艺的丰富经验，创造了新时代文艺的宝贵成就，一路上有艰难、有牺牲、有奋斗、有收获，明白了从哪里来、为谁而来、去往何处，让后来者得以从中汲取生生不息的精神力量。看清脚下路，"欲穷大地三千界，须上高峰八百盘"。立足世界百年未有之大变局，聚焦建成社会主义文化强国的远景目标，在推动文艺高质量发展、攀登新时代文艺高峰的征途上，难免面临困难挑战、困惑迷茫，必须始终在党的旗帜引领下，坚持把马克思主义基本原理同中国具体实际相结合，坚定文化自信，坚持守正创新，确保社会主义文艺前进的正确方向。眺望前行路，"踏平坎坷成大道，斗罢艰险又出发"。站在"两个一百年"奋斗目标历史交汇点，新时代文艺工作者肩负着书写中国共产党、中国人民、中华民族的奋斗史、当代史乃至未来史的重大使命和职责，犹如船到中流、行至半山，一路上必定风高浪急、崎岖不平，只有奋楫争先、永不停步，才能行稳而致远。

走好新的赶考路，需要有力回答时代命题。"文变染乎世情，兴废系乎时序。"文艺是时代前进的号角。文艺创作只有因时而兴、乘势而变，观照现实、裨补时阙，才能具有旺盛的生命力和穿越时空的恒久影响力。纵观百年来的中国文艺，无论是五四时期《狂人日记》《雷雨》《女神》等蕴含的强烈的反帝反封建精神，抗日战争时期《风云儿女》《黄河大合唱》《四世同堂》等高扬的爱国主义和家国情怀，社会主义革命和建设时期《红岩》《创业史》《青春之歌》等洋溢的刚健的革命英雄主义、理想主义色彩，改革开放时期《乔厂长上任记》《在希望的田野上》《天云山传奇》等传达的解放思想、团结奋进的改革创新精神，还是新时代以来《流浪地球》《战狼》《山海情》《大江大河》等所彰显的中国精神、中国价值和中国力量，可以说，这些优秀作品无一不是对时代进步精神的传神写照，无一不是对当时时代课题的铿锵回答，成为鼓舞人们改造世界、创造历史，推动时代前进的有力思想武器。今天，中华民族伟大复兴进入不可逆转的历史进程，文艺工作者必须勇于站在历史和时代发展的潮头，把握时代脉搏，洞察历史逻辑，通过更多有筋骨、有道德、有温度的文艺作品,生动表现毛泽东同志所提出的"新的人物和新的世界",成为时代风气的先觉者、先行者、先倡者,用精品力作去反映和描绘新时代的新伟业。

走好新的赶考路,需要真诚回应人民期待。"江山就是人民,人民就是江山,打江山、守江山,守的是人民的心。"为什么人的问题,是一个根本的问题、原则的问题。人民是历史的创造者,是真正的英雄,人民需要文艺,文艺需要人民,文艺更要热爱人民。在社会主义文艺的旗帜上,始终闪耀着"人民"二字,正是在这面旗帜的引领下,一代代文艺工作者坚持以人民为中心的创作导向,一切为了人民、服务人民,用自己的艺术创造为人民画像、为人民立传、为人民礼赞,生动地诠释了人民文艺的根本特质和精神风骨。"名高不用镌顽石,路上行人口是碑。"把人民放在心中的最高位置,把人民作为文艺表现的主体、文艺审美的鉴赏家和评判者,是一切进步文艺工作者应当遵循的价值坐标和创作方向。艺术可以放飞想象的翅膀,但一定要脚踩坚实的大地,这个"大地"就是伟大、光荣、英雄的中国人民。文艺工作者要扎根广袤的祖国大地,深植人民生活的沃土,保持同人民群众的血肉联系,真切地感受和贴近人民之心,不断满足人民精神文化需求,如同智利诗人聂鲁达在《中国大地之歌》中的深情告白,"中国大地,我想同你讲话,只用大地的语言,只用水稻的绿色语言,只用深红色的火焰的语言",创作真正属于人民的作品,交给人民来审阅。

奔赴新的赶考路,需要自觉经受历史检验。一代人有一代人的奋斗,一代人有一代人的担当。赶考没有完成时,永远在路上。永葆"赶考"初心,践行"追梦"使命,是一代代文艺工作者的接力赛。百年来，无数令人尊崇敬仰的文艺名家大师，他们以坚定的理想信念、崇高的道德情操、高贵的人格操守，把自己的名字与经久流传的文艺作品一起，共同书写在历史的长河中，也为新时代文艺工作者树立了学习的典范和榜样。新的赶考之路已经启程，青年一代文艺工作者要胸怀对祖国人民的真情挚爱，接过历史的接力棒，弘扬光荣传统、赓续红色血脉，树立美好远大的艺术理想，牢记文化责任和社会担当，昂首阔步、一往无前，用经得起历史和人民检验的文艺作品为第二个百年奋斗目标交出厚重而精彩的答卷。

吹响奋进新征程的时代号角

党的十九届六中全会是在我们党成立一百周年重要历史时刻和重要历史关头召开的具有里程碑意义的盛会，更是向着全面建成社会主义现代化强国的第二个百年奋斗目标进军的动员令。全会审议通过的党的百年历史上第三个历史决议，通篇融汇百年来中国共产党践行为中国人民谋幸福、为中华民族谋复兴的初心使命所进行的奋斗、牺牲和创造，深刻揭示"过去我们为什么能够成功、未来我们怎样才能继续成功"，体现我们党重视和善于运用历史规律的高度政治自觉，以及牢记初心使命、继往开来的自信和担当。

踏上新征程，吹响奋进号角。以习近平同志为核心的党中央，通过对百年大党重大成就和历史经验全面而深刻的总结，进一步使全党凝聚共识、增进团结，鼓舞士气、振奋精神，带领全国各族人民踏上实现中华民族伟大复兴的新征程。新时代的文艺工作者必将从党的光辉历史中汲取智慧和力量，接续奋斗再出发，续写时代新篇章。作为时代风气的先觉者、先行者、先倡者，广大文艺工作者应自觉全面系统学习领会全会和决议精神的丰富内涵与核心要义，同时立足全局视野，用优美文笔和高质量文艺作品宣传阐释好全会和决议精神，全面展现党的百年奋斗重大成就和历史经验，生动展示中国特色社会主义进入新时代的历史性成就和历史性变革,为开启全面建设社会主义现代化国家新征程贡献文艺的力量。

踏上新征程,与党同心同向。历史和事实一再证明,办好中国的事情,关键在党。文艺事业的繁荣发展,离不开党的坚强领导和悉心呵护。回首百年路,我们党始终把文艺视为党和国家整体事业不可或缺的重要组成部分,引领文艺与时代同频共振、与祖国同向而行,为文艺理论和实践发展提供了丰富滋养,为广大文艺工作者施展才华提供了广阔舞台。党的十八大以来,以习近平同志为核心的党中央对文艺工作高度重视、格外关怀,推动文艺事业发生历史性变化,为我们做好新时代文艺工作指明前进方向、描绘美好蓝图。广大文艺工作者应更加紧密地团结在以习近平同志为核心的党中央周围,全面贯彻习近平新时代中国特色社会主义思想,积极响应党中央号召,进一步明确新时代党对文艺工作的要求,不断提升运用党的创新理论推动文艺事业向前发展的能力和水平,深化拓展党史、新中国史、改革开放史、社会主义发展史学习教育,大力弘扬伟大建党精神和中国共产党人的精神谱系,从党团结带领全国各族人民为争取民族独立、人民解放和实现国家富强、人民幸福而不懈奋斗的进程。特别是新时代以来奋斗实践的辉煌成就和宝贵经验中,获得推进文艺事业高质量发展的重大启迪,鉴往知来、砥砺致远,内化于心、外化于行,更加自觉、更加主动、更加坚定地信党、爱党、听党话、跟党走。

踏上新征程,心系"国之大者"。伟大事业筑就伟大精神,伟大精神引领伟大事业。文艺工作承担着启迪思想、陶冶情操、温润心灵的重要职责和以文化人、以文育人、以文培元的历史使命,在弘扬中国精神、凝聚中国力量上发挥着无可替代的作用。习近平总书记指出："我们要建设的社会主义现代化强国，不仅要在物质上强，更要在精神上强。"实现中华民族伟大复兴的中国梦，需要坚韧不拔的伟大精神，需要振奋人心的文艺创作。广大文艺工作者应切实增强责任感使命感，胸怀"国之大者"，着眼国之大事，紧紧围绕社会主义文化强国目标，聚焦举旗帜、聚民心、育新人、兴文化、展形象的使命任务，坚持社会主义核心价值体系，厚植中华根脉，弘扬先进文化，坚定文化自信，坚守艺术理想，坚持守正创新，以昂扬向上的精神风貌和文质兼美的优秀作品、丰富多彩和形式多样的文艺活动，满足人民群众对美好生活的向往和需要，促进人民精神生活的共同富裕，激发起中华儿女巨大的凝聚力和向心力，为新时代开创党和国家事业新局面提供坚强思想保证和强大精神动力。

伟大成就令人瞩目，历史经验弥足珍贵，时代召唤催人奋进。在全党全国各族人民意气风发迈向第二个百年奋斗目标的新征程上，广大文艺工作者必当勿忘苦难辉煌、无愧使命担当、不负伟大梦想，奋发作为、勇往直前，为建设社会主义文化强国、实现中华民族伟大复兴的中国梦作出新的更大贡献，以扎实作风和良好面貌筹备召开中国文联第十一次全国代表大会，用优异成绩迎接党的二十大。

新时代新征程上勇立文艺新功

党的二十大吹响了全面建设社会主义现代化国家、全面推进中华民族伟大复兴的奋进号角。以中国式现代化全面推进中华民族伟大复兴,这是前所未有、震古烁今的伟大事业,更是踔厉奋发、勇毅前行的壮丽史诗。伟大事业需要伟大精神,壮丽史诗需要热情抒写。奋进新征程,担当新使命,要求文艺把精神的火炬举得更高,把前进的号角吹得更响,为民族复兴提供更加强大的精神力量,在推进文化自信自强,铸就社会主义文化新辉煌中再立新功。

始终锚定正确方向,继续走好新时代党领导的文艺发展道路。百年来,党领导文艺走出一条以马克思主义为指导、符合中国国情和文化传统、高扬人民性的发展道路,为我国文艺繁荣发展指明了正确的前进方向。新时代新征程上的文艺,必须一以贯之坚持以习近平新时代中国特色社会主义思想为指导,树牢马克思主义文艺观,立足中华优秀传统文化之根,坚持为人民服务、为社会主义服务,坚持百花齐放、百家争鸣,坚持创造性转化、创新性发展,围绕举旗帜、聚民心、育新人、兴文化、展形象奋力建设社会主义文化强国。

始终胸怀"国之大者",在新的伟大奋斗中进行新的文艺创造。

党的二十大庄严宣告，从现在起，中国共产党的中心任务就是团结带领全国各族人民全面建成社会主义现代化强国、实现第二个百年奋斗目标，以中国式现代化全面推进中华民族伟大复兴。这是文艺聚焦聚力的"国之大者"。新时代新征程上的文艺，只有紧扣党的中心任务，全景式全方位展现中国式现代化的中国特色和宏伟气象，用心用情用力记录亿万人民团结奋进的大美篇章，才能在民族复兴的历史上和人民奋斗的征程中，留下浓墨重彩，结出累累果实。

始终坚持人民至上，为人民奉献最好的精神食粮。"江山就是人民，人民就是江山。中国共产党领导人民打江山、守江山，守的是人民的心。""源于人民、为了人民、属于人民，是社会主义文艺的根本立场，也是社会主义文艺繁荣发展的动力所在。"新时代新征程上的文艺，要坚持以人民为中心的创作导向，把人民放在心中最高位置，着眼人民对美好生活的向往，深入生活、扎根人民，创作生产出更多人民满意的优秀作品，不断充盈人民日益丰富的精神世界，增强人民不懈奋斗的精神力量，让文艺的百花园永远为人民绽放。

始终坚持胸怀天下，把异彩纷呈的中国故事更好地讲给世界。中国式的现代化世界瞩目，新征程上的中华大地生机蓬勃，一个可信、可爱、可敬的中国形象正在日益走向世界舞台。新时代新征程上的文艺，应当塑造更多为世界所认知的中华文化形象，讲述更多让世界感动的中国故事，努力展示一个生动立体的现代化中国，用文艺这一世界语言，架起世界文明沟通交融的桥梁，谱写推动构建人类命运共同体新篇章。

崇尚实干精神，铸就新时代文艺新高峰。空谈误国、实干兴邦。新时代的伟大成就是党和人民一道拼出来、干出来、奋斗出来的。姹紫嫣红的文艺百花园是广大文艺工作者辛勤耕耘、用汗水浇灌出来的。以中国式现代化全面推进中华民族伟大复兴的生动实践，为广大文艺工作者提供了无比广阔的舞台。新时代新征程上的文艺工作者，在党的光辉旗帜引领下，坚守艺术理想，增强历史主动，坚定信心、埋头苦干、潜心创作、精益求精，一定能够铸就民族复兴时代的文艺新高峰。

让大历史观大时代观照亮文艺创作前路

历史观和时代观关乎格局、关乎境界,决定了文艺往何处去,能走多远。如果把时代比作驰而不息的快车,历史便是它留下的深深车辙。植根历史、借鉴历史、赓续历史,文艺才能在民族精神血脉的传扬中辉耀自己的创造;紧跟时代、融入时代、反映时代,文艺才能在人类文明的宏阔图卷中留下属于自己的印迹。

习近平总书记在中国文联十一大、中国作协十大开幕式上的重要讲话号召广大文艺工作者:"要树立大历史观、大时代观,眼纳千江水、胸起百万兵,把握历史进程和时代大势,反映中华民族的千年巨变,揭示百年中国的人间正道,弘扬以爱国主义为核心的民族精神和以改革创新为核心的时代精神,弘扬伟大建党精神,唱响昂扬的时代主旋律。"这就需要文艺工作者秉持大历史观、大时代观,心系人民大众的心灵渴望和精神追求,按照艺术的规律把时代的广度、历史的厚度、人性的温度转化为思想的深度、精神的高度、审美的气度。

大历史观之"大",关键在于以宏大的视野、博大的胸怀,把握历史发展的连续性和整体性,从长时段的经济社会结构演化中体会历史脉动,从天与人、时与势的辩证关系中探寻历史规律,科学回答历史之问、现实之问、未来之问。当前,历史车轮正沿着建设中华民族现代文明的大道滚滚向前。新时代文艺工作者秉持大历史观,应深刻把握中华文明突出的连续性、突出的创新性、突出的统一性、突出的包容性、突出的和平性,在历史长河中锤炼神思,在文明新铸中陶冶文心,通过优秀的作品把文化自信融入全民族的精神气质与文化品格中,增强做中国人的骨气和底气。

"观今宜鉴古,无古不成今。"大时代观是大历史观的逻辑必然和当下展开,其关键在于思接千载,视通万里,把握主流,纵览全局。遍览历史的斑斓画卷,最深刻反映时代的作品最有可能产生超越时代的影响。时代精神总是在历史文化血脉中孕育萌生,在时代风云际会中迸发彰显。当今,世界之变、时代之变、历史之变交融交汇,"东升西降"的趋势不断演进,世界进入新的动荡变革期。当代中国正在经历着从落后时代、跟上时代到引领时代的伟大跨越,正在新的考验和挑战中为自己也为全人类创造更加光明的未来。实现中华民族伟大复兴的历史进程已然不可逆转,属于这个时代的文化创造必然竞相涌现。新时代文艺工作者秉持大时代观,应深刻把握民族复兴的时代主题,以精益求精的创作回应时代的铿锵足音,刻画时代新人的迷人风采,书写时代潮流的奋进画卷,激励全国各族人民朝气蓬勃迈向未来。

古往今来,文艺经典承担着历史书写者和参与者的庄严使命,以深沉的历史意识和独特的艺术创造,激发着人们的民族自豪感和自信心。我国百万年的人类史、一万年的文化史、五千多年的文明史,为文艺提供了无限滋养和想象空间。站在新的历史起点上,新时代文艺必须感国运之变化、循历史之正道、立时代之潮头，自觉担负新的文化使命，以更艰巨的努力、更自信的创造、更丰硕的成果，弘业培元，立心铸魂，为中国人民和中华民族不断前行注入强大精神力量。

3. 伟大事业需要伟大精神

让中华民族现代文明繁花似锦

2023年6月2日,习近平总书记在文化传承发展座谈会上发表重要讲话指出,"在新的起点上继续推动文化繁荣、建设文化强国、建设中华民族现代文明,是我们在新时代新的文化使命""坚定文化自信""担当使命、奋发有为,共同努力创造属于我们这个时代的新文化,建设中华民族现代文明"。习近平总书记的重要讲话对中华文化传承发展的一系列重大理论和现实问题作了全面系统深入阐述,进一步深化了文化建设的规律性认识,极大丰富了新时代关于文明文化文艺文联思想的理论宝库,为我们推动文联工作提质增效和文艺事业繁荣发展提供了根本遵循。

中华文明源远流长,绵延不绝,文艺是其重要内容、重要载体和重要组成。无论是《诗经》《楚辞》、汉乐府、南北朝民歌、唐诗、宋词、元曲、明清小说,还是春秋战国编钟、汉代说唱俑、敦煌壁画;无论是一曲曲《高山流水》《广陵散》《将军令》、一幅幅《千里江山图》《昭君出塞图》《清明上河图》、一支支《剑器舞》《霓裳羽衣舞》,还是《水浒传》《三国演义》《西游记》《红楼梦》

四大古典名著和《格萨尔王传》《玛纳斯》《江格尔》三大民族史诗……灿若星海的中国文艺，讲述着中华民族故事，传承着中华文化基因，饱含着中国精神气度，形成了令人叹为观止的中华优秀传统文化丰厚宝藏，构筑起自信自立自强的中华民族精神脊梁。文艺书写历史、记录时代、昭示未来。广大文艺工作者应坚守中华文化立场，从中华优秀传统文化重要元素中汲取智慧，更好地领悟参透中华文明突出的连续性、创新性、统一性、包容性、和平性，用擅长的艺术样式和审美表达，塑造中华文化新形象，铸就中华文化新辉煌。

中国文艺以其鲜明的民族特色和独特的审美风范，在世界文艺大家庭中独树一帜、别开生面。当代的中国文艺，只有把准新时代新征程的历史方位，书写中华民族伟大复兴历史进程中的人民伟大创造，让中国经验、中国奇迹用艺术的方式表达出来，把中国道理、中国价值用触及人类精神世界最深处的方式传播出去，才能够让世界各国人民理解和接受可信、可爱、可敬的中国形象。文艺是世界语言，连接心灵、沟通世界。广大文艺工作者应坚守人民立场，胸怀"国之大者"，树立世界眼光，秉承人类视角，立足中华民族伟大历史实践和当代实践，以生动展现中国人民创造历史伟业的生动史剧为蓝本，讲述好中国式现代化的精彩故事，书写中华民族新史诗、阐明人类文明新形态。

在五千多年中华文明深厚基础上开辟和发展中国特色社会主义，把马克思主义基本原理同中国具体实际相结合、同中华优秀传统文化相结合是必由之路。这是我们在探索中国特色社会主义道路中得出的规律性的认识，是我们取得成功的最大法宝。党领导文艺的百年历史，走出了一条以马克思主义为指导、符合中国国情和文化传统、高扬人民性的文艺发展道路。在这条道路上，特别是在"两个结合"科学指引下，我国涌现了一大批精品佳作和名家大师，各艺术门类取得长足进步，新时代文艺百花园呈现出生机勃勃的动人场景。社会主义文艺的根脉在于人民，社会主义文艺的灵魂在于中国精神。习近平新时代中国特色社会主义思想是中华文化和中国精神的时代精华，是新时代文艺事业繁荣发展和文联工作高质量发展的科学指南。广大文艺工作者和全国文联系统应深刻把握"两个结合"的理论内涵和实践要求，坚定文化自信，发扬历史主动，守正创新，赓续文脉，在强国复兴时代担负起新的文化使命，谱写中华五千年文明史中的最精彩华章，为创造中国式现代化的文化形态、掌握思想和文化的主动、建设中华民族现代文明作出新的更大贡献。

让文艺之光照亮共同富裕的美丽梦想

习近平总书记在《求是》杂志发表的重要文章《扎实推动共同富裕》中强调，促进人民精神生活共同富裕。共同富裕是中华民族千百年来的梦想与追求。实现中华民族伟大复兴的中国梦，物质财富要极大丰富，精神财富也要极大丰富。全体人民共同富裕，是社会主义的本质要求，是中国式现代化的重要特征，也是我们党带领人民在全面建设社会主义现代化国家新征程上必须完成的历史任务。国家强盛、民族复兴、人民幸福，需要物质文明的积累，更需要精神文明的提升。实现共同富裕是物质积累的过程，也是精神丰实的过程，既要"富口袋"，也要"富脑袋"，这就要求"强精神""润心灵"。

文艺是滋养心灵的清泉，也是强健精神的良器。推动人民精神共同富裕，必须把文艺高质量发展摆在更加重要的位置，坚持以人民为中心的创作导向，传承中华文化基因，激发创新创造活力，源源不断地推出思想精深、艺术精湛、制作精良相统一的优秀作品，用向善的文艺鼓舞人民精神追求，用向美的文艺充盈人民精神世界，用向上的文艺增强人民精神力量，让全体社会成员充分享受无限涌流的精神财富，自信徜徉在繁花似锦的精神家园。

中国文艺志愿者服务队走进广西昭平黄姚镇界塘村进行慰问演出

"辞之所以能鼓天下者，乃道之文也。"核心价值观是维系一个民族的精神纽带，是国家发展、社会进步的道之所存。实现文艺高质量发展、促进人民精神共同富裕，须大力弘扬社会主义核心价值观，运用艺术的独特方式，礼赞民族精神，讴歌伟大实践，为时代赋彩、为英雄塑形、为理想布光，在刻画精神丰碑中铸就艺术丰碑，在推动历史的创造中实现艺术的创造，涵养刚健质朴的精神气质，激发昂扬向上的精神风貌，让真善美的明灯在全国各族人民心中永远闪亮，引导中华民族一代接着一代追求至高至善的精神境界。

精品是衡量文艺发展质量的重要指标，也是人民群众文化获得感幸福感的重要来源。一个时代的文艺是由精品标定的。促进人民精神共同富裕，文艺要有体量的增长，更要有质量的提升。推动文艺高质量发展，不仅要解决文艺作品"有没有""多不多"的问题，更要解决文艺作品"优不优""精不精"的问题。广大文艺工作者当牢记艺术初心，坚定文化自信，增强精品意识，从时代巨变寻找灵感，从"国之大者"提炼素材，在奔涌的生活激流中刻画美好心灵，在现实的矛盾冲突中塑造人物形象，传承中华文化血脉，厚植美学内涵，借鉴科技进步成果，丰富表现手段，克服浮躁顽疾，抵制不良诱惑，以专注的态度、敬业的精神、踏实的努力创作出更多高质量、高品位的大作力作，构筑文艺创作群峰耸峙、艺术精品竞相涌现的壮丽景象。

大道如砥，踏歌而行。实现文艺高质量发展，离不开健康清朗、砥砺创新的行业生态。文联是文艺工作者的家园，是行业建设的主导力量，应把"做人的工作"这个核心任务和"推动文艺创作"这个中心环节统一起来，积极适应我国经济体制改革和社会结构转型带来的文艺创作生产格局新变化新特征，跟上时代节拍，增强问题意识，创新思路方法，优化引导机制，加强行业服务、行业管理、行业自律，盘活既有存量，团结新兴增量，充实整体力量，激发发展能量，更广泛、更有效地团结引领广大文艺工作者坚持德艺双馨，自觉修身守正，把为人、做事、从艺统一起来，践行先进文化，引领社会风尚，以创作佳绩履行职责使命，用良行善举担当社会表率，为民族立心，为时代铸魂，为人民奉献更多更好的精神食粮，不断满足人民群众多样化多层次多方面的精神文化需求，促进人的全面发展，使全体人民朝着共同富裕目标昂首前进。

> 链接知识
>
> 2016年，中国文联、中国文艺志愿者协会开展"文艺扶贫奔小康"志愿服务行动，该活动聚焦"脱贫攻坚"，着眼"全面小康"目标，主要采取文艺志愿者小分队和结对帮扶的方式，重点从精神鼓舞、文化发展、产业促进、资源整合四个层面，采取多种文艺志愿服务形式，动员广大文艺家、文艺工作者以志愿服务形式参与"脱贫攻坚"，探索文艺扶贫的新模式、助力全面建成小康社会。

高擎远征的精神火炬

习近平总书记在党的二十大报告中指出,全面建设社会主义现代化国家,必须增强实现中华民族伟大复兴的精神力量。文艺是民族精神的火炬,举精神之旗、立精神支柱、建精神家园,都离不开文艺。踏上充满光荣和梦想的远征,始终保持昂扬奋进的精神状态,需要广大文艺工作者以更为踔厉奋发之姿、刚健有为之力,激发和鼓舞全体人民汇聚起共创强国业、共圆中国梦的强大精神力量。

精神力量是时代前行的深层动因。建设社会主义现代化强国、实现中华民族伟大复兴需要文艺标识精神高度,彰显精神风貌,汇聚精神力量。这就要求广大文艺工作者以习近平新时代中国特色社会主义思想为科学指引,贯彻落实习近平总书记关于文艺工作的重要论述,将社会主义核心价值观融入文艺创新创造的火热实践中,大力弘扬伟大民族精神和时代精神,充分展现以伟大建党精神为源头的中国共产党人精神谱系,提炼展示中华文明的精神标识和文化精髓,全方位全景式展现新时代精神气象。

优秀文艺作品是增强人民精神力量的营养剂。构筑中华民族巍然耸立的精神大厦,需要一大批振奋人心的伟大作品。中华民族精神既体现在中华文明五千年的传承发展中,更体现在当代中国人民的奋斗历程和业绩中。无论何种内容和形式的文艺创作,都以精神属性为特质,以精神价值为指归。广大文艺工作者以更高站位、更大格局和宽广视野、深远目光,牢牢扎根中华文化血脉,深刻体悟党和国家发展进程中彪炳历史的伟大成就、伟大变革、伟大胜利,深入亿万人民丰富多彩社会生活中去捕捉灵感,向着人类精神世界的最深处勇敢探寻,把提高文艺作品的精神高度、文化内涵、艺术价值作为自觉追求,善用文艺叙事书写,专于文艺思维表达,长于文艺手法升华,凭借生动活泼的故事、栩栩如生的典型人物、活灵活现的形象,打造更多标定新时代新征程的高质量文艺精品。

伟大精神造就伟大作品,伟大作品终究来自伟大灵魂。文艺发展史和实践反复证明,文艺作品的精神含量与创作者的思想水平、业务水平和道德水平息息相关。这就要求广大文艺工作者坚守艺术理想,不断提高学养、涵养、修养,成为真善美的追求者、传播者和良好时代风气的先觉者、先行者、先倡者,积极传递向上向善的价值观,奋力彰显昂扬自信自强的正能量,以自身精神境界的充盈,助推精神文化食粮的创作,增加社会精神财富,增强人民精神力量,为建设社会主义文化强国、实现中华民族伟大复兴作出应有的贡献。

奋力书写民族复兴新史诗

一个时代有一个时代的文艺。文艺是时代的"记录员",书写着时光下人们的生产生活状态。文艺也是时代的"表情包",呈现着不同历史时期的众生相。文艺更应是时代的"风向标",昭示着社会发展的潮流趋向。文艺属于"观念的上层建筑",是"最高的精神生产",遵循着"因时而兴,乘势而变,随时代而行,与时代同频共振"这一规律。站在新时代新征程这样一个历史方位上,一切有志气有才情的文艺家只有胸怀世界大格局,心有中国大历史,眼纳时代大潮流,方能创作出满足人民文化需求、增强人民精神力量的优秀作品,从而汇聚起人民不断创造历史的伟力。

历史的方向决定着文艺创作的方向,历史的高度理应成为文艺创作追求的高度。当代中国,江山壮丽,人民豪迈,前程远大,已经向着全面建设社会主义现代化国家迈进,实现中华民族伟大复兴进入了不可逆转的历史进程。新时代文艺理应创作出与这个时代相匹配的标志性作品,描绘新时代的万里江山图,唱响新时代的昂扬主旋律,以源源不断的高质量文艺作品推动文化强国建设,激励更加强劲的奋进动力。文艺是时代前进的号角,时代是文艺创作的坐标。胸怀"国之大者"成为新时代文艺的必然选择。这需要广大文艺工作者时刻牢记"江山就是人民,人民就是江山",坚守人民立场,书写出生生不息的人民史诗,真正使人民精神世界充盈起来,用奋斗拼搏开创美好幸福生活;需要时刻牢记"文化兴则国家兴,文化强则民族强",坚守中华文化立场,用传承中华文化基因、展现中华审美风范的文艺作品装点中华民族共有精神家园,铸牢中华民族共同体意识;需要时刻牢记"文艺是世界语言",面对世界百年未有之大变局,用展现中国式现代化道路、人类文明新形态、中华文化新形象的精品力作,在世界舞台唱响中国声音、讲好中国故事、彰显中国精神。

"聚焦我们正在做的事情"是马克思主义的立场和观点,也是新时代文艺创作的任务书和方法论。只有立足中国现实,植根中华大地,才能塑造属于这个时代的典型形象。在今天的中华大地上,14亿人民正上演着波澜壮阔的伟大活剧。文艺创作应当直面时代的风云际会、国家的蓬勃发展、百姓的欢乐忧伤、生活的气象万千,坚持现实主义精神和浪漫主义情怀相结合,用典型人物深刻反映我们这个时代的历史巨变,描绘我们这个时代的精神图谱,用传播当代中国价值观念、体现中华文化精神、反映中国人审美追求的优秀作品,把自信自强、守正创新的时代风貌表现出来,为时代画像、为时代立传、为时代明德,全方位全景式展现新时代的精神气象。

新时代是中国人民拼搏奋斗创造美好生活的时代,也必将是文艺名篇佳作泉涌的时代。广大文艺工作者应按照习近平总书记的号召,"把文艺创造写到民族复兴的历史上、写在人民奋斗的征程中",把准历史发展的逻辑、人民实践的逻辑、文艺创作的逻辑,让文艺的生动创造寓于时代进步的历史洪流，书写出光辉璀璨的中华民族新史诗，为民族复兴伟业提供强大的价值引导力、文化凝聚力、精神推动力。

链接知识

2016年起，中国文联持续统筹实施"中国精神·中国梦"文艺创作工程，通过团结引导广大文艺工作者坚持以人民为中心的创作导向，在深入生活、扎根人民中进行无愧于时代的文艺创造，集中创作推出一批热情讴歌党、讴歌祖国、讴歌人民、讴歌英雄的现实题材精品力作。

创作无愧于时代的

优秀作品

1. 文艺繁荣发展最根本的是创作生产优秀作品

奏响新时代现实主义文艺创作的最强音

第27届上海电视节电视剧"白玉兰奖"近日揭晓,"现实题材"成为关键词,不仅入围作品几乎全部为现实题材力作,分获各大奖项的几部作品更是赢得观众口碑、市场肯定和业界赞扬的代表,再次凸显出现实题材文艺作品的巨大魅力和艺术价值。党的十九大报告明确指出:"要繁荣文艺创作,坚持思想精深、艺术精湛、制作精良相统一,加强现实题材创作,不断推出讴歌党、讴歌祖国、讴歌人民、讴歌英雄的精品力作。"秉持现实主义精神,进一步观照现实、反映现实,是新时代文艺创作的重要原则,是满足人民群众美好期待的必然要求,也是广大文艺工作者的职责所系、使命所在。

现实主义精神在中国文艺发展史上有着优良的传统,发挥着重要的作用。无论在革命战争年代,社会主义革命、建设和改革时期,还是在中国特色社会主义新时代,优秀的现实题材文艺作品总是能凭借其对于历史发展的深刻洞察、时代精神的深情描绘,迸发出直抵人心、推动社会进步的强大力量。尤其是近年来,《觉醒年代》《山海情》《大江大河》《我不是药神》《人世间》《主角》等一大批现实题材文艺佳作，社会和市场的双重效益俱佳，尤其是在温暖人、鼓舞人、感染人、启迪人方面产生了良好的社会效果。新时代的中国文艺，在继承和弘扬现实主义精神优良传统的道路上继续砥砺前行。

加强现实题材文艺创作，须植根于当代中国波澜壮阔的伟大实践。中国特色社会主义步入新时代，为文艺工作者提供了展现才华的广阔舞台。全面建设社会主义现代化国家的崭新征程，中华民族实现伟大复兴中国梦的艰辛历程，是文艺创作取之不尽、用之不竭的动力和源泉。广大文艺工作者应当积极运用创新的艺术语言，生动展现经济和社会发展所取得的巨大进步和累累硕果，动情演绎人民群众追求美好生活的不懈奋斗和昂扬风貌，深刻把握个体、民族、国家命运，善于抓住其中最鲜活最本质的精神内涵，从平凡中发现伟大，从质朴中发现崇高，在现实题材文艺创作中铸就中华民族复兴时代的文艺高峰。

加强现实题材文艺创作，须牢固树立"扎根生活、扎根人民"的坚定信念。习近平总书记在文艺工作座谈会上的重要讲话中指出："文艺创作方法有一百条、一千条，但最根本、最关键、最牢靠的办法是扎根人民、扎根生活。"前不久，电影《柳青》在全国上映，人民作家柳青放弃城市生活、扎根农村14年，完成经典著作的心路历程，为我们上了践行"深入生活、扎根人民"精神的生动一课。事实证明，只有脚踩大地、心系人民，俯下身、沉下心，才能获取灵感、积累素材、汲取营养、提升境界，从而实现艺术升华、成就事业人生，最终再把最好的精神食粮奉献给人民。

加强现实题材文艺创作，还需注重艺术表现力的锤炼。当前，文艺创作生产格局、人民群众审美要求和欣赏习惯，以及文艺产品传播方式都发生了深度转型，简单化、表象化、同质化的作品不会也不应当获得认可和成功。这就要求广大文艺工作者在符合艺术规律和尊重大众审美的基础上，突破刻板被动的惯性思维，与时俱进、大胆探索，既摒除"绷着、端着"那种高高在上式的说教，又避免"无脑、呻吟"那种脱离实际式的空想。创作者通过完善创作理念，创新形式技巧，提高艺术水准和创作质量，让现实题材文艺作品更加精彩纷呈、引人入胜，激发受众的共识共情共鸣，抓住更多年轻人的心。

各级文联组织应当团结带领广大文艺工作者坚守以人民为中心的现实主义创作导向，通过广泛开展形式多样、丰富多彩的采风实践活动，加大现实题材主题创作、项目扶持工作力度，力求推出一批标杆性、现象级作品。同时，在文艺评奖、文艺评论、文艺维权等方面，更多聚焦现实题材文艺作品，为宣传推介相关创作成果搭建多元平台、提供畅通渠道，充分调动广大文艺工作者特别是基层一线人员和新文艺群体的积极性、创造性，鼓励他们创作出更多接地气、传得开、留得下，无愧于时代、无愧于人民的优秀现实题材文艺作品。

链接知识

2023年5月，中国文联召开推进文艺创作工作会，出台实施引导推动高质量文艺创作的意见，成立文艺创作工作领导小组、专家指导委员会，建立年度重点创作目录制度，不断提升推动文艺创作的组织化程度和专业化水平，把引导推动文艺创作与文艺队伍建设有机结合起来。

在创作中展现时代的万千气象

文艺创作的目的是引导人们找到思想的源泉、力量的源泉、快乐的源泉。只有从时代之变、中国之进、人民之呼中提炼主题、萃取题材，不断奉献向上向善具有伟大品格的文艺创作创造，热情描绘新时代新征程的恢宏气象，才能更好地鼓舞激励人民众志成城、满怀信心开创未来。

文艺创作应牢牢把握中华民族伟大复兴这一时代主题，把文艺创作写在民族复兴的历史上、写在人民奋斗的征程中。中华民族伟大复兴是当今中国最鲜明的主题，实现中华民族伟大复兴中国梦，是一场伟大的事业，需要坚韧不拔的伟大精神，也需要振奋人心的伟大作品。

新时代新征程是当代中国文艺的历史方位。文艺工作者应立足中华民族伟大复兴战略全局和世界百年未有之大变局，把人生追求、艺术生命同国家前途、民族命运、人民愿望紧密结合起来，以文弘业、以文培元，以文立心、以文铸魂，豪情万丈、激情满怀地讴歌新时代、新创造、新辉煌。树立大历史观、大时代观，不断增强文化自觉、坚定文化自信，在时代波澜壮阔的伟大变革和锐意创新中，不断提升文艺创作的精神能量、文化内涵和艺术价值，倾情书写中华民族从站起来、富起来到强起来的历史性飞跃，为中华巍巍巨轮升起更加坚定的理想风帆，激励中华儿女更加强劲的奋进动力，是我们这代文艺工作者无悔的担当和使命。

中国精神始终是中国文艺的灵魂。能不能以中国精神凝聚起实现中国梦的磅礴力量，鼓舞人民奋进新征程、建功新时代，是考量当代中国文艺是否具有民族灵魂的重要标准。文艺工作者应高扬社会主义核心价值观旗帜，大力弘扬以爱国主义为核心的民族精神和以改革创新为核心的时代精神，讴歌伟大建党精神，激发人民踔厉奋发、勇毅前行的力量。要坚守中华文化立场、传承中华文化基因，展现中华审美风范，推动中华优秀传统文化的创造性转化和创新性发展，激活中华文化持久弥新的生命力。要增强人类命运共同体意识，择取最能代表中国变革和中国精神的题材，进行艺术表现，向世界讲好中国故事、传递中国价值，向世界展现可信、可爱、可敬的中国形象。

讴歌人民是文艺创作的永恒思想主题。在新时代的壮阔征程上，随处跃动着人民创造历史、创造生活的火热实践，为文艺创作提供了丰富多彩、生动鲜活、源源不竭的内容素材。文艺工作者应坚持以人民为中心的创作导向，自觉与人民同呼吸、共命运、心连心，始终把人民的冷暖、人民的幸福放在心中，真正俯下身子做人民的孺子牛，把人民的喜怒哀乐倾注在笔端，讴歌奋斗人生、刻画最美人物、礼赞模范英雄。我们要让人民成为作品的主角，从社会发展的巨流中汲取题材、故事和语言，从普通人平凡的世界里看取美善、光明和希望，把自己的思想倾向和情感同人民融为一体，同人民一道感受时代的脉搏、生命的光彩。新时代强烈地呼唤文艺工作者走进改革前沿、走进生活深处、走进田间地头，在人民中体悟生活的本质，吃透生活的底蕴，感悟生活的魅力，努力创作更多满足人民文化需求和增强人民精神力量的优秀作品，让文艺的百花园永远为人民绽放。

> **链接知识**
>
> 中国文联青年文艺创作扶持计划（简称"青创计划"）坚持以习近平新时代中国特色社会主义思想为指导，鼓励支持引导青年文艺工作者守正道、走大道、挑大梁、当主角，以项目资助方式为青年文艺工作者（包括"文艺两新"）搭建成长发展平台。该计划主要面向45周岁（含）以下、活跃在创作一线的青年文艺工作者，坚持向原创现实题材项目倾斜，精准立项、精准扶持，推出更多增强人民精神力量的优秀作品。

用作品说话最有底气

习近平总书记深刻指出,"衡量一个时代的文艺成就最终要看作品。推动文艺繁荣发展,最根本的是要创作生产出无愧于我们这个伟大民族、伟大时代的优秀作品"。这一重要论述,不仅为我们提供了新时代衡量文艺繁荣发展的重要标尺和根本遵循,更是向广大文艺工作者吹响了投身创作、集合进发的响亮动员号角,注入了强劲精神动力和火热情感活力。

"春发其华,秋收其实",躬耕之乐,莫过于满园硕果、岁物丰成。广大文艺工作者始终牢记习近平总书记殷殷期盼和谆谆嘱托,围绕党和国家重大战略部署和重要时间节点,以高昂的热情锚定文艺创作,在各艺术领域潜心耕耘、创新创造,在从"高原"迈向"高峰"的文艺登攀中,持续推出属于我们这个时代的精品佳作,用汗水和智慧浇灌出新时代的文艺园地繁花锦簇、硕果累累。大型情景史诗《伟大征程》以舞蹈、音乐、朗诵等多样化艺术语言,气势磅礴地把中国共产党的辉煌百年呈现在现代舞台上;巍然矗立在中国共产党历史展览馆前的《旗帜》《信仰》《伟业》《攻坚》《追梦》五组主题雕塑,气势恢宏、震撼人心。从电视剧《觉醒年代》《人世间》《山海情》《大江大河》《三体》,到电影《长安三万里》《流

电视剧《觉醒年代》海报

浪地球》;从民族歌剧《沂蒙山》、舞剧《永不消逝的电波》《只此青绿》到杂技剧《战上海》;从话剧《苏堤春晓》到网络动画短片合集《中国奇谭》……一大批内容精彩纷呈、反映时代新气象、讴歌人民新创造的好作品在厚重的传统文化、宏阔的社会实践和迅猛的技术变革共同孕育下应运而生,深深触及人们的灵魂深处、引起

人民群众强烈的思想共鸣，在推动文艺事业高质量发展上留下了浓墨重彩的一笔。

实践充分证明，只要广大文艺工作者牢记创作是自己的中心任务、作品是自己的立身之本，紧紧抓住创作这个中心环节，不求热闹花哨，不做表面文章，静下心来搞创作，精益求精搞创作，文艺的百花就能姹紫嫣红，文艺的灯火就能熠熠生辉，社会主义文艺事业就能日新月异、欣欣向荣。

"行而不辍，未来可期。"在以中国式现代化全面推进强国建设、民族复兴伟业的新征程上，广大文艺工作者应准确把握当代中国文艺的历史方位，立足中华大地，在奔涌的时代大潮中抒写，在火热的人民生活中创作，迎着未来的召唤，向着充满光荣和梦想的远征昂首奋进。

2. 优秀文艺作品是思想性和艺术性的有机统一

以作品塑造人心　用品格担当责任

文艺是铸造灵魂的工程，文艺工作者是灵魂的工程师。2019年3月4日，习近平总书记在看望参加全国政协十三届二次会议的文化艺术界、社会科学界委员时，殷切寄语广大文化文艺工作者，"理应以高远志向、良好品德、高尚情操为社会作出表率"，明确提出了以明德引领风尚的崇高目标和价值追求。

回望过去两年，广大文艺工作者深入学习贯彻习近平总书记关于文艺工作的重要论述，回应时代召唤，扎根祖国大地，追求艺术理想，无论是活跃于脱贫攻坚伟大实践还是积极投身以艺战"疫"，都经受了考验和洗礼，贡献了智慧和才情，充分展现了心系家国的责任担当和昂扬向上的精神风貌。2021年我们迎来了中国共产党百年华诞，进入新阶段、奋进新征程，广大文艺工作者理应以更加崭新的形象，自觉肩负起启迪思想、陶冶情操、温润心灵的重要职责，承担起以文化人、以文育人、以文培元的神圣使命，在为祖国、为人民立德立言中成就自我、实现价值。

潜心耕耘，塑造传得开、留得下的艺术形象。创作是文艺工作的中心任务，作品是文艺工作者的立身之本。一个时代的文艺成就，最终靠作品来呈现；一位文艺家的地位影响，最终也要靠作品来说话。文艺工作者作为特殊的高光职业，社会知名度高、在群众中影响力大，特别是一些青年影视演员"粉丝"众多、"流量"巨大，成为许多青少年仰慕和效仿的"偶像"。但人的知名度不等同于作品的知名度，假如没有立得住的作品，曝光次数再多、"刷"存在感再大，也是站不住脚的。留名青史的文艺大家无一例外都是通过潜心的艺术实践、精湛的专业素养和高超的艺术水准，为观众奉献出经典的艺术形象，从而赢得人民的尊重和爱戴。近来，《山海情》《大江大河》《觉醒年代》《你好，李焕英》等影视作品热播热映，涌现出一批优秀年轻文艺工作者，他们用心体验生活、做足角色功课，通过真实传神的演绎，让充满时代气息和人格魅力的人物群像"活起来"，也让自身通过艺术形象"长到了"观众的心里。文艺创作是艰苦的创造性劳动，不容半点虚假、绝非朝夕之功，急不得、等不来、躁难行。广大文艺工作者唯有用专注的态度、敬业的精神、踏实的努力，下苦功夫、练真功夫，不断提高艺术本领，才有望创作出高质量高品位的作品。也唯有真正传得开、留得下的艺术精品，方能展现出文艺家的思想深度、审美魅力、人格境界，在文艺发展史上留存美好永恒的艺术形象。

　　崇德尚艺，磨砺有品格、有修养的人格形象。文艺要塑造人心，创作者首先要塑造自己。文艺是给人以精神引领、价值引导、审美启迪的，文艺作品是文艺工作者人格人品的自我宣示和精神境界的外化表现。作家柳青曾说过，"作家在创造人物以前，早已开始创造自己的形象了"。文艺家从艺为人具有高度的内在一致性，文艺家自身的思想水平、业务水平、道德水平，决定着文艺作品的思想厚度、精神高度和审美深度，特别是进入全媒体时代，文艺工作者的一言一行都被镜头记录、被屏幕投射、被网络放大，对自身修养的提升绝不仅限于自己的私事，而是会产生方方面面、不可估量的深刻影响。对于广大文艺工作者来说，必须把崇德尚艺作为一生的功课，立志做"大艺术家"、不做"小明星"，耐得住寂寞、经得起诱惑、守得住底线，自觉摒弃低俗、庸俗、媚俗的低级趣味，自觉反对拜金主义、享乐主义、极端个人主义，不断加强道德修养、提高精神境界、锤炼高尚人格，树立良好的职业形象和生活形象。

立心铸魂，展现有责任、有担当的社会形象。文艺是时代前进的号角，最能代表一个时代的风貌，最能引领一个时代的风气。"铁肩担道义，妙手著文章"，文艺工作是作用于人心、影响着社会的工作，是培根铸魂的工作。对于文艺工作者而言，更需要坚持"文以载道"的价值理念，把社会责任放在首位，做真善美的追求者和传播者，更好发挥文艺塑造心灵、成风化人的作用，在记录国家发展、反映时代变迁、服务人民群众、推动社会进步上勇于担当。文艺界的两会代表委员是社会、舆论关注的焦点，他们肩负着履行职责、行使权力和参政议政、协商建言的重要责任，更应珍惜人民赋予的权力，聚焦党和国家中心任务，明确自身职责定位，关注群众福祉，发挥带头作用，为党和国家事业发展建言献策，充分展现文艺工作者的良好社会形象。

新的文化使命激发文艺能量

2023年6月7日，习近平总书记致信祝贺首届文化强国建设高峰论坛开幕强调，更好担负起新的文化使命，为强国建设、民族复兴注入强大精神力量。这是继习近平总书记在文化传承发展座谈会上发表重要讲话，全面系统深刻阐释新时代新的文化使命，对在新的历史起点上继续推动文化繁荣、建设文化强国、建设中华民族现代文明再一次发出了动员令，必将进一步激励广大文艺工作者踔厉奋发、笃行不怠，潜心创作、服务人民，在五千年中华文明深厚基础上铸就社会主义文艺新辉煌。

只有坚持自信自立、守正创新，文艺才能更好地担负起新的文化使命。中华文明是中华民族的精神命脉，是涵养社会主义核心价值观的重要源泉，也是我们在世界文化激荡中站稳脚跟的坚实根基。如星河般灿烂的中华文明为文艺创新创造提供了丰厚滋养。厚植中华文化根脉，既需要对中华优秀传统文化进行深入挖掘，也需要对历史文脉进行回溯追寻，更需要对中华文明进行开拓创新。广大文艺工作者应深刻领悟坚持"两个结合"的重要内容和思想方法，坚定文化自信，坚持守正创新，推动中华优秀传统文化创造性转化、创新性发展，弘扬革命文化，发展社会主义先进文化，掌握思想和文化主动，推动实现精神上的独立自主，为铸就中华文化新辉煌贡献智慧和才情。

只有坚持繁荣创作、多出精品，文艺才能更好地担负起新的文化使命。实现中华民族伟大复兴，是一场震古烁今的伟大事业，需要坚韧不拔的伟大精神，也需要振奋人心的伟大作品。中国式现代化的宏伟历史进程中，不乏生动的故事，不乏史诗般的实践，关键要有讲好故事的能力，要有创作史诗的雄心。新时代的精神气象，辉映着温润心灵的动人故事，洋溢着慷慨激越的华彩乐章，鼓荡着大鹏万里的凌云壮志。赓续历史文脉，回应时代呼声，广大文艺工作者应以人民为中心，以生活为源泉，以中国精神为灵魂，以中华优秀传统文化为滋养，展现时代之变、中国之进、人民之呼，描绘历史之美、山河之美、文化之美，彰显奋斗之志、创造之力、发展之果，推出更多彰显中华美学精神、体现中国审美风范的扛鼎之作、传世之作，更好地肩负起推动文化繁荣发展的重任。

只有坚持开放包容、交流互鉴，文艺才能更好担负起新的文化使命。文艺事业繁荣发展既是文化兴盛的重要指标，又是推进文化强国建设的强劲动力。实践证明，那些跨越时空、超越国度、富有永恒魅力、具有当代价值的文艺作品不仅能够推进和引领中华民族奋力前行，而且能够为世界各国人民创造美好生活提供审美启迪。当前，世界之变、时代之变、历史之变正以前所未有的方式展开，广大文艺工作者应坚持开放包容、互学互鉴的理念，以深远的目光、博大的胸襟、自信的态度，在坚守中华文化立场的基础上，把艺术目光投向人类精神世界最深处，在展现中国道路、中国精神、中国形象中弘扬全人类共同价值,为推动创造人类文明新形态提供文艺力量。一个民族的复兴,总是以文化的兴盛为强大支撑;一个时代的进步,总是以文化的繁荣为鲜明标识。"知之愈明,则行之愈笃。"站在新的起点上,锚定新的文化使命,广大文艺工作者必将为中华民族现代文明和文化强国建设作出新的更大贡献。

让文艺作品闪耀时代的辉光

习近平总书记指出,"文艺是时代前进的号角,最能代表一个时代的风貌,最能引领一个时代的风气"。一切优秀文艺作品,总是具有鲜明的时代烙印,是时代精神的生动写照。优秀文艺作品是创作的硕果,更是时代的产物。新时代中国迈向引领时代的伟大跨越,日益走近世界舞台的中央。属于新时代的优秀文艺作品应该既能够反映当代中国的伟大创造,又能够展现可信、可爱、可敬的中国形象。作品的高度决定文艺工作者人生价值的厚度。广大文艺工作者应从时代声音中激发艺术的回响,用工笔画把历史巨变描绘出来,用大写意把时代主题渲染出来,用长镜头把新时代的精神气象全方位全景式展现出来,努力创造出铸就强国复兴时代文艺高峰的精品之作。

习近平总书记指出,"人民的需要是文艺存在的根本价值所在。能不能搞出优秀作品,最根本的决定于是否能为人民抒写、为人民抒情、为人民抒怀"。既能满足人民文化需求,又能增强人民精神力量,这充满辩证统一的两项标准,在优秀文艺作品的指标体系中缺一不可。面对色彩斑斓的生活和丰富多样的需求,优秀作品需要在表达上不拘一格、雅俗共赏,在内容上有正能量、有感染力,在效果上温润心灵、启迪心智，在态势上顶天立地、铺天盖地。作品到底好不好，终归人民说了算。广大文艺工作者应拜人民为师，扎根人民、扎根生活，用现实主义精神和浪漫主义情怀观照现实生活，从平凡中发现伟大，从质朴中发现崇高，努力创作出深受人民喜爱和满意的口碑之作。

习近平总书记指出，"博大精深的中华文明是中华民族独特的精神标识，是当代中国文艺的根基，也是文艺创新的宝藏"。中华民族历史上的佳作名篇为中华文明赋予熠熠星光，中华优秀传统文化璀璨宝库为创作优秀作品提供深厚滋养。推动中华优秀传统文化创造性转化、创新性发展是创作优秀作品的制胜密码。只有体现中华文化精髓，彰显中国审美旨趣，同时符合世界进步潮流，反映全人类共同价值追求的作品，才能够在世界文艺舞台鲜明树立中国气派。越是民族的，越是世界的。广大文艺工作者应坚守中华文化立场，向着人类最先进方面注目，向着人类精神世界最深处探寻，把隽永的美、永恒的情、浩荡的气凝聚起来、彰显出来，努力创作出书写中华民族现代文明的经典之作。

我国古代文人讲求"为天地立心，为生民立命，为往圣继绝学，为万世开太平"，反映出文艺为时代、为人民、为民族的朴素哲思。新时代文艺工作者更应科学把握文艺作品何为优秀又何以优秀之奥秘，不能局限于一己悲欢，而应以超越自我的视角对待艺术创作，把个人追求与时代要求、人民愿望和民族命运熔铸起来，不断创作出无愧于伟大时代、无愧于伟大人民、无愧于伟大民族的优秀作品。

3. 力戒浮躁创作优秀作品

远离浮躁创精品

习近平总书记在文艺工作座谈会上明确指出，当前文艺最突出的问题是"浮躁"，"一些人觉得，为一部作品反复打磨，不能及时兑换成实用价值，或者说不能及时兑换成人民币，不值得，也不划算。这样的态度，不仅会误导创作，而且会使低俗作品大行其道，造成劣币驱逐良币现象"。近十年来，文艺界的"浮躁"问题得到有效扭转，但"浮躁"之风依然在一定程度上存在。在经济社会快速发展的今天，浮躁作为一种社会心态，不可避免地影响着文艺领域。体现在文艺领域急功近利、粗制滥造等种种浮躁现象，不仅伤害文艺创作，也伤害社会精神生活。一些作品只求迎合市场，缺乏真正的思想灌注和深度凝练。在浮躁心态下创作出来的"浮躁作品"，可能一时之间受到追捧，但就像时代大潮中被抛却的沙砾，最终难以经受时间的考验，淹没在历史长河之中。

文艺创作本质上是艰苦的创造性劳动，文艺要赢得人民认可，花拳绣腿不行，投机取巧不行，沽名钓誉不行，自我炒作不行，"大花轿，人抬人"也不行。"那些叫得响、传得开、留得住的文艺

电影《长津湖》海报

精品，都是远离浮躁、不求功利得来的，都是呕心沥血铸就的。"习近平总书记这样告诫我们。庆祝中国共产党成立100周年大型美术创作工程和主题雕塑工程，会集300多位美术家和美术工作者通力合作，历经寒冬酷暑3年，完成了一部反映党的光辉历程和不朽功勋的视觉史诗，成为新时代美术工作者为时代塑像、为时代铸

魂的典范之作。"新歌唱新疆"优秀原创歌曲演唱会，之所以获得观众好评，一个很重要的原因是采风团跨越天山南北，深入14个县市区，行程3500多公里，与多民族基层文艺工作者、民间艺人280余人次交流，深入挖掘富有民间特色的音乐资源，深入了解其历史文化渊源，感悟文化润疆的力量。获得中国电影金鸡奖的《长津湖》，剧本改了37稿，演员的造型设计100多种，字幕上的工作人员多达12000多人，演职人员在零下20多摄氏度气温下，用全力以赴的敬业态度向伟大抗美援朝精神的致敬，也成就了让人热泪盈眶的扛鼎之作。一切伟大的文学艺术家无一不是在孤独与寂寞中创造出了震撼人心的作品，穿越时空，历久弥新，影响着一代又一代人，这就告诉我们，守得住内心、耐得住寂寞是通往艺术巅峰的必经之路。

　　文艺是铸造灵魂的工程，文艺创作是一场灵魂的舞蹈，需要脚踏实地，以不唯功利的定力、恒心和毅力，去追寻艺术的本真。每一位文艺工作者都应怀揣对艺术的尊重和敬畏，保持对艺术的执着与热爱，真正身入心入情入，潜心钻研、千锤百炼，坚守自己的创作攀登之路，不为外界喧嚣所干扰，不为浮躁之气所动摇，创作出思想深刻、清新质朴、刚健有力的时代佳作，以高质量的精神食粮回报人民。

读万千气象　涵艺坛书香

2022年4月23日，习近平总书记致信祝贺首届全民阅读大会举办，希望全社会都参与到阅读中来，形成爱读书、读好书、善读书的浓厚氛围。习近平总书记的贺信充分体现了党中央对推动全民阅读、建设书香中国的高度重视。

中华民族是一个爱读书的民族。鼓励读书、提倡阅读，在书香中培育崇高理想、涵养浩然之气、塑造精神品格，是中华民族的优良传统。古往今来，艺坛总是与书香相伴。许多文艺大师留下了动人的读书故事。苏东坡读《阿房宫赋》如痴如醉，夜不成寐，侯宝林顶风冒雪跑到北京图书馆抄读明代笑话书《谑浪》，正是对读书的痴迷，成就了他们艺术的辉煌。当今时代，科学技术突飞猛进，思想文化交流碰撞，艺术门类互融互通，文艺新形式层出不穷、新类型不断涌现、新空间开辟拓展，更需要把阅读当作生活方式，把学习当作人生大事，爱读书、读好书、善读书，把登顶艺术高峰的阶梯铸得更加稳固、更加坚实。

阅读的本质是学习。在人生的道路上，闻道有先后，术业有专攻，唯有善于学习，才能自我超越，不断进步。正所谓"读书万卷始通神"，文艺创作是艰辛的创造性工作，尤需在广泛阅读中转益多师,在专心致志中厚积薄发。作家艺术家获取知识、启智增慧、培养道德、走好自己铸己之路,离不开阅读;激发创意灵感、丰厚审美修养、锤炼艺术表达、奉献精湛精美之作,更离不开阅读。读理论,搞懂为谁创作、如何创作的根本道理,才能坚守人民立场,把稳创作方向。读经典,领悟中华民族生生不息之精神,才能厚植创造根基,展现中华文化神采。读历史,增强历史自信和历史自觉,才能树立大历史观,纳山河于笔端,汇百代于当下。读新作,感知新时代新征程大千气象,才能紧跟时代步伐,把创造写到民族复兴、人民奋斗的史诗上。

"为学之实,固在践履。"投身创作实践,为作家艺术家提供了学真知、悟真谛的不二法门。对于作家艺术家而言,阅读是"输入",创作是"输出",二者同根同源,互促互通。学习的目的全在于应用。对于文艺工作者来讲,阅读的归宿是创作,阅读的成果是作品。只有紧扣创作这一中心任务,在生动的艺术实践中,把阅读书籍与阅读生活融通起来,把读懂典籍与读懂现实贯通起来,把理论知识与创作实践汇通起来,以阅读提升创作之力,以作品彰显阅读之效,才能真正做到学以致用,用有所成。

文艺工作者身处聚光灯下,受到舆论高度关注,一言一行都会对社会产生影响。加强阅读引领,涵育阅读风尚,让中华大地书香四溢,是文艺工作者不可推卸的社会责任。文艺工作者既要带头读书,在阅读中修身养志,增进技艺,更要担当"读书大使",成为新时代的"阅读代言人",把书籍之益、读书之乐、阅读之美传递给更多的人。伴随着书香中国建设的进展,从沿海到内地,从城市到乡村,从社会到家庭,从现实社会到虚拟空间,农村书屋、草原书屋、社区书店、24小时书店等阅读新空间,全民阅读、数字阅读、亲子阅读、地铁阅读、阅读社交等读书新风尚,构成了一道道亮丽的风景线,为文艺创作提供了丰富题材。广大文艺工作者应当深入阅读现场,敏锐捕捉捧书而读者的沉吟思索、会心微笑,倾情讲述新时代的阅读故事,细心刻画阅读者形象,展现学习型政党、学习大国建设的丰硕成果,让和煦清新的阅读之风、学习之力鼓舞每一颗努力向上向善的心灵。

打造高品质节目推动高质量发展

一段时间以来,部分平台的晚会、综艺、影视剧等节目,以有没有明星、有没有话题,以及明星有多么大牌、话题有多么劲爆等作为评判节目是否成功的重要标准甚至唯一标准。按此标准打造的节目,专注于明星与话题带来的流量,却如个别明星一样速生速朽,也如一些话题一样载荷着负能量负影响。于节目本身而言,这不是可持续发展之道;于社会公众而言,也不能引导正确的价值取向,发挥应有的社会效益。过度娱乐化、追星炒星的文艺节目和发展思路必须坚决摒弃。

避免过度娱乐化的关键在于弘"文"。五千多年文明发展中孕育的中华优秀传统文化,在党和人民伟大斗争中孕育的革命文化和社会主义先进文化,积淀着中华民族最深沉的精神追求,代表着中华民族独特的精神标识。这些文化元素、文化底蕴、文化精神,是节目品质的有力支撑,也是发展质量的最大保障。事实上,从国家有关部门公布的广播电视创新创优节目名单中,我们就能清晰地发现,一些平台包括个别地方电视台在这方面已经作出了可贵的探索。

打造高品质节目,推动高质量发展,离不开大力传承中华优秀传统文化。不论过去还是现在,中华优秀传统文化都有其永不褪色的

庆祝建党100周年特别节目《闪亮的坐标》海报

价值。要善于结合新的时代条件，实现中华优秀传统文化的创造性转化和创新性发展。从河南春晚舞蹈节目《唐宫夜宴》到元宵、清明、端午、七夕、中秋、重阳"奇妙游"，2021年的"中国节日"系列节目可谓"妙"出了"圈"，成为传承中华优秀传统文化的生动案例。

打造高品质节目，推动高质量发展，离不开大力弘扬革命文化。革命文化是党领导人民在革命、建设与改革中创造的，是激励人民奋勇前进的精神力量。歌唱祖国、礼赞英雄从来都是文艺创作的永恒主题，也是最动人的篇章。2021年"七一"前夕，40集电视特别节目《闪亮的坐标》以影视演员倾情讲演的方式，讲述党的百年征程中涌现出的英雄人物故事，吸引和感动了无数观众。

打造高品质节目，推动高质量发展，离不开大力发展社会主义先进文化。党领导人民进行的奋斗，推动我国社会发生了全方位变革，这在中华民族发展史上是前所未有的，在人类发展史上也是绝无仅有的。中国不乏生动的故事，关键要有讲好故事的能力；中国不乏史诗般的实践，关键要有创作史诗的雄心。近年来，反映打赢脱贫攻坚战、全面建成小康社会历史性成就，聚焦新时代火热生活，聚焦新时代奋斗者、劳动者的优秀节目不断涌现，为伟大新时代留下了宝贵的影像记录和艺术表达。

弘"文"从根本上看，既需要创作观念的转变，也需要发展模式的转型，但最根本的，还是需要平台及其从业者坚守艺术初心、坚持文化追求。将镜头从明星、娱乐的小舞台转向亿万大众、缤纷生活的大天地，创作便有了更坚实的依靠、更广阔的空间；摆脱对明星、娱乐的过度依赖，发展便有了更多的可能、更远的未来。正如习近平总书记所指出的那样："要把提高作品的精神高度、文化内涵、艺术价值作为追求，让目光再广大一些、再深远一些，向着人类最先进的方面注目，向着人类精神世界的最深处探寻，同时直面当下中国人民的生存现实，创造出丰富多样的中国故事、中国形象、中国旋律，为世界贡献特殊的声响和色彩、展现特殊的诗情和意境。"唯有如此，才能做到不溺于"娱"、不耽于"星"，才能打造高品质节目、推动高质量发展，真正迎来文艺繁荣发展的阳光大道。

链接知识

《闪亮的坐标（青春季）》由中国文联、中共江西省委宣传部、中国视协联合出品，被国家广电总局列为迎接党的二十大重点选题项目，并入选"十档重点文艺节目"之一。节目邀请数十位知名文艺家担任青春讲演人，讲述各个历史时期特别是党的十八大以来，各行各业涌现出的青年英模感人事迹。节目采用XR扩展现实等新技术拍摄制作，用创新的表达方式丰富讲演形态与视觉层次，让观众不仅能在重温中汲取能量，更有新的体悟。

胸怀两个大局，推动文艺高质量发展

2021年1月11日上午，习近平总书记在省部级主要领导干部学习贯彻党的十九届五中全会精神专题研讨班开班式上强调指出，当今世界正经历百年未有之大变局，但时与势在我们一边，这是我们的定力和底气所在，也是我们的决心和信心所在。当前，中华民族正处在伟大复兴整体推进的关键时期，世界百年未有之大变局正在加速演进。同时，我国发展的内部条件和外部环境正在发生深刻复杂变化，发展不平衡不充分问题依然突出，发展中的矛盾和问题都集中指向和体现在迫切需要提高发展的品质和质量上。这就要求我们不断提高政治判断力、政治领悟力、政治执行力，不断提高把握新发展阶段、贯彻新发展理念、构建新发展格局的政治能力、战略眼光、专业水平，敢于担当、善于作为，把党中央决策部署落实落细落具体，不断提升发展的品质和质量。

文艺事业是党和人民的重要事业，文艺战线是党和人民的重要战线。广大文艺工作者和文联工作者肩负着推进文艺事业繁荣兴盛的历史重任。立足"两个一百年"奋斗目标的重要历史交汇期，聚焦建成社会主义文化强国远景目标，我国文艺不仅要有体量的增长，更要有质量的提升。推动文艺高质量发展，最根本在于创作生产出更多高品位的优秀作品,关键在于培养造就更多高素质的文艺人才,目的在于促进满足人民文化需求和增强人民精神力量相统一。我们必须始终把创作生产优秀作品作为中心环节,扎根本土、深植时代,着力加强现实题材创作生产,积极参与文艺作品质量提升工程,抓好源头原创,提高作品的精神高度、文化内涵、艺术价值,持续推出反映时代新气象、讴歌人民新创造的新时代文艺精品。加强团结引领,着力引导广大文艺工作者秉持和践行正确的历史观、人民观、审美观、创作观和职业观,把个人的艺术追求同国家命运和人民福祉紧紧结合在一起,讲品位、讲格调、讲责任,坚决抵制低俗庸俗媚俗,自觉砥砺从艺初心,勇攀新时代文艺高峰。着眼提高人民精神文化素质、提升全社会文明程度,坚持把社会效益放在首位、把社会效益与经济效益统一起来,把深入生活搞创作与扎根基层服务群众结合起来,把提升艺术创作质量和推动艺术普及结合起来,让人民享受更加充实、更为丰富、更高质量的精神文化生活,努力推动全社会形成适应新时代要求的思想观念、精神面貌、行为规范、文明风尚。

  回顾往昔,中华民族每一个重要历史时刻,文艺工作者都勇于奉献、奋发有为,文艺工作都发挥了重要而独特的作用。展望未来,社会主义文艺事业前景广阔,文艺工作者大有可为。立足新起点,踏上新征程,广大文艺工作者和文联工作者必将积极承担新时代的使命任务,胸怀两个大局,驰而不息推动文艺高质量发展,为建设社会主义文化强国不懈奋斗!

4. 把创新精神贯穿文艺创作生产全过程

"两个结合"推动新时代文艺气象更新

习近平文化思想是坚持"两个结合"的光辉典范。习近平总书记创造性提出并阐述"两个结合",不仅深刻把握中华文明发展规律,而且拓展了中国特色社会主义文化发展道路,为新时代文化繁荣发展开创了充满无限可能性的广阔空间。对于文艺工作而言,坚持"两个结合"就是要植根广袤的中国大地和悠久的中华文明,观照波澜壮阔的新时代,推动新时代文艺气象一新、格局一新、境界一新。

在新时代中国文艺发展之路上,各类文艺形式融汇而成的风景,璀璨夺目,精彩纷呈。人文历史纪录片《中国》、民族歌剧《沂蒙山》、舞剧《只此青绿》等充满中国韵味又富有时代特色的精品佳作,艺术地彰显了中华文明的独特魅力,把中华美学精神和当代审美追求深度融合起来,极具艺术创造力和中华文化价值。这些新时代涌现出来的优秀文艺作品,铭刻着深沉隽永的文明密码,塑造出独具魅力的中华文化新形象,将中国故事说与世界听,让人可感可知可同欢乐。这充分印证,创作推出植根中华文化沃土、标识

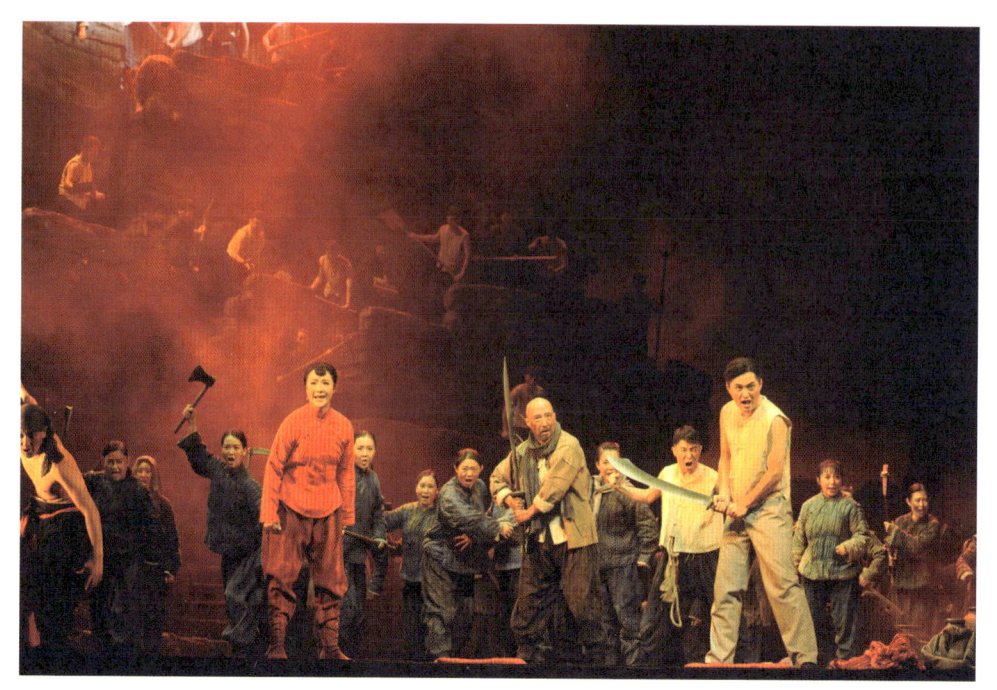

大型民族歌剧《沂蒙山》剧照

中华民族现代文明的优秀作品,是文艺工作践行"两个结合"的必然要求,也是文艺工作拥有高度文化自信的生动体现。广大文艺工作者应以高度的文化自觉、坚定的文化自信、勇毅的文化担当,将中华美学精神融入艺术理念和创作肌理之中,让作品充盈着中华文化独特气韵,淬炼出非同寻常的文化质地,并以充满开放性和时代感的表达,以春风化雨的方式,推动民族精神在新时代继续开枝散叶、蓬勃生长。

文明的根脉延续得多么深远，艺术创造的前景就会有多么辽阔；文化的传承发展得多么深刻，艺术创新的成果就会有多么丰硕。无论是传承中华文化的独特韵味而激发"学习式观影"的电影《长安三万里》，还是深度开掘红色文化和革命精神的美学内涵的电视剧《觉醒年代》，都以既现代又传统的交融性美学风格征服了亿万观众，产生了持久的情感共鸣。新时代中国人民正在用团结奋斗创造着一个又一个史诗般的故事，为文艺创作提供了精彩而又丰厚的素材。热忱描绘新时代新征程的恢宏气象，已经成为广大文艺工作者的广泛共识、自觉追求和努力实践。广大文艺工作者理应站在中国文艺的"高原"之上，把文艺创作放在中华文明赓续传承的历史长河中去思考，放在人类文明发展进步的时代潮流中去把握，放在世界文化相互激荡的宏大背景中去审视，为新时代壮丽宏阔的实践书写，为中国人民斑斓多彩的梦想赋形，创作出更多传播当代中国价值观念、体现中华文化精神、反映中国人审美追求的文艺精品。

随着信息技术日新月异，数字化、网络化、智能化深入发展，激发了蕴含在社会各领域的文艺创造力量，为文艺开辟了新空间，也悄然改变了我们的文艺表达与书写。电视综艺《唐宫夜宴》、网络动画短片合集《中国奇谭》，在汲取科技与人文滋养中破解了艺术的"流量密码"，让中华美学绮丽之花在技术创新的空间维度里盛开绽放。这也启示我们，不论是文艺＋科技，还是文艺＋典籍，都需要时刻保有开放包容的姿态、海纳百川的胸襟，让跨越学科、跨越领域成为文化创新创造的新动力。广大文艺工作者应以时代精神对接传统，以生动的艺术实践弘扬中华美学新质，善于运用各种

电影《长安三万里》海报

与文艺能够产生化学反应的方法手段，让彰显中国特色、中国风格、中国气派的艺术创作嵌入中华文明生生长流，使中国文艺不断以新的气象澎湃向前。

为网络文明建设贡献文艺力量

加强网络文明建设,是加快建设网络强国、全面建设社会主义现代化国家的重要任务。在互联网领域,中国虽然是后来者,但发展迅猛,截至2021年6月,中国网民规模达10.11亿,互联网普及率达71.6%。上网,对于很多人而言已成为生活刚需。如今的网络空间是人们参与社会进程、共享发展成果的重要平台,也是亿万民众共建共享的精神家园。不断推进网络文明建设,既是适应社会主要矛盾变化、满足人民对美好生活向往的迫切需要,也是回应人民呼声、守护人民心灵的必然要求。

网络文艺是网络文明的标识性内容。新时代网络文明建设,离不开文艺的贡献。提升网络文化质量,文艺是重要方面;丰富群众网络生活,文艺是重要方式;塑造网络新风正气,文艺是重要内容;推动网络有序治理,文艺是重要支点。中国接入国际互联网以来的20多年,是网络文明建设不断推进的20多年,也是网络文艺从无到有、从小到大、走向繁荣的20多年。从传统文艺移步"云端"到新型文艺因网而兴,从蔚为大观的网络文学到异军突起的短视频,从日常生活的文艺供给到非常时刻的以艺战"疫",文艺与互联网互为加持、互相赋能、携手共进,迸发出强劲的活力,透露出无限的潜能。

科技进步、媒介变革，是包括文艺在内涉及社会各领域发展的动力来源。正如习近平总书记致2021年世界互联网大会乌镇峰会贺信中指出的，"数字技术正以新理念、新业态、新模式全面融入人类经济、政治、文化、社会、生态文明建设各领域和全过程，给人类生产生活带来广泛而深刻的影响"。作为人类最重要的科技成果之一，互联网为文艺发展开辟了新空间、培育了新力量、注入了新动能，提供了创新创造的丰厚土壤。特别是互联网移动化、视频化和社交化的新趋势，进一步促使不同个体的生活和思想广泛联系、深度交融、充分展示，这不但对文艺创作的内容和形式提出了新的要求，而且推动着文艺创作的逻辑和机制发生深层变革。在今天的中国，网络空间不仅是艺术赏鉴和消费的重要场所，而且是文艺创造的重要园地。用户生产内容的互联网法则，唤醒了蕴藏于社会各领域的文艺力量，让千千万万的文艺爱好者获得了展示才华的舞台。在某种意义上，互联网的快速发展对文艺构成了"倒逼"之势。

识变是创新之基，应变为进步之始。面对互联网这个"最大增量"，当下的文艺不仅要认真思考"写什么"，更要重新思考"怎么写"；不仅要准确把握"谁在看"，更要科学把握"谁在写"。我们必须深刻认识到，网络不仅是文艺传播的平台，更是生产创作的"基础设施"，科学把握网络条件下文艺创作的特征和规律，善于运用互联网思维，推动文学艺术各领域、创作生产传播评论各环节开展深度创新，发挥好专业生产内容和用户生产内容两个积极性，让线上线下两种优势互相促进、相得益彰，把科技进步的"倒逼之苦"

转化为文艺创作的"丰收之甜"。

"凡益之道，与时偕行。"推动网络文艺繁荣兴盛，必须坚持正字当头、创新为要，既要壮大新型文艺人才队伍、创新文艺发展体制机制、优化文艺行业生态，也要发挥文艺评论的引导作用。中国网络文艺还处于发展的"青年时期"，出现的问题大多属于"成长的烦恼"，强化评论主动介入和有效引导，建立健全网络文艺创作和评论的良性互动机制尤为重要。要坚持马克思主义文艺理论在网络文艺领域的指导地位，全面总结网络文艺实践结出的理论硕果，科学分析网络新技术催生的文艺新样态，准确概括艺术新突破带来的审美新风尚，在新技术、新艺术和新美学的交融互动中推动网络文艺精品竞相涌现，让迈向网络强国的征途呈现姹紫嫣红开遍的动人景象。

推进媒体深度融合　繁荣发展新时代文艺

党的十八大以来，党中央高度重视媒体融合发展。2013年8月，习近平总书记首次在全国宣传思想工作会议上强调"加快传统媒体和新兴媒体融合发展"。2014年8月，习近平总书记主持召开中央全面深化改革领导小组第四次会议并发表重要讲话，会议审议通过《关于推动传统媒体和新兴媒体融合发展的指导意见》。之后，习近平总书记在一次次重要会议上、在考察新闻单位时，反复就推动媒体融合发展作出深刻阐述。2020年，中央出台《关于加快推进媒体深度融合发展的意见》。习近平总书记的一系列重要论述和中央出台的相关重要文件对媒体融合发展的功能性目标与实施路径作出了明确规划和要求，是我们推进媒体融合发展的根本遵循和行动指南。全国文联系统拥有数量众多的传统媒体和新媒体，媒体融合成为文联组织高度重视的时代课题，我们应紧紧抓住信息技术发展先机，紧密贴合文联工作实际，进一步推动媒体融合向纵深发展，助力新时代文艺事业繁荣发展。

推进媒体深度融合发展，需要我们强化新闻舆论工作的党性原则，坚持导向为魂。文艺战线是党和人民的重要战线，全国文联系统所属媒体是党和人民在文艺战线的重要舆论阵地，始终坚持党性原则是根本政治要求,切实深入宣传习近平新时代中国特色社会主义思想是首要政治任务。舆论导向正确,是党和人民之福。全国文联系统所属媒体应进一步加快融合发展步伐,在强化传播手段建设、信息服务形式创新的过程中,始终坚持正确舆论导向,把之贯穿于内容生产的各个环节。通过媒体深度融合,实现文艺信息和文联信息的全方位覆盖、全天候延伸、多领域拓展,推动党的声音进入各类用户终端,有效地弘扬主旋律、传播正能量、凝聚精气神。

推进媒体深度融合发展,需要我们切实树立"全国文联一盘棋"观念,加强内容建设。进入新时代,满足人民对美好生活的新期待,为人民提供个性化、多样化、层次化、品质化的精神文化产品,是新时代赋予全国文联系统所属媒体的历史责任。全国文联系统所属媒体需要切实树立"全国文联一盘棋"的观念,汇聚文艺宣传主力军,根植于各全国文艺家协会和全国各地各级文联拥有的丰富文艺信息资源,推动实现有效整合和互联互通;注重"内容为王",探索建立资源集约、协同高效的全媒体生产传播机制,生产出服务受众、服务广大文艺工作者的优质融媒体内容。全国文联系统所属媒体应切实在采编队伍培养、审查机制完善、产品内涵提升、复合型人才建设等方面进一步发力,努力健全完善内容生产机制。

推进媒体深度融合发展,需要我们始终坚持"以人民为中心"导向,强化用户思维。"以人民为中心"是社会主义新闻实践的鲜明底色,"做人的工作"是新时代文联工作必须始终坚持的核心任务。在当下这样一个信息革命时代,推进媒体深度融合、搭建融媒体平台，是文联组织落实党的群众路线，团结和凝聚广大文艺工作者、服务广大人民群众的切实有效手段。广大文艺工作者满意、广大人民群众满意是全国文联所属媒体推进媒体融合的出发点和落脚点，我们应切实把体现广大文艺工作者意愿、呼应广大文艺工作者关切作为价值取向和根本标准。推进媒体融合向纵深发展，需要全国文联所属媒体强化媒体与用户的连接，探索以开放平台吸引广大用户参与信息生产传播的机制；努力生产群众喜爱的内容，增强用户黏性，建构起用户离不开的渠道。

推进媒体深度发展，需要我们牢牢把握"技术为要"规律，坚持"移动优先"策略。进入移动互联时代，"终端随人走、信息围人转"成为信息传播的新态势。随着 5G 通信网络技术的普及，移动端越发展现出强烈的爆炸式增长。顺应移动化大趋势，强化移动优先意识，实施移动优先战略，已经是推动媒体融合发展的必然选择。截至 2019 年 11 月，据不完全统计，中国文联及其团体会员、副省级城市文联在移动端共开设新媒体账号 193 个，形势喜人。传媒发展新格局倒逼我们应以高度的敏感性把握"技术为要"规律，积极关注新技术的发展，将最新技术运用到文艺信息采集、生产、分发、接收、反馈中，使新技术更好地为内容服务；积极运用新技术新应用创新媒体传播方式，聚焦移动端新媒体内容生产传播，始终占领文艺信息传播制高点。

"明者因时而变，知者随事而制。"面对现代传媒发展新趋势，全国文联所属媒体应切实把推进媒体深度融合发展作为落实意识形态工作责任制的重要内容，因势而谋、应势而动、顺势而为，增强自身的传播力、引导力、影响力、公信力，为推动新时代文艺事业和文联事业取得更大繁荣发展贡献传媒的独特力量。

> **链接知识**
>
> 中国文联及各全国文艺家协会统筹报、刊、社、网、微、端、屏，以多元传播形态为载体，搭建文艺全媒体传播体系，为全国文联系统新媒体矩阵联盟建设打下了坚实基础。

生动书写守正创新的文艺新篇章

2023年1月14日至15日召开的中国文联十一届三次全委会把守正创新鲜明写入工作报告主题，并加以深刻阐释。文艺事业的繁荣发展、文联工作的守正创新，需要执着的追求和不懈的付出。回顾过去的一年，全国文联系统坚持守正创新，坚持不懈用习近平新时代中国特色社会主义思想凝心铸魂，自觉履行党中央赋予的职责使命，进一步把牢方向导向，聚焦主责主业，推进主题采风创作、志愿服务、评奖办节、理论评论、职业道德和行风建设，加强"文艺两新"团结引领，探索工作新方式新举措，以党建带队伍、抓管理、促业务、强基础、正作风，为繁荣发展社会主义文艺、建设社会主义文化强国作出应有贡献。

守正创新是中华民族的精神特质，是马克思主义理论的宝贵品质，也是社会主义文艺的根基所系、活力所在。党领导文艺的发展史就是一部与时俱进、守正创新的历史。守正、创新，二者相辅相成，体现了"变"与"不变"、继承与发展、原则性与创造性的辩证统一。守正，就是要坚持以中国化时代化的马克思主义为指导，坚持党的全面领导，坚定不移走中国特色社会主义文化发展道路；创新，就是要把马克思主义基本原理同中国具体实际

舞蹈《唐宫夜宴》剧照

相结合、同中华优秀传统文化相结合,坚持运用辩证唯物主义和历史唯物主义,古为今用、洋为中用、中西合璧、融会贯通,与时俱进、推陈出新。

　　生动书写新征程上社会主义文化新辉煌的文艺篇章,必须悟透守正创新的丰富内涵,把守正创新的要求落到实处。全面学习贯彻习近平新时代中国特色社会主义思想,特别是习近平总书记关于文艺工作的系列重要论述,掌握和运用好贯穿其中的马克思主义立场观点方法,用以观察时代、淬炼思想、指导创作。坚持创造性转化、创新性发展,聚焦"创作生产优秀作品"中心环节,精心组织实施不同门类文艺精品创作工程,不断提升文艺原创力,创新新时代艺术叙事体系，拓展风格流派样式，为民族赓续精神血脉、为时代创造艺术杰作、为历史留下文化经典。发挥文联组织优势、专业优势，加强文艺理论评论，优化文艺评奖办节，构建更具权威性、公信力、影响力的文艺评价体系。深化文艺界职业道德和行风建设，推动文艺生态焕发新气象，进一步增强坚守正道的定力、砥砺前行的动力、变革创新的活力。

守正才能正道前行，创新才能永葆活力。2023年是全面贯彻落实党的二十大精神的开局之年，是实施"十四五"规划承前启后的关键一年。目标越宏伟，越要埋头苦干；前景越光明，越要奋楫争先。文联组织要牢牢把握"做人的工作"核心职责，突出推动创作的中心任务，锐意进取、自信笃行，为全面建设社会主义现代化国家开好局起好步贡献智慧和力量。

坚定走文艺创新创造之路

在《冬残奥圆舞曲》中，无尽的雪花绽放，牵起万千你我他，简约、动感、感人地为北京冬残奥会画上了圆满句号。艺术能如此切入主题、呼应时代、创意新颖、激发情感，让人们记忆中留下挥之不去的美妙时刻，离不开文艺工作者对创造、创新和创作的深刻理解和准确把握。

创造是使命，文艺工作者理应把文艺创造写到民族复兴的历史上、写在人民奋斗的征程中。人民是历史的创造者，也是时代的创造者。文艺工作者需要对人民创造历史的伟大进程给予最热情的赞颂，对人民创造时代的伟大壮举给予最诚挚的传扬，在人民的历史创造中进行艺术的创造，在时代的进步中造就艺术的进步。庆祝中国共产党成立100周年大型情景史诗《伟大征程》，通过主创和演员们共同演绎，让人们沉浸在诗、舞、音、画当中，绘就了党带领中国人民百年奋斗的壮美画卷，让人心潮澎湃、精神振奋。广大文艺工作者要有创作史诗的雄心，锚定民族伟大复兴时代的历史方位，聚焦中国人民团结奋斗的火热场景，从中国创造的"两大奇迹"和人类文明新形态中汲取智慧，从人民的伟大实践和丰富多彩的生活中吸收营养，不断进行生活和艺术的积累,不断进行美的发现和美的创造,以强烈的历史使命感和责任感,书写生生不息的人民史诗。

创新是生命,文艺工作者要把创新精神贯穿文艺创作生产全过程。文艺是最需要创新的领域。当前,大数据、人工智能、5G、区块链、元宇宙等新理念新技术催生了新的文艺内容和形式,拓宽了文艺发展空间,给文艺创新插上了腾飞的翅膀,让中华优秀传统文化穿越时空、历久弥新、绽放光彩。河南卫视《唐宫夜宴》《洛神水赋》、央视虎年春晚创意音舞诗画《忆江南》都是从中华文明宝藏中开掘素材内容,融入传媒新技术,将观众带入"重重似画,曲曲如屏"的美学意境,令人叹为观止。北京冬奥会开闭幕式总导演张艺谋将取材于传统文化中的门窗图案与数字科技相融合,共筑一朵大"雪花",共绘冰雪"中国门",在创新中彰显中国自信、中国智慧。广大文艺工作者应大力弘扬创新精神,坚持守正创新、集成创新、引进吸收再创新,用好中华文化这个大 IP 和大宝库,促进创意手段相结合、内容形式相融合、生产传播相聚合,推动中华优秀传统文化创造性转化、创新性发展,不断开拓文艺高质量发展的新境界。

创作是根本,文艺工作者要用标定时代的精品筑就文艺高峰。衡量一个时代的文艺成就最终要看作品,衡量文学家、艺术家的人生价值也要看作品。创作是文艺工作者的中心任务,作品是文艺工作者的立身之本。最近热播的电视剧《人世间》之所以获得成功,就在于原著作者"从来没有在感情上和最底层的劳动大众及他们的生活发生脱节"、编剧不畏"从业以来最艰难的创作"、导演致力于"打造成为一种文化现象"、演员们"尽力了",才有了对人物、对细节、对社会、对生活、对场景、对矛盾的透彻表达。广大文艺工作者应坚持以人民为中心的创作导向，坚持深入生活、扎根人民，从当代中国的伟大创造中发现创作的主题、捕捉创新的灵感，提高原创力和创新表达能力，抒写中国人民奋斗之志、创造之力、发展之果，努力创作出彪炳历史、标定时代的扛鼎之作、经典之作。

　　文艺创作是艰苦的创造性劳动，文艺精品是甘甜的创新性成果。创新创造必将是一个不断淬炼、不断革命、不断提升的渐进过程和艰辛之路。广大文艺工作者只有树立创造之志、秉承创新之心、紧抓创作之本，修身守正、潜心耕耘，才能够登顶属于我们这个伟大时代的文艺高峰。

5. 造就一支德艺双馨的文艺队伍

突出逻辑主线抓实文艺行风建设

文艺最能代表一个时代的风貌，最能引领一个时代的风气。从这个意义上讲，文艺作为一个行业、一个领域、一条战线，自身的作风建设及其成效如何，直接影响着文艺作品的质量，进而影响着时代的风气风貌。因此，文艺行风建设关系到新时代文艺高质量发展和文化强国建设，是一个必须正确面对和协力解决的重大挑战，也是一个必须与时俱进、常抓常新的永恒课题。文艺行风既是一项必须抓紧展开的现实工作，也是一项需要久久为功的战略任务。我们必须增强现实紧迫感和历史使命感，抓住难得机遇，主动适应新阶段新理念新格局提出的新要求，把握文艺行风建设的特点规律，突出文艺行风建设的逻辑主线和逻辑顺序，树牢系统思维，敬畏艺术、敬畏职业、敬畏责任，以永远在路上的坚毅和砥砺前行的韧劲，抓实文艺行风建设。

重在习惯养成。文艺行风是长时间培养出来的。加强文艺行风建设需要从教育和实践两端同时发力，对文艺从业人员进行一点一滴的习惯养成。这个习惯养成自从业入职的第一天开始，一直扩展到从艺的全过程和各方面各环节，延续至艺术生命的终结。实践证明，这个良好的思想行为习惯一旦养成并不断与时俱进丰富其内容，必将发挥以个体促整体的积极作用，为文艺行风奠定坚实的基石。

重在建章立制。文艺行风是抓出来的。抓好文艺行风建设，必须依靠一整套成熟稳定、行之有效的规章制度。规章制度体现的是对事物本质的理性认识，代表的是毋庸置疑的刚性约束，应该得到文艺从业人员的知晓、理解和身体力行。这一套规章制度也应随着行风建设实际的发展和客观情况的变化，相应地进行调整完善，使之焕发新的生命活力。没有规章制度作支撑的文艺行风建设，往往会沙滩流水不到头，甚至无疾而终。

重在精准管理。文艺行风是管出来的。持续推进文艺行风建设，尤其需要按照一整套规章制度并有机结合不同艺术门类的属性特点和实际需求，进行精细化、精准化、精确化的科学管理和有效引导。文艺界的人民团体肩负着对整个文艺门类开展行业教育、行业管理、行业服务、行业自律的职能职责。文艺界文艺门类众多，基础迥异，条件不一，从业者及其社会影响力也不尽相同，必须区别不同情况，具体实施分类指导，这样行风建设才能有的放矢，取得实效。特别值得指出，人们一说管理往往简单、习惯地认为是指行政管理和法律管理。其实，运用思想教育、道德规范、价值理念进行引导引领，同样也是一种不可替代不可缺少的柔性管理。

重在示范引导。文艺行风是带出来的。这就要靠榜样靠标杆，发挥榜样标杆的示范力量。文艺界思想活跃、创造力充沛，济济多士，藏龙卧虎，公众人物多，社会影响大。抓实文艺行风建设，需要紧紧抓住宏大文艺队伍中德艺双馨的领军人物、代表人士、名家新秀、优秀共产党员等"关键少数",发挥他们在整个文艺行风建设中的"头雁效应",以"关键少数"带动"绝大多数",以"头雁效应"带动"群雁效应",促进文艺行业风清气正、健康发展。

重在考核监督。文艺行风是监督出来的。推动文艺行风建设,既需要自我考核、自我监督、自我约束、自我检查,更需要文艺界人民团体、社会大众、新闻舆论等各方面履职考核和协同监督。建设文艺行风,不是关起门来、封闭起来进行的,必须拥有广阔的胸襟和虚怀若谷的气度,畅通一切有效监督渠道,热忱欢迎诚实善意的批评和积极性建设性的意见建议。在今天这样一个多样化、信息化、网络化的新时代,监督的阳光就是文艺行风建设的最佳清醒剂和最好营养剂。

重在服务保障。文艺行风是保障出来的,没有必要的服务保障,难以取得预期效果。文艺事业是党和人民的重要事业,文艺战线是党和人民的重要战线。文艺行风问题向来备受关注,这充分说明党和人民对新时代文艺行风有着深远的期待和殷切的希望。党政群有关职能部门和人民团体应当从加强和服务文艺行风建设的总要求总目标出发,既各司其职、各展所长,又通力协作、密切配合,形成共商共建、齐抓共管、推动发展的强大合力,有效保障文艺行风建设走深走实、行稳致远。我们应在深入调查研究、广泛征求意见的基础上,既立足当下,有针对性地就当前文艺行业不良风气进行坚决整顿和治理;又立足长远,有计划性地就建设优良文艺行风,制定规范性指导性的政策措施,从组织上服务上提供更有力的保障。

走正路的艺术方能行稳致远

近期，在文娱领域综合治理持续推进的背景下，文娱领域仍有个别违法失德现象发生，可见文艺界行风建设永远在路上。我们不禁又联想起2021年4月9日举办的纪念陈云同志"出人、出书、走正路"谈话发表40周年座谈会。40年前，老一辈无产阶级革命家陈云同志对曲艺界发表了"出人、出书、走正路"的谈话。他强调走正路就是要用正派的艺术"打掉艺术上的那些歪风邪气""打掉歪门邪道"。重温这些论述，对于今天我们加强文艺界职业道德和行风建设、推进文娱领域综合治理依然具有重要意义。

走正路，是走正心诚意之路。"两句三年得，一吟双泪流"，但凡有所成就的艺术家，都吃过学艺的苦、经过创作的熬、尝过突破的难。诚如评书表演艺术家田连元所说，"艺术创作就是要不断给自己出难题"，艺术创作绝不是一蹴而就，必须经历在不断学习提高中从量变走向质变的艰辛过程。那些妄想一夜成名，走坦途、抄捷径、钻偏门的想法和做法，都是与艺术这个职业、行业和事业格格不入的。当前，一些从业者，不愿下真功夫苦功夫，拍戏要替身、台词借配音、近景用抠图、出名靠炒作，丧失了应有的职业操守，或许博得虚浮之名、一时之利，但终将被行业嫌弃、社会摒弃、时代抛弃。广大文艺工作者既然走上从艺之路，就要有"踏平坎坷成大道"的信心，拿出"艰难困苦、玉汝于成"的决心，精益求精搞创作，正心诚意立德行，努力推出彪炳时代的扛鼎之作。

走正路，是走守正创新之路。艺术需要在继承前人成就的基础上不断创新。但是，重传承不是一味地将故纸堆、祖师训奉为不容置疑的圭臬，更不能将不合时宜的糟粕视为传统文化大肆宣扬。徒弟对师父"从一而终"的封建式陈规、人身依附式的行帮宗派、低俗庸俗媚俗的表演陋习，绝不能与尊师重道、遵守行规、服务大众画等号。同样，重创新也不能快餐式生产、简单化照搬、随意性嫁接，更不能打着创新的旗号，打造经营"饭圈文化"，恶意炒作偶像"人设"，推波助澜"耽改"之风，跟风效仿泛娱乐化倾向等乱象。广大文艺工作者只有做到继承不僵化、创新不异化、循法不拘法、破法不背法，克服浮躁这个顽疾，抵制急功近利、粗制滥造，用专注的态度、敬业的精神、踏实的努力才能创作出符合时代要求、满足人民需求、高质量高品位的文艺作品。

走正路，是走光明正大之路。艺术家要追求艺术生命常青，就必须创造蕴含隽永的美、永恒的情、浩荡的气的不朽之作，用光明驱散黑暗，用美善战胜丑恶，让人们看到美好、看到希望、看到梦想就在前方。近年来广受赞誉的电视剧《山海情》《觉醒年代》、电影《我和我的祖国》《长津湖》、舞剧《永不消逝的电波》、杂技剧《战上海》等文艺精品力作之所以获得成功，一个重要的因素就是这些作品积极讴歌党、讴歌祖国、讴歌人民、讴歌英雄，始终聚焦民族魂、家国情、英雄气和人间爱。相反，只讲颜值、不讲价值，只立"人设"、不讲建设，只求"笑果"、不讲效果，只要流量、不

杂技剧《战上海》演出剧照

  讲质量，这样的作品和演员必将流于下品、坠入尘埃。广大文艺工作者应心怀"国之大者"，常葆光荣梦想，为人民立功、为时代立言、为社会立德，用心用情用功记录和展现新时代的正大气象。

  文艺是铸造灵魂的工程，文艺工作者是铸造灵魂的工程师。广大文艺工作者是社会风气的排头兵、社会风尚的引领者，只有站得端、走得正、行得稳，以身作则、行为世范，才能给人以价值引导、精神引领和审美启迪。实践证明，艺术这一行，没有天分干不了，没有勤奋干不成，没有本分干不长。广大文艺工作者应自觉把德艺双修作为毕生的功课,始终坚守艺术理想,坚持从艺做人的底线和良知,明大德、守公德、严私德,积极主动弘扬和践行社会主义核心价值观,用文质兼美的优秀作品感染人激励人,用高尚的道德操守和良好的社会形象树立向上向善向美的学习榜样,真正成为时代风气的先觉者、先行者、先倡者。

> **链接知识**
>
> 全国道德模范故事汇基层巡演由中央文明办、中国文联主办,中国曲协等单位承办,截至2022年,已成功举办8届,先后走进广东、黑龙江、新疆、广西、吉林、山东等地。该活动以曲艺的形式集中展示道德模范的先进事迹和崇高精神,在全社会形成学习道德模范、崇尚道德模范、争当道德模范的社会新风,以榜样的力量进一步推动社会主义核心价值体系建设。

培养造就大批文学艺术家

治国经邦，人才为急。铸就高峰，人才为基。国家发展靠人才，民族振兴靠人才。习近平总书记日前在中央人才工作会议上强调，当前，我国进入了全面建设社会主义现代化国家、向第二个百年奋斗目标进军的新征程，我们比历史上任何时期都更加接近实现中华民族伟大复兴的宏伟目标，也比历史上任何时期都更加渴求人才。习近平总书记特别指出，"要培养造就大批哲学家、社会科学家、文学艺术家等各方面人才"。从习近平总书记的重要讲话中可以看出，人才自主培养之重要，建立人才资源竞争优势之重要。筑就时代文艺高峰、建设社会主义文化强国，也必须培养造就一大批德艺双馨的文学艺术家和各领域文艺领军人物，建设一支宏大的文艺人才队伍。

当前，我国进入了全面建设社会主义现代化国家、向第二个百年奋斗目标进军的新征程。面对民族复兴的宏伟目标和建设社会主义文化强国的战略目标，面对举旗帜、聚民心、育新人、兴文化、展形象的使命任务，以及文艺从"高原"向"高峰"迈进的时代重任，我们对于文艺人才和文艺名家大师的需求和渴望，比历史上任何时候都更加强烈。培养造就一大批文学艺术家，既是时代发展的

2024年全国文联"文艺两新"工作会暨"文艺两新"集聚区实践基地观摩交流会活动现场

必然，也应当成为文艺工作的重中之重。

培养造就一大批文学艺术家，需要持续加强对广大文艺工作者的思想政治引领。社会主义文艺是人民的文艺，我们培养造就的文艺家，必然也应当是人民的文艺家。人民的文艺家，必须始终坚持马克思主义文艺观，坚持以习近平新时代中国特色社会主义思想为指导，高扬社会主义核心价值观旗帜，坚持以人民为中心的创作导向，坚定地为人民抒写抒情抒怀。要充分履行团结引导的基本职能，聚焦"做人的工作"这一核心任务，持续在文艺界开展以思想政治引领为主线的教育培训，坚持用科学理论武装头脑，用理想信念培植精神家园，进一步在全行业深化习近平总书记关于文艺工作重要论述的学习贯彻，团结引导新时代文艺工作者高擎理想火炬，鼓起信仰风帆，始终把党和人民的事业放在心中最高位置，更加自觉地听党话、跟党走，为建设社会主义文化强国、为实现中华民族伟大复兴中国梦辛勤耕耘、不懈创作。

培养造就一大批文学艺术家，需要引导广大文艺工作者坚持艺术理想，追求德艺双馨。近期文娱领域发生的一系列失德失范违法行为也提醒我们行风道德建设的长期性和现实必要性。"德不优者不能怀远，才不大者不能博见。"伟大的文艺来自伟大的灵魂。文艺要塑造人心，创作者首先要塑造自己。要成为德艺双馨的文艺家，文艺工作者必须自觉坚守艺术理想，坚持德艺双修，把为人、做事、从艺统一起来，不断提高学养、涵养、修养，加强思想积累、知识储备、文化修养、艺术训练，努力追求真才学、好德行、高品位。必须下大力气加强文艺界行风建设和职业道德建设，大力挖掘、宣传推介文艺界先进典型，发挥榜样的标杆示范作用，让功勋奖章的光芒盖过流量明星的"光环"，让德艺双馨的文艺名家成为新时代的偶像。要引导文艺工作者认真严肃地处理好市场经济条件下的义利关系，知敬畏、辨是非、守底线、遵法纪，自觉抵制低俗、庸俗、媚俗等各种不良现象，努力以高尚的职业操守、良好的社会形象、文质兼美的优秀作品赢得人民喜爱和欢迎。

培养造就一大批文学艺术家，需要进一步团结凝聚"文艺两新"和广大青年文艺工作者。新文艺组织和新文艺群体是繁荣发展社会主义文艺的有生力量，广大青年文艺工作者是党的文艺事业的先锋力量。繁荣新时代文艺创作，推动文艺创新创造，需要一大批德艺双馨的文艺家发挥引领带动作用，也迫切需要一批信念坚定脚踏实地的"文艺两新"群体和青年文艺家接续奋斗，未来也将会有一批文艺名家从"文艺两新"和青年文艺工作者中诞生。要进一步加强对"文艺两新"和青年文艺工作者的团结凝聚和有效引导,通过文艺培训、吸纳入会、采风创作、职称评审、搭建展示平台、提供有效扶持等多种途径,为培养和造就各艺术门类文艺创作有生力量、中坚力量和领军人物打下基础,为培养造就一大批文艺名家积累厚实的后备军和人才库。

一年树谷、十年树木、百年树人,文学艺术家的培养不是一朝一夕之功。要遵循艺术规律,做好培土育苗工作,营造风清气正的良好氛围,让优秀人才脱颖而出。文联作协要积极发挥桥梁纽带作用,履行团结引导职能,努力建设温馨和谐的文艺家之家,为文艺工作者成长成才打造更多更好的平台和机会,提供更多更优质的服务保障。

> **链接知识**
>
> 近年来,中国文联先后制定印发《2019—2022 年全国文联系统文艺人才和管理干部培训规划》《全国文联系统文艺人才和文艺管理干部培训规划(2023—2027 年)》两个中长期教育培训规划,在加强思想引领、开展跨界研修、提高文艺素养等方面下大力气,因人施教、因材施教,引导广大文艺工作者和全国文联系统干部职工进一步感悟习近平文化思想的真理光辉和实践伟力。据统计,2018 年至 2023 年 6 年时间,全国文联系统举办各类教育培训班次 62277 期,累计培训学员近 636.7 万人次,投入经费约 6.4 亿元。教育培训在规模质量上真正实现大踏步迈进,有效引导文艺工作者和文艺爱好者以如磐文艺初心涵养政治定力和艺术理想、以文化自信激发创造活力,为新时代文艺事业繁荣发展注入不竭动力。

闪亮的勋章　榜样的力量

在庆祝中国共产党成立100周年"七一勋章"颁授仪式上,作曲家吕其明、戏剧表演艺术家蓝天野被授予党内最高荣誉"七一勋章"。这是党员文艺工作者取得的最高殊荣,也是中国文艺界得到的最闪亮夺目的勋章,这充分体现了以习近平同志为核心的党中央对文艺事业的高度重视、亲切关怀和格外厚爱。大步迈进第二个百年奋斗目标的新征程,广大文艺工作者应从榜样身上汲取奋进力量,不负时代召唤,不负人民期待,创作出更好更多的文艺精品,为推动社会主义文艺事业高质量发展、建设社会主义文化强国作出新的更大的贡献。

学习榜样坚定信念、坚守理想,终生为党的文艺事业顽强奋斗。当耄耋之年的老艺术家蓝天野和吕其明矫健地走上颁奖台的时候,我们感受到的是风华正茂、意气风发,革命者永远是年轻。从17岁小小"交通员"到现在94岁老党员艺术家,蓝天野始终践行"党需要我做什么就做什么"的入党誓言,毕生致力于人民文艺事业。从《红旗颂》到《弹起我心爱的土琵琶》,从《谁不说俺家乡好》到《微山湖》……吕其明用音乐表达着对党、对祖国、对人民深沉的热爱,我们能真切地感受到五线谱上跳动着的赤子之心,正如他自己所说"我一生就做了一件事,就是用创作践行入党誓言"。新时代文艺工作者理应学习他们,坚定理想信念,砥砺从艺初心,用有筋骨、有道德、有温度的文艺作品,彰显信仰之美、崇高之美,让理想信念的明灯永远在全国各族人民心中闪亮。

学习榜样不忘初心、践行宗旨,坚持以人民为中心的创作导向。人民需要文艺,文艺需要人民。一百年来中国共产党的历史和中国文艺的历程已经充分证明,只有牢固树立马克思主义文艺观,真正做到了以人民为中心,文艺才能发挥最大正能量。蓝天野从艺70多年,皓首丹心,初衷不改。为演好话剧《茶馆》中秦二爷这一角色,他深入北京城最贫穷的地方,跟老百姓同吃同住,不断丰富自己的角色,琢磨表演的细节。吕其明为了给电影《庐山恋》配乐,走访盛产民歌的江西;为了给纪录片《大庆战歌》作曲,深入冰天雪地的大庆……他说,自己创作的秘诀,就是向人民学习,向优秀民间音乐学习。新时代文艺工作者理应学习他们,始终把人民的冷暖、人民的幸福放在心中,把人民的喜怒哀乐倾注在自己艺术创作之中,用优秀的文艺作品讴歌奋斗的人生,刻画最美人物,坚定人民群众对美好生活的憧憬和信心。

学习榜样言传身教、育人育心,发扬光大立德树人的优秀传统。从国家荣誉称号获得者王蒙、秦怡、郭兰英、樊锦诗,到"最美奋斗者"荣誉称号获得者于蓝、王昆、李雪健、夏菊花、苏尼特右旗乌兰牧骑"红色文艺轻骑兵"等,再到"七一勋章"获得者吕其明、蓝天野,文艺界群星闪烁,红色血脉传承有序。北京人艺的蓝天野、濮存昕和王斑,老中青三位艺术家分获"七一勋章""全国优秀共产党员"和"北京市优秀共产党员"称号,这充分彰显了中国文艺培根铸魂、立德树人的优良传统。当年《红旗颂》一鸣惊人,成为经典旋律的时候,吕其明最感激的就是贺绿汀、丁善德、黄贻钧等老艺术家对青年人才的大力培养、精心教育。新时代文艺工作者理应学习他们,讲品位,重艺德,为历史存正气,为世人弘美德,自觉承担起举旗帜、聚民心、育新人、兴文化、展形象的使命任务,赓续红色血脉,传承优良作风。

学习榜样精益求精、拼搏奉献,勇攀社会主义文艺事业高峰。文艺精品是内在充实,而又厚积薄发的结晶,在于思想之精深、艺术之精湛、制作之精良。从《茶馆》中所饰演的秦仲义,到执导《山村新人》《救救她》《故都春晓》《家》等十余部话剧,对精品创作的笃定追求,蓝天野成就了经典形象、历史记忆,得到了人民认可。即便所有人都觉得1965年版《红旗颂》已经是经典,几乎不可能被超越,但吕其明依然用50多年时间不断推敲、修订、完善,终于在2019年正式定稿,献给新中国成立70周年。新时代文艺工作者理应学习他们,孜孜以求、精益求精,坚持以精品奉献人民,真正做到胸中有大义、心里有人民、肩头有责任、笔下有乾坤。

"他们的事迹可学可做,他们的精神可追可及。"这是习近平总书记对广大党员发出的号召,也是对党领导的文艺工作者们向榜样看齐的动员令。伟大时代呼唤伟大精神,崇高事业需要榜样引领。新时代文艺工作者要认真学习文艺界先进典型,不断砥砺从艺初心,勇担使命任务,成为时代风气的先觉者、先行者、先倡者,用高尚的人格、优秀的文艺作品,书写人民伟大实践,记录时代进步要求，弘扬伟大精神、凝聚伟大力量，鼓舞全国各族人民朝气蓬勃、意气风发在第二个百年奋斗目标新征程上阔步前行。

链接知识

中青年德艺双馨文艺工作者表彰由中宣部、人力资源和社会保障部、中国文联主办，至2022年已举办5届，通过广泛的评选活动，树立了一批德艺双馨典型，为推动文艺界形成崇德尚艺的良好风气，发挥了积极作用。

中国文联终身成就奖是在中宣部的指导下，对各艺术门类涌现出的，长期为文艺事业发展做出突出贡献、德高望重的老艺术家开展的评选表彰工作，依托文联所属各11项常设全国性文艺奖项评奖周期组织开展。

艺坛大家制作播出了秦怡、郭兰英、田华、张海、邓在军等114部知名老艺术家专题片，艺苑百花采访赵季平、刘兰芳、李舸、解海龙等50位德艺双馨艺术家，以及陈丽君、郝士超、李丁、金霏等22位优秀青年文艺英才。

《艺术公益大讲堂》系列视频节目由中国文联网络文艺传播中心和中国文学艺术基金会联合光明网制作推出，先后邀请了冯双白、李舸、徐里、吴为山、向云驹等文艺名家作为嘉宾，开展网络艺术优质资源共享和知识普及，畅谈文艺领域的重大变化和丰硕成就，共话文化自信和艺术追求，让优质的文艺内容借助网络平台"飞入寻常百姓家"。通过创新传播内容和传播方式，打造出适应互联网时代艺术传播规律的网络公益精品节目，发布后社会反响热烈，有力地彰显了主流文艺的网络引领作用和文联丰富的优质文艺资源在网络内容生产上蕴含的先天优势和巨大发展空间。

立业先立德　为艺先为人

公众人物的举手投足、一言一行，对社会有很强的示范效应，理应十分珍视和维护好自身社会形象。近年来，"流量明星"作为文艺界公众人物，人气旺盛、粉丝众多、号召力强，一举一动更易受到关注、追随和模仿，正因拥有普通人不具备的优势地位，更应自觉承担社会责任，充分考虑自身言行对社会大众的巨大影响，努力做社会的楷模、道德的标杆、行业的榜样。

不可否认，大多数明星艺人在尚未成名之前，都能够小心翼翼行走在从艺道路上，既注重个人修养，也重视艺术修炼。但同时也痛心地看到，极少数文艺工作者一旦成了"角儿"，有的丢了初心，忘记了来时的路；有的不求上进，崇尚拜金主义；有的不自重不检点，任凭感情用事……出了事，或者用"无知""失察"来自我开脱，或者用"欠缺对相关场所的历史背景知识"等这样那样的理由作苍白的辩解。诚然，社会环境的宽容是文明进步的表现，但宽容不是纵容，社会道德底线必须恪守、不容挑战。艺人失德一经"实锤"，舆论的一边倒、作品的下架、合作方的解约、人设的崩塌，在所难免，社会为之惋惜，亲朋为之痛心。这都充分说明，公众人物一旦轻视自身肩负的社会责任，不自律自重、洁身自好，"偶像""明星"

中国文联2023年文艺名家宣讲活动浙江杭州站现场

的光环立即会消退；肆意挑战道德底线、触碰法律红线，任凭曾经人气多高、流量多大，也注定被社会抛弃，终将害人害己。

  文艺工作者作为人类灵魂的工程师，是时代精神和文化的创造者、记录者与传承者，不仅要有精湛的艺术技艺，而且要有高尚的人格魅力，这是古今中外人民大众对文艺工作者的基本期待和要求。高尚的人格魅力，源自行为世范的自我要求，源自对信仰、情怀、担当的不懈追求。中国古代先贤把人生最高境界定义为个人的人品道德修养。无论是源自《国语·周语》的"德艺双馨"，还是出自《周易·乾》的"进德修业"，都把"德"放在"艺"之前，放在"业"之前，就是要告诉我们后人，立业先立德，为艺先为人，道德和人品是第一位的，追求艺术理想首先要有高尚的品德追求。一个优秀的文艺工作者首先应是一个品德高尚的人。事实上，凡是青史留名、人民爱戴的文艺名家大师，无一不是集高尚的精神追求和高超的艺术才华于一身。梅兰芳、常香玉、马三立、郭兰英……这些镌刻在中国文艺发展光辉史册上的艺术家，以崇高的人格魅力和杰出的艺术创造，为中国文艺事业作出了重要贡献，给后人树立了心摹手追的榜样。

当然，资本的逐利特性、市场监管的滞后、审美教育的欠缺，等等，都是造成一段时间以来个别明星艺人失德失范甚至违规违法的原因，但艺术从业者终归是精神文化领域的建设者，从业者内在主观的价值选择和行为规范是最为根本、最具决定意义的。新时代文艺工作者要继承和发扬前辈艺术家爱党爱国、服务人民的优良传统，始终把党和人民的事业放在心中最高位置，树立高远的理想追求和饱满的家国情怀，牢记自身肩负的文化责任和社会担当。坚持艺品兼修、守正律己，把崇德尚艺作为一生的功课，自觉践行社会主义核心价值观，讲品位、讲格调、讲责任，自觉抵制低俗、庸俗、媚俗，以高尚的职业操守、良好的社会形象、文质兼美的优秀作品赢得人民的喜爱和欢迎。

> **链接知识**
>
> 文艺名家巡回宣讲是中国文联开展文艺工作者职业道德建设的重要项目，已成为加强行风建设、行业引领的品牌活动。自2017年以来，中国文联先后前往40多个城市和单位举办宣讲，行程超过7万公里，在文艺界和社会上取得良好反响，充分发挥了先进典型的示范带动作用，激励和引导更多文艺工作者修身守正、立心铸魂，自觉做有信仰、有情怀、有担当的新时代文艺工作者。

坚持以人民为中心的创作导向

1. 社会主义文艺是人民的文艺

走好新时代文艺创作的"群众路线"

文艺为什么人的问题则是文艺创作的总前提和"总开关"。能不能坚持正确的创作导向,直接决定着文艺能不能真正代表时代风貌、引领时代风气,直接关系到文艺作品的价值有多厚重、文艺工作者的路能走多远。一切有理想有追求的文艺工作者,都应当坚持以人民为中心的创作导向,站稳人民立场,走好群众路线,让"从群众中来、到群众中去"成为新时代文艺创作的必由之路。

人民创造历史,是真正的英雄。坚持以人民为中心的创作导向,就要认清和尊重人民的主体地位。马克思、恩格斯认为:"历史活动是群众的活动。"毛泽东同志指出:"人民,只有人民,才是创造世界历史的动力。"习近平总书记强调:"江山就是人民、人民就是江山。"我们党来自人民,植根人民,为人民而生,因人民而兴。党的宗旨就是"全心全意为人民服务"。马克思主义唯物史观和党的百年奋斗经验都鲜明昭示出人民的历史主体地位。广大文艺工作者只有深刻认识以人民为中心这一文艺创作的铁律,牢牢把握社会主义文艺就是人民的文艺这一根本属性,把人民放在心中最高位置，把人民满不满意作为评价最高标准，以为人民服务、为社会主义服务为毕生追求，才能让人民性的光辉旗帜始终在新时代的文艺晴空中高高飘扬。

平凡铸就伟大，英雄来自人民。坚持以人民为中心的创作导向，就要身入心入情入人民。新时代的神州大地，每天都在进行着新的实践、演绎着新的故事，随处跃动着人民创造美好生活的火热场面。正如歌中所唱那样："到人民中去，把身俯下去亲吻大地""把心贴近在一起呼吸""让灵魂再受一次洗礼""用一生报答她的养育"。广大文艺工作者只有深入生活、扎根人民、观照现实，从人民的伟大实践和丰富多彩的生活中汲取营养，始终把人民的冷暖、人民的幸福放在心里，把人民的喜怒哀乐倾注笔端，方能创作出真正坚定对美好生活的憧憬和信心、鼓舞奋斗人生的优秀作品来。

人民的需要是文艺存在的根本价值所在。坚持以人民为中心的创作导向，就要不断满足人民日益增长的精神文化新期待。当前，随着我国经济社会不断发展，人民生活水平不断提高，人民对文艺作品的质量、品位、风格、内涵等的要求越来越高，迫切需要更多与之相匹配相适应的文艺作品。广大文艺工作者只有跟上时代的脚步，聆听人民的呼声，潜心创作、辛勤耕耘，才能为人民创作奉献出更多喜闻乐见的精神文化食粮，满足人民的文化需要，增强人民的精神力量。

作品好不好，人民说了算。坚持以人民为中心的创作导向，就要自觉接受人民的检阅。马克思曾经说过，人民历来就是作家"够资格"和"不够资格"的唯一判断者。人民既是历史的创造者，也是历史的见证者；既是历史的"剧中人"，也是历史的"剧作者"。

人民最有理由成为文艺这种精神美食的鉴赏家和评判者。回望人类文明史，只有得到百姓认可、心口相传的作品，才能历久弥新、终成经典。广大文艺工作者应始终以人民的标准为标准，以人民的需要为需要，不断进行生活和艺术的积累，不断进行美的发现和创造，从心理上更从情感上接受人民的主考和阅卷，在中华民族伟大复兴之路上交出让人民满意的答卷。

站稳立场是出精品的根本前提

文艺创作是一种特殊的精神生产，如何创作生产出广受欢迎而又流传久远的经典作品，一直以来都是广大文艺工作者孜孜以求的目标和梦想。秉持什么样的创作立场，采取什么样的创作态度，很大程度上会影响作品的最终呈现，也会从根本上决定作品能否成为经典。

立场关乎境界，直接决定着文艺作品的精神气质。早在80年前，毛泽东同志在《在延安文艺座谈会上的讲话》中，就开宗明义地指出，"为什么人的问题，是一个根本的问题，原则的问题"。人民的需要是文艺存在的根本价值所在，能不能搞出优秀作品，最根本在于是否能为人民抒写、为人民抒情、为人民抒怀。电视剧《山海情》《大江大河》《人世间》、电影《你好，李焕英》《我和我的家乡》《我和我的父辈》等，聚焦时代巨变中普通人物的日常生活，在平凡的酸甜苦辣和人间烟火气中，书写出了生生不息的人民史诗。新时代文艺的成功实践，反复验证了习近平总书记所指出的"源于人民、为了人民、属于人民，是社会主义文艺的根本立场，也是社会主义文艺繁荣发展的动力所在"这一颠扑不破的真谛。

态度关乎质量，决定着文艺作品的艺术品质。精品之所以

"我们的中国梦——文化进万家"中国曲协学雷锋文艺志愿者服务团走进内蒙古鄂尔多斯演出结束后大合影

"精",就在于其思想精深、艺术精湛、制作精良。文艺工作者要想成就传世之作、文艺巨制,就必须笃定恒心、倾注心血。只有秉持苦心钻研、精益求精的态度,方能拿出富有隽永艺术魅力的精品力作。老舍先生在创作《茶馆》时,写一句台词,都坚持像写诗那样反复推敲,从而成就了中国话剧史上的高峰。当前,我国社会主要矛盾已转变为人民日益增长的美好生活需要和不平衡不充分的发展之间的矛盾。文艺是"美好生活需要"的重要组成部分,这意味着人民群众对文艺作品质量、品位、风格等的要求变得越来越高,也就更加需要文艺工作者一心一意搞创作,精益求精磨作品。新时代需要文艺高峰,也完全能够铸就文艺高峰。广大文艺工作者只要用心用情用功,全身心投入创作,千锤百炼、精雕细琢,一定能够创作出反映时代精神气质、创造复兴伟业的标志性作品。

随着改革开放和社会主义市场经济深入发展,互联网和新媒体技术日新月异,网络文学、短视频、手机摄影、网络直播、云演出等新的文艺样式不断出现,为文艺创新创造提供了崭新的机遇。同时,也要看到,资本无序发展、盲目追求点击率、流量至上、低俗媚俗、恶意炒作、"饭圈文化"、天价片酬等文娱领域的乱象严重伤害了文艺创作,影响文艺事业的健康发展。广大文艺工作者只有牢牢坚守人民立场,全面精准把握人民群众的精神文化新需求,持续强化创新意识、质量意识、精品意识,积极运用新技术新手段,融会贯通中华美学精神和当代审美追求,才能用跟上时代的精品力作开拓文艺新境界,奉献出更多思想深刻、清新质朴、刚健有力的优秀作品,更好满足人民群众对美好生活的高品质精神文化需求。

奏响人民群众精神富裕的华彩乐章

中国式现代化是人民群众物质生活和精神生活都富裕的现代化。建设社会主义现代化强国,不仅要在物质上强,更要在精神上强。这就要求,文艺发挥提振精神、滋润心灵的重要作用,激发奋斗激情、凝聚奋斗动力。2023年1月14日至15日召开的中国文联十一届三次全委会会议对坚持人民至上,倾情创作更多增强人民精神力量的优秀作品作出进一步部署和安排,旨在集全国文艺界之力,创作推出更多高品质精神食粮,为人民群众激情奋斗新征程提供更强劲的精神力量。

文艺的一切表达、一切价值终归要靠作品来实现。没有优秀作品,就无法真正走进人民的精神世界,难以引起人民的思想共鸣。纵观古今,那些震撼人心、流传百代的经典文艺作品,无不是为人民抒写、为人民抒情、为人民抒怀。进入新时代、踏上新征程,人民对文艺有了更高标准、更多样化的要求,让自己的精神文化生活不断迈上新台阶。广大文艺工作者应胸怀世界大格局,心有中国大历史,眼纳时代大潮流,在人民的历史创造中进行艺术的审美创造,在描写日常生活中体现意义、表达情怀、传递温暖,以更多高品质的精神食粮,满足和引导人民群众多样化多层次多方面文化需求,在扎实推进共同富裕的时代伟业中奏响"精神富裕"的华彩乐章。

文艺为人民是党的文艺工作永恒不变的主基调。一百多年来,党始终高扬人民性,团结带领广大文艺工作者不断讴歌人民、服务人民、奉献人民、激励人民,书写出一幕幕与人民同呼吸、共命运、心连心的伟大史剧。真正做到了以人民为中心,文艺才能发挥最大正能量。坚持人民至上,不仅反映了社会主义文艺的本质和方向,而且确立了新时代繁荣文艺创作的路径和方法,是文艺工作必须坚守的准绳。广大文艺工作者应把坚持人民至上作为价值支点、思维起点、实践原点,把人民放在心中最高位置,把人民满意不满意作为检验艺术的最高标准,创作更多满足人民文化需求和增强人民精神力量的优秀作品。

人民有信仰,国家有力量,民族有希望。通过创作推出优秀文艺作品,让人们看到美好、希望,看到梦想就在前方,引导广大人民一起迈向光明的未来,这是文联组织的时代责任与使命担当。这就要求我们进一步聚焦"推动创作优秀作品"的中心环节,精心组织实施不同门类文艺精品创作工程,持续完善"深入生活、扎根人民"主题实践常态化工作机制,加大重大主题创作引导力度,涵养催生艺术精品的良好创作氛围,着力提升文艺创新创造活力,促进文艺成果有效转化,健全文艺志愿服务运行体系,团结引领广大文艺工作者始终忠诚践行以人民为中心的创作之路,在内容创作上站稳人民立场,在形式创新上把握人民需求,在价值评判上秉持人民标准,从人民创造历史的伟大实践中激发创意灵感、拓展题材内容、丰富方式手段,以更多思想精深、艺术精湛、制作精良的佳作力作,用心用情用功书写生生不息的人民史诗。

链接知识

2024年是"我们的中国梦——文化进万家"活动开展的第十年。十年来,中国文联广泛动员和组织广大文艺工作者,组建各级各类文艺小分队,深入田间地头、厂矿社区、学校军营,开展了数十万场面向基层的文艺演出、文艺培训、文化服务等,为群众提供了内涵丰富、高效优质的文化产品,不断满足人民群众对精神文化生活的新需求、新期待。

2. 人民需要文艺

打造新时代文明实践的文艺百花园

文明是现代化国家的显著标志。实现中华民族伟大复兴，需要物质文明极大发展，也需要精神文明极大发展。新时代文明实践中心建设，是以习近平同志为核心的党中央全面推进"五位一体"总体布局、统筹推进"四个全面"战略布局的一处关键落子，盘活了宣传思想工作基层资源，在复兴之路上提供了一股强劲的精神推力。

鲁迅先生讲过，要改造国人的精神世界，首推文艺。身处民族复兴时代，建设人民精神世界的高楼大厦，文艺的作用不可替代，文艺工作者大有可为。新时代文明实践中心为此提供了重要载体，也为文艺发挥自身优势搭建了重要平台。近年来，在新时代文明实践中心建设过程中，伴随着理念、方法和基层工作等各方面创新，涌现了许许多多"文艺＋文明实践"的生动案例，文艺党课、文艺支教、红色故事汇、文明大篷车、百姓大舞台、百姓小喇叭、百姓艺术团、文艺宣讲队、文艺送欢乐……接地气、有温度、聚人心的文艺形式，很好地融入传播科学理论、加强基层思想政治工作、培养时代新人、弘扬时代新风、开展志愿服务当中。这表明，文艺助力新时代文明实践中心建设就是精神寻求寄托、价值寻找载体的动态过程。万紫千红总是春的文艺百花园，让精神文明建设之果变得更加甘甜圆润、芬芳惹人，随风潜入夜，飞入百姓家。

"强基工程"行动自实施以来，已在全国范围内面向基层群众成功举办各类文艺演出、采风创作、百姓宣讲、公益课堂等文艺志愿服务活动120余项，覆盖22个省份。

新时代的舞台有多么宽广，文艺工作者的舞台就应该有多么宽广；人民的生活有多么丰富多彩，文艺创作就应该有多么丰富多彩。蹲点定点式采风创作、乌兰牧骑式文艺下乡、对口挂点式文艺扶持、群众点单订单评单式服务……形式多样的文艺实践，既是满足人民对美好生活需要之举，也是广大文艺工作者汲取营养、砥砺品格、施展本领、创作精品之道。志愿者享有新时代文明实践中心主力军的荣耀，文艺志愿者被基层群众誉为"欢乐的使者"。开展常态化的文艺志愿服务，秉承文化惠民、文化为民、文化乐民宗旨，坚持"送文化、种文化、传精神"，让百姓在浸润文艺中感悟中国共产党为什么能、马克思主义为什么行、中国特色社会主义为什么好，打通宣传群众、教育群众、引领群众、服务群众的"最后一公里"。锻造一支崇德尚艺的高素质文艺志愿服务队伍，推动文艺志愿服务项目"入乡随俗"，把快速发展的文艺志愿服务数量优势转变为不断增强的质量优势，为广大群众奉献更多高品质的文艺大餐已然成为我们需要常常思考的重大课题、常抓不懈的重要任务、义不容辞的时代使命。

当前，新时代文明实践中心建设已经全面进入深化拓展、提

"文艺进万家 健康你我他"中国文联新时代文明实践学雷锋文艺志愿服务走进临沂莒南慰问演出现场

质增效的新阶段。提升文艺服务新时代文明实践中心的能力水平，关键在于建立起精准、务实、常态的长效机制。这就要求我们锚定新时代文明实践中心目标任务，聚焦群众精神文化需求，精心设计文艺实践项目和品牌，精选文艺家和文艺工作者，以艺术化方式创设情境，将直白的"灌输"变为生动的"浸润"，切实让群众的身边事、身边物、身边语搭乘文艺的幸福快车动起来、活起来、火起来。

文艺在新时代文明实践中心建设发挥作用，应当突出目标导向、实践导向、效果导向，打造带不走的文艺宣传队，建设永不落幕的文艺大舞台，让人民群众常常感受文艺之美，让文化自信深深扎根人民心中。全国文联系统应不断增强历史主动，积极参与新时代文明实践中心建设，发挥善联络会团结、懂专业解人意的优长，以健全"文艺进万家 健康你我他"新时代文明实践文艺志愿服务为主线，打造一批覆盖线上线下的各类文艺实践项目集群，用一场场艺术盛宴以飨人民群众精神文化之需。

今天的中国，人民不仅渴望物质条件的丰富发展，也十分渴望精神世界的不断充盈。发挥文艺文联优势，以文化人、以艺润心，以文艺之光点燃时代文明之炬是广大文艺工作者的光荣使命。期待广大文艺工作者踔厉奋发、携手向前，用辛勤汗水和智慧才情把文明火种播撒在广袤的中华大地，绘就民族复兴的壮美画卷。

> 链接知识
>
> "强基工程"——文艺助力基层精神文明建设行动，主要围绕丰富基层群众文化生活、推动基层文艺创作和生产、培训基层文艺人才、开展文艺支教志愿服务等任务进行，着力用文艺形式传播党的创新理论，提升文艺服务基层、服务群众的能力水平，不断满足人民日益增长的美好生活需要，深入推动基层精神文明建设。

贯彻群众路线　凝聚文艺力量

习近平总书记在2022年春季学期中央党校（国家行政学院）中青年干部培训班开班式上的重要讲话中强调，"贯彻党的群众路线，首先要对群众有感情，真正把自己当作群众的一员、把群众的事当作自己的事。……要深入研究和准确把握新形势下群众工作的特点和规律，改进群众工作方法，提高群众工作水平"。一切为了群众、一切依靠群众，从群众中来、到群众中去的群众路线，是我们党始终保持生机与活力的重要源泉，也是我们的事业不断取得胜利的重要法宝。

党的根本宗旨是"全心全意为人民服务"，文艺的根本宗旨也是"为人民创作"。源于人民、为了人民、属于人民，是社会主义文艺的根本立场，也是社会主义文艺繁荣发展的动力所在。从本质上讲，坚持以人民为中心的创作导向，是马克思主义文艺思想人民性的集中体现，也是党的群众路线在文艺工作上的具体表现。毛泽东在《在延安文艺座谈会上的讲话》中指出，"一切革命的文学家艺术家只有联系群众，表现群众，把自己当作群众的忠实的代言人，他们的工作才有意义"。可以说，"从群众中来，到群众中去"的原则是社会主义文艺的根本要求，也是党领导文艺工作

"百花迎春——中国文学艺术界2024春节大联欢"活动现场

的重要领导方法和工作方法。历史和实践证明，只有切实走好群众路线，始终保持与人民群众的血肉联系，社会主义文艺才可能实现真正意义上的"以人民为中心"，才能发挥最大正能量。

  践行群众路线，必须坚守人民立场。人民既是历史的创造者，也是历史的见证者；既是历史的"剧中人"，也是历史的"剧作者"。"在人民群众中，我们毕竟是沧海一粟。"文艺的根本任务，恰恰是要反映人民群众创造历史的伟大进程。这就要求文艺工作者把人民放在心中最高位置，站在人民群众的立场上看待和反映社会生活，将最广大人民群众作为历史主体、表现主体和价值主体，把自己的思想倾向和情感同人民融为一体，抒人民之情、叙人民之事、唱人民之歌。"只有做群众的学生才能做群众的先生"，要尊重人民的首创精神，诚心诚意向人民学习，从人民群众中汲取取之不尽、用之不竭的丰沛源泉，切实解决好"为了谁、依靠谁、我是谁"这个根本问题。

践行群众路线，必须把握和满足人民精神文化需求。人民的需要是文艺存在的根本价值所在，为人民服务是文艺工作者的天职。时代不断前进，人民对美好生活的向往变得更加强烈，人民群众对于文化产品的质量、品位、风格等的要求也更加多样。文艺工作者践行群众路线，必须跟上时代发展，倾听和反映人民的心声，以文艺提升人民群众的幸福感。文艺工作者要把人民满意不满意作为检验艺术的最高标准，创作更多满足人民文化需求和增强人民精神力量的优秀作品。但这并不意味着一味地迎合、被动地迁就，而是"必须能使人民群众得到真实的利益"。文艺要通俗，但绝不能庸俗、低俗、媚俗。文艺工作者要以对群众负责的精神，认真严肃地考虑作品的社会效果，用思想深刻、清新质朴、刚健有力的优秀作品滋养人民的审美观价值观，使人民在精神生活上更加充盈起来。

践行群众路线，必须提高文联组织的群众工作能力。文联组织是党领导的群团组织，是党和政府密切联系群众、贯彻群众路线的重要推动力量，是党的群众工作的重要组织载体。作为党和政府联系文艺界的桥梁纽带，文联组织必须始终坚持服务群众的工作生命线，切实保持和增强政治性、先进性、群众性，把文艺工作者最广泛最紧密地团结在党的周围，引导他们繁荣创作、服务人民。随着当前文艺新类型新业态层出不穷，新文艺组织、新文艺群体大量涌现，文联组织做好群众工作的对象内容、方法手段、平台载体和体制机制都出现了许多新特点，面临着许多新挑战。这就迫切需要继续推进文联深化改革,创新工作体系,发挥系统组织优势和专业优势,把"做人的工作"和"推进文艺创作"有机结合起来,强化行业服务、行业管理、行业自律,加强履职能力和行风建设,不断增强文联的组织活力、向心力、吸引力和行业影响力。要把党的群众路线贯穿到文联工作全过程各方面,把群众工作做到"文艺两新"中去、做到青年文艺工作者中去、做到基层创作一线去,诚心诚意同文艺工作者交朋友,为他们办实事、解难事、真办事,努力把文联建设成为文艺工作者的温馨和谐美好家园。

> **链接知识**
>
> "百花迎春——中国文学艺术界春节大联欢"是中国文联的重要品牌活动,是文艺界每年春节之际的联欢盛会,至2024年已举办22届。各艺术门类的精品佳作汇聚一堂,以多姿多彩、悦耳动心的文艺形式赞颂中华文明之美、共贺新年新气象。

做优文艺志愿服务　增强人民精神力量

文艺志愿服务作为志愿服务事业的重要组成部分，是新时代党的宣传思想工作的重要载体，也是发展社会主义先进文化、培育和弘扬社会主义核心价值观、引领社会风尚的重要推进力量，在文化强国建设中发挥着不可替代的重要作用。

自2012年中国文联启动文艺志愿服务以来，广大文艺志愿者积极投身"送欢乐下基层""文化进万家""文艺扶贫奔小康""以艺战'疫'"等主题实践活动，把弘扬社会主义核心价值观与文艺志愿服务结合起来，主动服务党和国家中心任务和工作大局，赢得社会普遍赞誉，获得广大文艺工作者的格外青睐。特别是近年来，中国文联紧紧围绕决胜全面小康、决战脱贫攻坚等重大主题，组织开展丰富多彩的文艺志愿服务活动，生动展示了全国各族人民在党中央的坚强领导下昂扬向上、开拓进取的精神面貌和生动实践，激励全国各族人民朝气蓬勃迈向未来。在抗击新冠疫情的伟大斗争中，全国文艺志愿者第一时间用各类艺术形态以艺战"疫"为中国加油，饱含激情关怀生命，讲述中国人民的抗疫故事，创作了大量鼓舞士气、凝聚人心的作品，让人们深深感受到艺术温暖心灵的力量。文艺志愿服务"作品飞上云端，真情落在心田"，以强有力的动员能力、广泛的服务领域、深远的社会影响力发挥了巨大作用，在疫情防控的大考中淬炼了战斗精神，成为新时代中国精神和中国力量的生动体现，奏响了抗击疫情的英雄壮歌。

文艺志愿服务是传播党的新思想新政策的桥梁纽带。新时代文艺志愿者应坚持以马克思主义为指导，以"文化惠民、文化乐民、文化为民"为宗旨，把党的理论路线方针政策用文艺作品的形式呈现给基层，把党和政府的关怀以文艺演出的形式奉献给群众，把社会主义核心价值观渗透到文艺作品创作生产传播各环节，以文育人、以文化人。在庆祝中国共产党成立100周年的喜庆之年，文艺志愿服务应在统一思想、凝聚力量中展现使命担当，通过讲好中国共产党治国理政的故事、中国人民奋斗圆梦的故事、中国共产党和中国人民血肉联系的故事，让人民群众在健康文艺的熏陶中感悟认同主流价值观、坚定文化自信，形成人民有信仰、国家有力量、民族有希望的正大气象。

文艺志愿服务是文艺工作者深入生活、扎根人民，努力创造精品力作的有效途径。社会生活是一切文学艺术取之不尽、用之不竭的创作源泉。新时代志愿服务通过引导文艺工作者深入实际、深入生活、深入群众，播撒文化种子，汲取创作养分，提升艺术境界，把"送文化""种文化"与"传精神"有机结合起来。近些年，广大文艺志愿者奔赴革命老区、少数民族地区和重大现场、基层一线，广泛参与"到人民中去""圆梦工程"等品牌志愿服务活动和"曲艺送欢笑""舞蹈大篷车""精品杂技下基层"等惠民文化服务，弘扬志愿精神，打磨优秀作品，在满足人民对美好生活的向往和追求，增强人民群众获得感、幸福感的同时，增强了自身的文化自信和精神力量。

"行之力则知愈进,知之深则行愈达。"新时代文艺志愿工作空间广阔,大有可为。习近平总书记在致中国志愿服务联合会第二届会员代表大会的贺信中提出殷切希望,"希望广大志愿者、志愿服务组织、志愿服务工作者立足新时代、展现新作为,弘扬奉献、友爱、互助、进步的志愿精神,继续以实际行动书写新时代的雷锋故事"。"十四五"规划和 2035 年远景目标纲要中明确提出,"健全志愿服务体系""广泛开展志愿服务关爱行动"。我们相信,广大文艺志愿者必将响应时代召唤,扎根生活沃土,拓展线上线下,以自己的满腔热情和真诚的艺术作品服务广大群众,推动文艺工作供给侧结构性改革,为建设社会主义文化强国汇聚起澎湃的精神动力。

链接知识

"文艺进万家 健康你我他"新时代文明实践文艺志愿服务项目模式,是按照新时代文明实践中心建设要求,以项目建设为关键,以文艺志愿服务为主要方式,突出文艺在解决思想问题方面的优势,发挥人民群众主角作用,团结凝聚广大文艺志愿者在县级及以下行政区域广泛开展文艺演出、文艺培训、文艺展示等志愿服务的创新项目。

3. 文艺需要人民

从人民生活和文化传统中汲取创作营养

人民是文艺创作的源头活水，决定了文艺创作方式方法的出发点和落脚点。找准创作之源，全面精准把握人民多样化多层次的需求，在创作形式、题材、体裁、风格、手法上实现突破，在审美领域、审美品质和审美形式上不断开拓，理应成为新时代文艺工作者一项重要的看家本领。

准确把握文艺创作的不竭源泉，需要深悟"生活就是人民，人民就是生活"的哲理，在反映人民生活的广度和深度上下功夫。"文艺创作方法有一百条、一千条，但最根本、最关键、最牢靠的办法是扎根人民、扎根生活。"能否书写出中华民族新史诗，根本上是要看能否书写出人民群众在当下时代的忧乐、渴望和追求。新时代呼唤文艺工作者要始终把心、情、思沉到人民之中，向人类精神世界最深处开掘，用中国人独特的思想、情感、审美把握和反映这个伟大时代，彰显其不可替代的精神价值，立志从艺术维度上、从历史进程中不断拓宽人类的精神空间，作出中华民族的独特贡献。

准确把握文艺创作的不竭源泉，需要深谙"源于生活，高于生活"的规律，以高于生活的标准来提炼生活。毛泽东同志指出，"文艺作品中反映出来的生活却可以而且应该比普通的实际生活更高，更强烈，更有集中性，更典型，更理想，因此就更带普遍性"。创作不能简单地成为生活的"留声机"和"照相机"，而是要善于发掘生活中的普遍和细微，并对其进行艺术加工和审美升华，形成艺术中的各种典型。新时代的文艺工作者，只有静下心来精心构思、科学谋篇、精雕细刻，用心用情、用功用力，以充沛的激情、精练的语言、生动的笔触、优美的旋律、丰富的情节、感人的形象抒写人民、描绘人民、歌唱人民，才能让文艺创作与时代同频共振，与人民文化需求心心相印，创作出属于这个伟大时代、伟大民族的扛鼎之作。

准确把握文艺创作的不竭源泉，需要具有"读懂社会、读透人生"的慧眼，从平凡的世界里发现不凡的人生。现实世界复杂多变，要求文艺工作者有足够的能力和本领看到美善、希望和光明。当我们都能自觉用博大的胸怀去拥抱时代、用真诚的感情去体验生活、用艺术的灵感去把握人生，伟大的作品和伟大的艺术家便呼之欲出了。新时代的文艺工作者，只有不断锤炼自己的政治鉴别力和艺术敏锐性，从看似琐碎的柴米油盐中品味生活，从日新月异的发展中凝练价值，才能使作品饱含生活的底蕴和人间的真情，作品才能更具烟火气和生命力。

准确把握文艺创作的不竭源泉，需要秉承"学古不泥古、破法不悖法"的传统，切实推动中华优秀传统文化创造性转化和创新性发展。博大精深的中华文明是中华民族独特的精神标识，是千百年来人民生产生活智慧的结晶，是当代中国文艺的根基，也是文艺创新的宝藏。河南卫视《唐宫夜宴》《洛神水赋》、创意音舞诗画《忆江南》从中华文明宝藏中开掘素材内容，融入传媒新技术，将观众带入中华美学意境。北京冬奥会和冬残奥会开闭幕式把一批蕴含中国元素、符合世界审美潮流和中华审美风范的文艺创新节目呈现给全世界，以艺术的方式表现中国的发展道路和成功秘诀。新时代文艺的成功实践不断证明，从中华优秀传统文化中取材和演绎，把中华民族最基本的文化基因表达出来，引发人们的记忆和共鸣，唤起人们骨子里渗透的文化力量，已经成为当代文艺创作锻造经典的重要路径。新时代的文艺工作者只要树立为人民创造文化杰作、为人类贡献不朽作品的雄心，珍视民族文化，坚守中华文化立场，通古今之变、融中外之长，就一定能够推出彰显民族精神气质、时代进步潮流、人民奋斗伟力的精品力作。

与人民"艺"起前行

2022年是毛泽东同志《在延安文艺座谈会上的讲话》(以下简称《讲话》)发表80周年。5月23日,我们也迎来了第九个"中国文艺志愿者服务日"。2014年,当中国文联、中国文艺志愿者协会将《讲话》发表纪念日设立为"中国文艺志愿者服务日",一种精神的传递和接力便鲜明地镌刻在岁月的年轮上,成为时代进步、社会文明的重要标识。沿着《讲话》开创的文艺道路,走在新时代文化建设的宽广大道上,越来越多的文艺工作者积极投身到了文艺志愿服务事业当中。

1942年至2022年,一脉相承的红色基因从延安出发,走过战乱烽火,投身于社会主义建设的火热生活,走进改革开放的时代大潮,展开了新时代新征程的壮阔画卷。从《讲话》中"为人民大众的"到习近平总书记"源于人民、为了人民、属于人民"的重要论述,人民的立场融入文艺的血脉,始终奔腾在广大文艺工作者的文艺实践当中,也形成了服务人民的丰富经验。广大文艺工作者或深扎生活,或革新形式,或组织文艺服务"轻骑兵",用老百姓喜闻乐见的文艺作品回馈人民,特别是在国家面临急事难事、喜事大事之际,广大文艺工作者积极奔忙奔走,用文艺的形式参与抗洪抢险、抗震救灾、抗击疫情，通过"送文化、种文化"和驻村服务、成果转化等形式助力脱贫攻坚和乡村振兴。这不仅继承和发扬了我们的文艺传统，夯实了文艺为人民服务的内容与形式，更极大地锤炼了我们的文艺队伍。

文艺志愿服务是文艺"为人民大众"、让文艺"属于人民"的重要载体和有效形式，更是社会文明进步的重要体现。随着中国特色社会主义进入新时代，我国社会主要矛盾已经转化为人民日益增长的美好生活需要和不平衡不充分的发展之间的矛盾。相应地，进一步提高公共文化服务的质量和水平，不断丰富文艺服务人民的渠道和方式，从而让人民群众更好地共享文化发展成果，就成为新时代文艺体现人民性、彰显时代性的重要命题。2013年5月23日，中国文艺志愿者协会成立；翌年，5月23日被设立为"中国文艺志愿者服务日"。这一系列举措，充分彰显了新时代文艺工作者坚定的文化自信、鲜明的人民立场、崭新的时代风貌，充分彰显了文联组织的使命担当，也揭开了文艺"为人民大众"、文艺"属于人民"的崭新篇章。

蓬勃活跃、丰富多彩的文艺志愿服务活动，生动地诠释了新时代文艺"属于人民"的本质特征。广大文艺工作者持续深入生活、扎根人民，热情投身"送欢乐下基层"等文艺志愿服务活动，在广阔大地上写下了无数的动人诗篇。从深入老少边穷地区的"送欢乐下基层"线下活动，到以艺战"疫"的"方舱直播时间"；从覆盖基层地区的"文艺进万家　健康你我他"新时代文明实践文艺志愿服务模式，到联动全国各省级文联打造的系列特别节目，他们积极参与"送文化"，或放歌或书写，奉献艺术才华；从"圆梦工程"文艺培训志愿服务项目，到"影视小屋"，他们下乡去教、学、帮、带，不仅"送文化"，也通过培养本土人才让文艺扎根当地、通过帮扶让文化资源转化为推动发展的新动能。在"送文化""种文化""传精神"的过程中，他们不仅持续获得了丰富的生活素材，成就了创作丰收，也不断地锤炼了自己，提升了境界，涌现了许多全国学雷锋志愿服务"四个100"先进典型。这是生活的馈赠，更是人民的期待。

重温《讲话》精神，总有一种滚烫奔腾不止；放眼新征程，前行路上已然展开了壮美画卷。在长期持续的探索中，文艺服务人民的内容与形式已有了新的丰富和拓展，相关机制也更加地科学和规范。2022年3月，中国文联印发了《关于加强新时代文艺志愿服务的意见》，进一步加强了对文艺志愿服务工作的指导。这对于进一步做好文艺志愿服务工作无疑是重要的保障。让我们始终把满足人民精神文化需求作为文艺和文艺工作的出发点和落脚点，高扬人民的旗帜，始终与人民"艺"起前行，在更加健全完善、蓬勃活跃、丰富多彩的文艺志愿服务中，用情怀和担当诠释新时代人民的文艺，为中华民族伟大复兴作出新的更大贡献。

> 链接知
> 2022年，中国文联召开文化润疆、文艺援藏专题工作会议，建立工作协作机制，统筹所属各全国文艺家协会及相关单位，联合有关文联组织，配合各省市援疆、援藏任务安排，通过开展教育培训、组织采风创作、举办展演展示、开展文艺志愿服务等方式，常态化推进文化润疆、文艺援藏系列主题实践活动，有力推动了文化润疆、文艺援藏工作高质量发展。

扎根生活 扎根人民　涵养文艺工作者的创造活力

在中国文艺万花丛中，既有藏族人民口口相传创作而成的《格萨尔王传》、蒙古族英雄史诗《江格尔》和柯尔克孜传记性史诗《玛纳斯》，也有孙犁、赵树理、柳青、周立波等作家扎根生活，与人民群众同吃同住同劳动，创作出《荷花淀》《三里湾》《创业史》《暴风骤雨》等一批经典名著。历史和现实都反复证明，文艺创作方法有一百条、一千条，但最根本、最关键、最牢靠的办法是扎根人民、扎根生活。

人民的生活是文艺创作的可靠源泉。毛泽东在第一次全国文代会上鼓励文艺工作者："你们都是人民所需要的人，你们是人民的文学家、人民的艺术家、或者是人民的文学艺术工作的组织者"，发出了"我们欢迎你们"的深切呼唤。邓小平在第四次全国文代会的祝词中指出："人民是文艺工作者的母亲"，表达了对改革开放时期文艺工作者的殷切期待。习近平总书记在中国文联十大、中国作协九大开幕式上的讲话中强调："一切优秀文艺工作者的艺术生命都源于人民，一切优秀文艺创作都为了人民。"这说明，坚持以人民为中心的创作导向，是繁荣发展社会主义文艺的必由之路；坚持从人民群众的多彩生活中汲取创作养分，是促进文艺高质量发展的可靠途径。

生活的复杂性决定文艺创作内容的多样性,文艺只有深入生活,才能焕发它从种子发芽到参天大树的蓬勃生机。茅盾曾说:"文艺作品不仅是一面镜子——反映生活,而须是一把斧头——创造生活。"生活的喜怒哀乐是多元的,发展变化是起伏的,生活对人的影响是深刻的,人对生活的态度是不同的。文艺工作者理应准确把握时代发展,深刻体悟生活脉搏,清晰感知世情冷暖,始终保持与人民群众共情的能力,并将其有机融入文艺作品创作、典型人物刻画和精神塑造之中。唯有如此,才能激发起人民群众对文艺作品的热情和共鸣。

我国幅员辽阔、人口众多,中华大地上的动人故事是无穷的,文艺工作者可以扎根的广阔天地也是无穷的。当前,文联工作的重要着力点之一,就是努力完善文艺工作者"深入生活、扎根人民"采风创作长效机制,积极组织各门类艺术家开展主题实践和采风创作。应当千方百计创造有利条件,精心搭建多种平台,引导广大文艺工作者向人民学习、向人民请教,用笔墨丹青描绘壮美山河,用音符舞姿礼赞伟大时代,用光影荧屏讲述动人故事,用方寸舞台演绎美好生活。鼓励他们在推拉摇移间记录民情冷暖,在平凡生活中诉说非凡梦想。

文艺工作者不仅要在"深入生活、扎根人民"中寻找创作素材,还应把优秀文艺作品送到乡镇农村、田间地头。以各类文艺志愿服务活动凝结起文艺工作者和人民群众的深情厚谊,是文艺工作者深入生活、走进人民的有效方式。特别是要在革命老区、边远地区、少数民族地区和巩固脱贫攻坚成果的重点地区开展文艺培训、支教、演出等活动，建立更深层次的结对帮扶机制，营造更全面的文艺志愿服务载体和形式，打通服务引导群众的"最后一公里"，努力实现文化发展成果全民共享。

2035年建成文化强国的时间表已经明确。文艺工作者、文联工作者必须自觉围绕中心、服务大局，不断增强脚力、眼力、脑力、笔力，到人民中去创作更丰厚的精神食粮奉献给人民群众，在"深入生活、扎根人民"中促进满足人民文化需求和增强人民精神力量相统一，激发人民群众为实现中华民族伟大复兴而奋斗的强大精神力量。

链接知识

2014年11月18日，中宣部、文化部、国家新闻出版广电总局、中国文联、中国作协五部门联合印发《关于在文艺界广泛开展"深入生活、扎根人民"主题实践活动的意见》的通知。同年11月19日，文艺界"深入生活、扎根人民"主题实践活动电视电话会议在京召开，强调要引导广大文艺工作者到基层和群众中去，在深入人民生活中提升思想和艺术境界，创作更多无愧于时代的优秀作品。"深扎"——这项覆盖全国文艺界范围的主题实践活动，得到了广大文艺家的积极响应和主动参与，到生活中去、到人民中去越来越成为文艺家们的自觉行动和共同追求。

4. 文艺要热爱人民

用文艺守护人民的心

江山就是人民、人民就是江山，打江山、守江山，守的是人民的心。人心向背是决定党和人民事业成败的关键，是最大的政治。文艺是民族精神的火炬，是时代前进的号角。无论是革命战争年代争取人心，还是和平建设时期鼓舞人心，无论是危机考验关头凝聚人心，还是大灾大难之际抚慰人心，文艺总是义无反顾，走在前列，从未缺位缺席。守护人民的心，是文艺的神圣职责。履行好这一神圣职责，要求文艺始终坚持以人民为中心的创作导向，把创作生产优秀作品作为中心环节，深入生活，潜心创作，持续推出思想精深、艺术精湛、制作精良相统一的力作佳作，不断满足人民文化需求，增强人民精神力量。

中国特色社会主义进入新时代，我国社会主要矛盾已经转化为人民日益增长的美好生活需要和不平衡不充分的发展之间的矛盾。人民群众的美好生活需要是多方面、多领域、多层次、立体化、全方位的。美好生活总是充满文艺气息。享有高质量的文艺作品和文艺活动，是人民生活美好的重要标志。随着全面小康在神州大地上实现，人民对精神文化生活的需求也越来越强烈，更加期待优秀的文艺作品，更加追求丰富多彩、和谐美好的社会生活。一切优秀的文艺创作都来自人民、为了人民。人民的需求是时代进步向文艺释放的信号，为文艺创作提供了靶向目标，也为文艺评价建立了衡量坐标。

时代进步有多么巨大，文艺创造的步伐就该有多么巨大；社会生活有多么丰富，文艺创作的内容就该有多么丰富。人们审美需求有多么旺盛，文艺创新的动力就该有多么旺盛。当代中国不缺乏感人的故事，缺乏的是讲好故事的能力；当代中国也不缺少热爱文艺的观众，缺少的是打动人心的作品。文艺只有全面、精准地把握人民美好生活需要，从日新月异的社会变化中捕捉灵感、积累素材，在与时俱进的创新实践中激发创意、淬炼技巧，熔时代主题、家国情怀、美学追求和艺术趣味于一炉，把人民的喜怒哀乐倾注在自己的笔端，拿出"好东西""真东西"，才能赢得人民的喜爱和赞誉，回报人民的哺育之恩。

"情系百色·决胜小康——纪念百色起义九十周年中国文联文艺志愿服务团'送欢乐下基层'走进广西百色慰问演出"活动现场

守住人民的心，文艺既要反映现实，更要讴歌理想；既要代表一个时代的风貌，更要引领一个时代的风气；既要弘扬和践行中华民族精神，更要丰富和升华伟大时代精神。中华文明五千年光辉璀璨，为文艺积淀了取之不竭的优秀传统文化宝库。中国共产党百年征程风云激荡，为文艺矗立了仰之弥高的精神丰碑。当代中国社会发展波澜壮阔，为文艺奠定了广袤丰饶的创作土壤。中华民族复兴的千秋伟业曙光在前，为文艺注入了永续发展的蓬勃生机。文艺只有贯通历史、现实与未来，融通奋起、奋斗与奋进，汇通新现象、新观念与新精神，赓续中华历史文脉，弘扬中华美学精神，践行社会主义核心价值观，植根中国特色社会主义伟大实践，以文字、光影、色彩、旋律等多样化的形式，提炼生活里的情感，表现时代中的美学，活灵活现地讲好中国故事，淋漓尽致地展现中国精神，才能滋养心灵，让精神大厦巍然耸立。

守住人民的心，文艺就要凝聚最大公约数，画出最大同心圆。"欲事立，须是心立。"文艺是通向心灵的有效捷径，也是心心相印、心心相通的有效方式。在烽火连天的战争年代，正是文艺唤起工农千百万，向前冲、齐心干，凝聚起同仇敌忾、摧枯拉朽的革命伟力。在岁月静好的和平时期，也是文艺筑牢建设小康社会的共识，搞改革、谋发展，营造出同心同德、如埙如篪的浓厚氛围。回望过往奋斗路，眺望前方奋进路，立足新的赶考路，更需要发挥文艺的独特优势和作用，唱响同一首歌，讴歌同一个梦，鼓舞和激励全国人民在以习近平同志为核心的党中央坚强领导下，在新时代伟大征程上风雨无阻、坚毅前行。

守住人民的心，需要建设和壮大德艺双馨的文艺队伍。文艺工作者是灵魂的工程师,是心灵家园的呵护者、守卫者、建设者。欲从艺,先立德,是所有文艺工作者必须恪守的伦理准则和行业守则。梨园界一直传承着"戏比天大"的优良传统。戏剧艺术大师斯坦尼斯拉夫斯基也曾谆谆告诫:爱自己心中的艺术,不要爱艺术中的自己。"七一勋章"获得者、著名作曲家吕其明真挚坦承心声:"我一辈子只做了一件事,就是为党和人民创作!"文艺工作者只有怀抱赤诚之心、践行敬业精神,始终保持向上向善向美的人生态度和艺术追求,才能涵养传世之心,铸就传世之作。新时代期待着大作品,呼唤着大艺术家。大作品之"大",不是体量之"大",而是精神之"大"。大艺术家之"大",不是"大架子""大流量",更不是"耍大牌",而是立大志、遵大道、守大德、行大义,用自己的艺术智慧和辛勤汗水,浇灌文化艺术之花,把中国人的精神家园装点得更加动人、更加美丽。

链接知识

"送欢乐、下基层"慰问活动,是中国文联及所属各全国文艺家协会常年开展的一项重要品牌活动,将"送欢乐""种文化""传精神"相结合,进一步弘扬学雷锋志愿服务精神,发挥文艺轻骑兵作用,服务基层人民群众,为他们带去高质量的文艺演出,在促进基层群众身心健康的同时助力提升文化素养,是落实党的文化惠民政策的生动实践。

始终走在高扬人民性的创作大路上

人民性是习近平文化思想最鲜明的品格、最耀眼的底色。习近平总书记深刻论述文化为什么人的问题，并鲜明提出人民需要文艺、文艺需要人民、文艺要热爱人民。要求把满足人民精神文化需求作为出发点和落脚点，将为人民谋幸福的初心使命、全心全意为人民服务的根本宗旨落实到我们党领导和推动文化建设的伟大实践中。创造性地丰富和发展了马克思主义人民观，继承和升华了中华优秀传统文化蕴含的民本思想，确立了新时代文化建设坚持以人民为中心工作导向的鲜明立场。

回顾我们党领导文艺奋进的百年历程，高扬人民性是鲜明夺目的一面旗帜。歌剧《白毛女》、歌曲《黄河大合唱》、芭蕾舞剧《红色娘子军》、油画《父亲》、文学作品《小二黑结婚》《太阳照在桑干河上》《创业史》《平凡的世界》，等等，这些奏响中国文艺百年华章的优秀作品之所以能够成为传世经典，正是通过真实的刻画和鲜活的笔触，生动展现了人民群众的喜怒哀乐、悲欢离合，唤起人们对平凡生活的热爱和对奋斗者的尊敬，其穿越时空的感染力和传播力，真正让文艺成为人民精神家园不可分割的重要组成部分。诸多文艺经典以不可辩驳的事实告诉我们，人民是社会主义文艺最广泛、最深厚的基础，从"文艺为人民大众首先为工农兵服务"，到"人民是文艺工作者的母亲"，再到"文艺为人民服务、为社会主义服务"，始终坚持人民至上为中国文艺事业注入了持久的生命力。

进入新时代以来，在习近平文化思想的光辉指引下，广大文艺工作者坚持与人民同行，深切感受中国人民推进和拓展中国式现代化的火热实践，从中汲取营养、锤炼品格，不断深化与人民群众的

电影《你好，李焕英》剧照

感情，用一部部优秀文艺作品更加紧密地连接人民群众的心灵。中国电影金鸡奖获奖作品《长津湖》《人生大事》，大众电影百花奖获奖作品《中国医生》《你好，李焕英》，中国电视金鹰奖获奖作品《觉醒年代》《人世间》等，这些代言人民心声、观照人民生活、获得人民口碑的精品佳作，是文艺与人民的深情对话，是文艺礼赞人民的奋进乐章，更是新时代文艺人民性的最有力注解。实践充分证明，只有坚持文艺的人民性，用心触摸生活的温度，反映人民的追求和期盼，文艺创作才能滋养人心、荡涤灵魂，才能成为时代的精神标志、人们共同的文化记忆。

人民是社会主义文艺繁荣发展的最大底气，也是持久文艺灵感和创作激情的力量源泉。深入贯彻落实习近平文化思想，做好新时代文联工作，就是要把人民放在心中最高位置，牢牢坚持以人民为中心的创作导向。持续完善"深入生活、扎根人民"主题实践常态化工作机制，鼓励和引导广大文艺工作者坚持走与人民相结合的道路，发扬文艺为人民的传统，为人民书写、为人民立传、为人民放歌，以真挚的情感热爱人民，以博大的胸怀拥抱生活，以深邃的思考观照现实。用思想深刻、清新质朴、刚健有力的优秀作品，让人民在精神生活上更加充盈起来，增强人民群众文化获得感、幸福感，充分激发人民文艺创造活力，不断铸就社会主义文化新辉煌。

5. 文艺不能当市场的奴隶

新征程上文艺大军当守正道走大道

"致天下之治者在人才。"文艺人才是党和国家人才队伍的重要组成部分，是推进文化强国建设的重要力量，在全面建设社会主义现代化国家新征程中发挥着不可替代的重要作用。长期以来，文艺工作者承担着以文弘业、以文培元、以文立心、以文铸魂的重要使命，在党的领导下，始终与时代同步伐，与人民同呼吸、共命运、心连心，增强人民力量、振奋民族精神。

在我国进入全面建设社会主义现代化国家新征程、向第二个百年奋斗目标进军的关键时刻，满足人民群众精神文化需求、提高国家文化软实力和中华文化影响力，更加需要一支坚持弘扬正道、坚守艺术理想的文艺人才队伍。文联组织是党和政府联系文艺界的桥梁和纽带，承担着培育造就大批德艺双馨的文学艺术家和规模宏大的文化文艺人才队伍的神圣职责。

近年来，全国文联系统牢牢把握"做人的工作"核心职责，坚持把培育和造就一支高素质、高层次文艺人才队伍作为推动文艺事业繁荣发展的重要基础性、战略性工作。持续开展全国文联系统教育培训，广泛团结凝聚"文艺两新"人才，不断加大文艺人才培养和扶持力度，深入推进职业道德和行风建设，大力推动文联系统文娱领域综合治理，行业教育、服务、管理、自律水平稳步提升，文艺骨干和领军人物不断涌现，文艺界崇德尚艺、见贤思齐的氛围愈加浓厚，文艺人才队伍呈现崭新风貌。2023年1月14日至15日召开的中国文联十一届三次全委会再一次突出强调，要坚持德艺双馨，努力培养规模宏大的文艺人才队伍，为建设社会主义文化强国汇聚人才力量。

弘扬正道、坚守艺术理想，必须坚持德艺双馨。"德不优者，不能怀远；才不大者，不能博见。"繁荣文艺创作、推动文艺创新、引领时代风尚、传承中华民族精神命脉、满足人民精神文化需求，"德""艺"缺一不可。从事文艺工作的人，只有始终心怀对艺术的敬畏之心和对专业的赤诚之心，把个人的道德修养、社会形象与作品的社会效果统一起来，不断加强思想积累、知识储备、艺术训练，努力追求真才学、好德行、高品位，才能以高尚的操守和文质兼美的作品，为历史存正气、为世人弘美德、为自身留清名。

持续加强文艺人才队伍思想政治引领，不断弘扬行风艺德，发挥先进典型和模范人物示范引领作用，营造自尊自爱、互学互鉴、天朗气清的行业风气，是文艺行风建设的基本目标和文联工作的重要工作内容。这就要求我们着眼于提高文艺人才核心竞争力，把培养造就名家大师、领军人物、优秀青年人才作为工作重中之重，加大基层文艺人才培养扶持力度，引导青年文艺人才守正道、走大道，支持他们挑大梁、当主角，让文艺人才怀抱梦想又脚踏实地，敢想敢为又善作善成。与此同时，围绕举旗帜、聚民心、育新人、兴文化、展形象的使命任务，充分发挥文联的组织优势和专业优势,不断增强行业主导作用,延伸工作手臂,拓展服务内容,广泛组织动员各领域各层次各方面文艺工作者投身党的文艺事业,以高昂嘹亮的时代号角集结群峰耸立、群星璀璨的文艺大军,为满足人民日益增长的精神文化需求,建设社会主义文化强国而团结奋斗,是行业的呼唤,也是人民的期盼,迫切需要文艺界团结一心向前进、共创时代新辉煌。

网络"清朗"行动，文艺界该如何作为？

近日，国家网信办部署开展2021年"清朗"系列专项行动，重拳整治网络违法违规问题，在全网开展"大扫除"，通过专项行动集中时间集中力量解决群众反映强烈的八个方面问题。其中，"清朗·整治网上文娱及热点排行乱象"专项行动，针对网上文化娱乐乱象问题，重点整治互联网盲目模仿、低俗恶搞、内容涉黄、浮夸出格等各类低俗化娱乐化炒作乱象，严厉打击各种以吸引眼球、追求流量为目的的违法违规和违背社会公序良俗原则的网络行为，严厉打击网站平台炒作违法失德人员、劣迹艺人行为。规范明星及其背后机构、官方粉丝团的网上行为，严厉打击网络暴力，引发网络粉丝群体非理性发声、应援等的行为。

习近平总书记多次语重心长地强调"文艺不能当市场的奴隶，不要沾满了铜臭气"，"加强互联网内容建设，建立网络综合治理体系，营造清朗的网络空间"。近年来，广大文艺工作者深入贯彻落实习近平总书记关于文艺工作重要论述和网络强国的重要思想，积极开展文艺创作和文艺传播，借助网络优势和力量，不断满足人民群众日益增长的精神文化需求，增强了广大人民群众的获得感和幸福感。但同时，不容忽视的是，一段时期以来，在网上文艺领域，受资本裹挟、利益驱使，以追求经济利益为目的的违法违规、违背社会公序良俗、挑战道德底线的行为和现象频繁出现，低俗庸俗媚俗现象时有发生，歪曲历史、抹黑英雄、扭曲经典、调侃崇高的历史虚无主义仍有呈现，混淆视听、肆意操作引发网络粉丝群体非理性发声、非理性应援等屡禁不止，严重践踏了法律法规的尊严，玷污了文艺界的良好形象，破坏了良好网络生态，极不利于文化文艺事业的健康有序发展。治理整顿网上文化娱乐乱象，刻不容缓、势在必行。

网络"清朗"行动，须从我做起。文艺工作是立心铸魂的工程，文艺工作者是塑造灵魂的工程师，同时也是网上文艺领域的从业者和主体力量。网上文艺空间健康清朗，文艺工作者首先要自身正派，讲正气、走正道、树正风，自觉坚守艺术理想，不断提高学养、涵养、修养，加强思想积累、知识储备、文化修养、艺术训练，自觉涵养高尚的人格修为和"铁肩担道义"的社会责任感。还要处理好义利关系，认真严肃地考虑作品的社会效果，讲品位，重艺德，为历史存正气，为世人弘美德，为自身留清名，努力以高尚的职业操守、良好的社会形象、文质兼美的优秀作品赢得人民喜爱和欢迎。

网络"清朗"行动，须坚守底线思维。治理整顿网上文化娱乐乱象，考验的是社会治理体系和综合治理能力，不仅需要文化文艺行业管理部门、网信部门、行政执法部门等统筹力量、协调联动，而且需要各方的配合，形成工作合力。有关管理和执法部门对于屡次违法违规、失德失范、以身试法的单位和个人，应加大执法力度，加强监管和惩治，以零容忍的态度重拳出击，"查处一起，震慑一批"，有效遏制网络文娱乱象滋生蔓延。我们也欣喜地看到，相关文化文艺行业管理部门正在加快探索建立行业标准、行业规范，推动建立完善市场禁入负面清单、惩戒退出机制，这将有效堵住监管漏洞，防范化解潜在风险。

网络"清朗"行动，须主动作为，放大正声。网络是重要的宣传思想阵地，治理整顿网上文娱乱象，管理部门和有关平台应牢牢把握网上文艺空间的领导权、管理权、话语权，建好建强主流阵地，守好管好"责任田"，决不给任何不良从业者、乱象制造者提供任何传播空间和平台。不断壮大网上文艺空间的"红色地带"，精准打击违法违规的"黑色地带"，积极争取游离观望的"灰色地带"向"红色地带"靠近，使广阔的网上文艺空间始终充盈的是思想精深、艺术精湛、制作精良的优秀文艺作品，为庆祝建党100周年营造良好的网上舆论氛围。

文联及所属文艺家协会作为具有行业管理职能的群团组织，应广泛深入开展面向广大文艺工作者，特别是面向新文艺组织和新文艺群体的价值引导和教育培训。着力强化职业道德、社会公德教育，引导文艺行业从业者明大德、守公德、严私德，有信仰、有情怀、有担当，讲品位、讲格调、讲责任，自觉抵制低俗庸俗媚俗，坚定文化自信，坚守艺术理想，不断提升行业自律能力。同时，应大力宣传推介德艺双馨文艺工作者先进典型，充分发挥榜样的示范力量，团结引领广大文艺工作者做社会主义核心价值观的坚定守护者和模范践行者。

依法依规代言广告也是重要的社会担当

近期，明星违法代言虚假广告乱象再次被社会广泛关注，有关部门明确表态，对已立案网贷机构依法追缴明星代言费、广告费，彰显了相关部门惩治不良广告代言行为的坚定决心，也给广告代言人敲响警钟。对文艺工作者广告代言行为的规范管理，是大力推进文艺工作者职业道德建设和文艺界行风建设的重要措施，也是践行社会主义核心价值观、弘扬时代风尚的重要组成部分。

随着市场经济深入推进以及互联网、新媒体的迅猛发展，文艺工作者参与到各类广告代言活动中的现象越来越普遍，但在一些广告代言活动中，确实也存在个别文艺工作者盲目代言等情形。有的是在没有充分了解、使用体验的情况下就贸然推荐；有的是受经济利益驱使，在没有确认所代言商品、机构是否具有合法资质、是否表述真实的前提下就接受代言，从而导致涉嫌参与虚假违法违规广告代言。事实是，一旦具有极强社会影响力的演艺人员或艺术家代言虚假违法违规广告，后果难以评估。而代言人在发生问题后的处理应对上，却往往只是通过经纪人、助理、工作室等发个道歉声明草草了事，是责任心的缺失，更是缺乏社会担当的表现。这种行为不仅误导消费者，损害消费者合法权益，也极大伤害了社会公众对文艺工作者的信任和期待，损害了文艺工作者的良好社会形象。

当前，我国已经进入了新的发展阶段，大力倡导良好行风，坚决抵制不良广告代言，文艺界责无旁贷。文联是党领导下的文艺界人民团体，积极引导督促文艺工作者合法合规代言，既是夯实"做人的工作"、发挥行业建设主导作用的一个有效切入口，也是推进文艺界行风建设、提升文艺工作者职业道德素养的重要发力点。

自律为本。2021 年 1 月，中国文联发出《文艺工作者广告代言自律公约》，既强化正面引导，督促文艺工作者遵循广告代言行为规范，又建立负面清单，坚决抵制各类不良广告代言行为，引导文艺工作者增强法治观念，履行社会责任，加强自我管理、自我约束，在社会上引发强烈反响。这充分体现了社会各界对约束文艺工作者不良广告代言行为的支持和对文艺界风清气正良好行风的期待。各级文联应加强对《文艺工作者广告代言自律公约》的宣传推广、执行落实，将合法合规代言作为文艺工作者职业道德建设和文艺界行风建设的重要内容，进一步抓紧、抓实、抓出成效。广大文艺工作者应当自觉遵循广告代言行为规范，向虚假违法违规等各类不良广告代言行为坚决说不，既有所为又有所不为。

注重监管。广告代言行为兼具经济和文化双重属性，代言人合法取得经济利益无可厚非，但必须将社会效益放在首位。广大文艺工作者参与广告代言活动，既应自觉遵守《广告法》等法律法规，更要坚持正确的导向，提升文化精神品位，注意言行举止、符合礼仪规范，提倡艰苦奋斗、勤俭节约，展示新时代文明素养，传递正能量。各级文联应加强对文艺工作者广告代言的舆情监测，积极配合有关部门开展文艺工作者虚假违法违规广告代言治理工作，充分发挥职业道德和行风建设委员会的示范引领、监督管理作用,适时筛选典型案例,组织研讨评议,开展定期排查和警示教育,批评抵制不良广告代言行为,督促文艺工作者珍惜名誉、尊重消费者权益、增强社会责任感。

正面引导。文艺工作者知名度高、社会影响力大、示范效应强,是广告代言相对密集的群体。各级文联应把思想政治引领、价值引领、道德引领和行风建设结合起来,广泛开展形式多样的行业教育活动,引导文艺工作者遵守法律法规,恪守职业道德,履行社会责任,凝心聚力于文艺精品创作。在各类教育、培训、研修中,把职业道德教育、遵纪守法教育作为文艺工作者的必修课,普及广告代言程序、如实申报收入、履行纳税义务等规定要求。文联所属各级各类媒体加强正面宣传报道,鼓励支持文艺工作者参与社会公益广告代言,树立正面典型,发挥榜样作用。

总之,广告代言体现文艺工作者的责任担当。各级文联组织需进一步提高政治站位,充分认识规范管理文艺工作者广告代言的重要性,立足职能定位,发挥组织优势,坚持多措并举,把团结引导和服务管理结合起来,引导广大文艺工作者坚定文化自信,坚守艺术理想,提高职业道德素养,树立新时代文艺工作者有信仰、有情怀、有担当的良好社会形象,营造文艺界风清气正的优良行风。

热搜应当搜出正能量

2021年7月,"吴亦凡事件"引发社会高度关注和网络持续热议。在此过程中,"热搜"成为信息扩散的重要策源地。据不完全统计,自7月8日"都美竹""吴亦凡"登上热搜榜,至7月22日期间,与该事件相关热搜话题达60多个,总占榜时间超100小时,累计阅读量超100亿、讨论量超300万。如此"丑闻热搜霸榜"现象再次高调泛滥,不能不引起全社会的足够警惕。

热搜,指一定时间内网络平台上搜索量靠前、上升趋势迅速的几个或几十个关键词,通常反映这段时间内社会各界关注的热点事件和流行话题。此次"吴亦凡事件"频上热搜有其客观原因:一是涉及"未成年"和"女性",已属社会事件,触及法律层面;二是近期吴亦凡负面信息不断,积累下大批受众,为各方讨论提供了巨大空间。但无论如何,一名艺人丑闻多日占据舆论焦点,实在有违热搜存在的本意,也不为一个成熟、高素质网络社会所乐见。作为社会舆论的晴雨表,热搜已成为网络时代重要的公共资源之一,往往事关公众利益和公信力,绝非个别人的"一亩三分地"。公共资源属于大家,自然需要我们共同来维护。

一段时间以来,热搜被各种明星八卦、低俗炒作等信息占据现象屡见不鲜，甚至有人为了积攒人气及背后的经济利益，雇佣"水军"，买榜刷榜，故意炮制热点，操纵热搜榜单，一些粉丝和"吃瓜群众"的积极"参与"，更加速相关话题升温。这些行为严重扰乱网络空间，蒙骗遮蔽大众视野，扭曲正常舆论生态，产生不良社会影响，尤其对广大青少年身心健康造成危害。文艺工作者身为公众人物，理应洁身自好，树立良好形象，力避负面事件，把艺术创造和艺术成果列为宣传推介重点，大力弘扬主旋律、宣扬正能量，让自身生活琐事淡出公众视线，不能借机炒作获取流量。广大网民特别是粉丝、"饭圈"也应理智看待明星、"爱豆"的热搜信息以及平台、工作室的助推行为，做明辨是非、心明眼亮、响亮发声的网络参与者和信息共享者。

网络媒体和社交平台需坚守社会责任。如今，热搜已不只限于数据和技术范畴，人工干预及介入导致一些应该获得关注的话题没热起来，不值得被关注的话题却凭借热搜进入舆论场，成为个别平台收割流量的利器。负责任的媒体和平台应树立正确的导向观、价值观，提倡文明表达和理性传播，通过技术优化看好门、把好关，对不良信息主动降温，积极做好舆论引导，及时"终结吃瓜大战"，不给人为制造轰动效应、贩卖庸俗低俗恶俗内容留机会，更不能一味迎合用户喜好，对明星、网红过于片面、负面的信息火上浇油、推波助澜。

相关部门和行业组织需加强治理监管。中央网信办启动的相关专项行动涉及网络"饭圈"乱象问题，将深入整治诱导未成年人应援集资、高额消费、投票打榜、互撕谩骂、拉踩引战、刷量控评等行为，对遏制"饭圈"陋习无疑将起到积极作用。治理热搜乱象，还需要文艺行业、网信领域等有关管理和执法部门多措并举、齐抓共管、协同作战。一方面加强监管和惩治，加大专项执法力度，对违法违规发布热搜的推手和媒体平台，该查查、该禁禁、该封封，斩断黑产业链，形成有力震慑。另一方面，通过行业行为准则，强化正面引导，建立完善准入、退出机制和负面清单，进一步推动文艺界职业道德和行风建设取得新突破。

就在"吴亦凡事件"占据热搜榜时，河南多地遭遇暴雨袭击，全国人民为此担心揪心，很多网友纷纷表示"先别吃瓜了"，正如一位网友所说："能不能不要让这些人上热搜了，国家有太多问题需要投入精力。"网民的冷静与觉悟必须给予肯定和点赞。在此，我们也发出倡议，不要让劣迹艺人和"黑料"网红的"丑闻八卦"霸占更多公共资源，让热搜回归应有的样子，重价值、有意义、讲规则、守秩序。

对网络暴力要敢怒敢批敢管

近年来，网络暴力事件频繁触动人们的神经，触碰人们的底线。从寻亲少年网络上被中伤，到杭州粉发女孩被网暴自杀，再到武汉小学生被撞身亡妈妈被网暴后坠楼……一幕幕悲剧令人痛心扼腕。不久前，多位明星艺人由于发表反对虐待动物的言论，遭到虐猫群体报复，被非法曝光身份证、手机号、社保卡等个人信息，"明星谴责虐待动物者却遭曝光个人信息"的话题随即冲上微博热搜，引起舆论哗然。从普通人到公众人物，在网络暴力面前，常常是遍体鳞伤。

在"人人都有麦克风"的全媒体时代，网络暴力的违法成本与代价过低，网络暴力的定性、举证、追诉存在一定的难点，一些网民出于猎奇、娱乐、宣泄心理信口开河，一些以"刷评、煽动、删帖"为营生的灰色产业链潜滋暗长，部分媒体平台为了流量和利益疏于监管，凡此种种，使得人肉搜索、恶意剪辑、P图抹黑、侵犯隐私、诋毁谩骂、煽动对立等网暴行为频发，甚至出现了网络暴力的"蝴蝶效应"，不仅给当事人带来精神压力和心理创伤，更严重地危害公序良俗和社会安定。

互联网不是法外之地，也不是舆论飞地。《刑法》《民法典》

《网络安全法》《治安管理处罚法》《个人信息保护法》对于公民名誉权、个人信息保护和传播虚假信息等都有明确规定，中央网信办印发的《关于切实加强网络暴力治理的通知》对于网络平台主体责任也有所规范。如何强化网络暴力应对惩处机制，呼吁受害者拿起法律武器维权，切断血腥、暴力、低俗视频传播链和盈利链，营造天朗气清的网络生态，是网络信息服务、网络安全保护、网络社会管理的共同课题，需要全社会的力量来共同关注、参与、监督和维护。

网络暴力的成因很是复杂，但究其根本，还是这些施暴者的心理和价值观出了问题甚至扭曲。文艺是铸造灵魂的工程，承担着弘扬真善美、鞭笞假恶丑、引领社会向上向善向美的功能。一切有理想、有抱负、有担当的文艺工作者都应对正能量敢写敢歌，理直气壮，正大光明；对丑恶事敢怒敢批，大义凛然，威武不屈。对于网络暴力的"丑恶"行为，对于心理不健康的"丑恶"现象，文艺工作者既需要拿起如椽之笔，让其丑态现行，无处遁形，更需要身体力行，崇德尚艺，影响带动人们用理性之光、正义之光、善良之光照亮生活。

自律维权是党和政府赋予文联组织的重要职能。当文艺工作者勇敢面对社会丑恶现象发声却遭受网络暴力行为时，当肆意污蔑诽谤、丑化抹黑和人身攻击文艺工作者时，需要文联组织及时站出来亮剑发声，积极引导和帮助被"网暴"的文艺工作者拿起法律武器，维护自身的合法权益。前不久，"张凯丽诉网络营销号侵犯名誉权胜诉"一事获得舆论点赞，就为广大文艺工作者依法维权提供了示范借鉴。文联组织应大力加强行风建设，倡导广大文艺工作者讲品位、讲格调、讲责任，以优秀文艺作品传递社会主义核心价值观，坚持用光明驱散黑暗，用真善美战胜假恶丑，抵制低俗庸俗媚俗，积极引导人们增强道德判断力和道德荣誉感，让文艺为网络生态汇聚更多正能量，共建风清气正的网上精神家园，共同培育自尊自信、理性平和、积极向上的社会心态。

中国精神是

社会主义文艺的灵魂

1. 文艺工作者要高扬社会主义核心价值观的旗帜

让文艺助力网络生态更加山清水秀

新媒体技术从诞生之日起，一直以超乎想象却又肉眼可见的速度改变着人们的生产生活。网言网语、网民网红、网校网课、网购网约、追网剧看"网大"，虚拟空间不断地拓展丰富人们的现实世界。艺术作为人们的生活内容和审美方式，与同样作为人们生活方式的网络一道，相互需要，彼此成就。艺术放飞的是想象的翅膀，网络插上的是科技的翅膀，"网络+文艺"将会翱翔在未来湛蓝的天空。当前，文艺创作少不了"网感"，传播离不开"网媒"，鉴赏需要面对"网民"。这就需要广大文艺工作者掌握网络传播规律，把握网络受众需求，既不"临渊羡鱼"，更能"退而结网"，让网络大变量文艺正能量汇聚起来，焕发出文艺的强大精神力量。

网络文艺是构建网络文明的显著标识，也是构建网民精神家园的重要组成。《"十四五"文化发展规划》提出，鼓励引导网络文化创作生产，发展积极健康的网络文化，推动优秀文艺作品网上网下一体化传播。让讲品位、讲格调、讲责任的网络文艺充盈网络空间，丰富人们精神世界，理应成为每一个有理想、有担当的文艺工作者分内事和肩上责。加强网络生态治理，需要文艺名家新秀起到榜样作用，用优秀的文艺作品和良好的行为举止示范带动网民一道同向而行、正道而行、向美而行。广大文艺工作者应不断提高学养、涵养、修养，用指尖创造美好，用文艺凝聚善意，像爱护绿水青山一样爱护网络生态，像净化空气环境一样净化网络生态，协同建设山清水秀的文艺生态和网络生态。

8月28日，2022年中国网络文明大会发布宣言，倡导共建网络文明、严把网络导向、优化网络生态、繁荣网络文化、规范网络行为、维护网络安全。对于网络文明建设来讲，可谓条条切中肯綮。从这些倡导和要求的内容来看，条条关乎文艺，关系文艺工作者。全国文艺界具有"网聚"文艺人才的优势和责任。特别是在疫情防控常态化形势下，各级各类文艺组织和单位灵活采取线上线下、直播互动、多屏推送等方式，积极开展评奖办节、展演展示、教育培训、座谈研讨、对外交流等各类活动，反响强烈，传播效果明显。可以说，文艺工作已经从线下扩展为线下线上双重阵地，实现了从"面对面"到"屏对屏"，再到"点对点"的有效引导。这就需要我们牢固树立互联网思维，大力建设"网上文艺家之家"，充分发挥专业优势，善于运用新媒体新技术，通过新应用，用"艺"网情深将"做人的工作"和创作生产优秀文艺作品贯通起来，不断推动新时代文艺文联工作创新发展、高质量发展。

彰显行业新风正气　推动文艺高质量发展

党的十八大以来，习近平总书记多次对文艺工作者崇德修身、从艺做人提出明确要求，深刻阐述了新时代文艺工作者应该走什么样的人生之路、艺术之路这一重大命题，为做好行风和职业道德建设提供了根本遵循、指明了前进方向。

在习近平总书记关于文艺工作的重要论述指引下，文艺界明方向、正导向，转作风、树新风，出精品、育人才，事业发展欣欣向荣，队伍面貌焕然一新，呈现出昂扬向上、奋发有为的发展态势。但我们还是要清醒地看到，当前文艺创作中仍然有浮躁问题的袭扰，流量至上、低俗炒作、粗制滥造等问题及文艺工作者违法失德现象时有发生。个别从业人员在名利场中迷失了自己，有的越过道德伦理的边界，有的甚至不惜触碰法律的底线，不仅没有在社会公共领域做出表率、树立榜样，反而断送了自己的艺术道路，玷污了艺术应有的品位格调，损害了文艺界的良好形象，更是对社会主义文艺事业繁荣发展的干扰。在党和国家事业发展进入新发展阶段之际，全面推进文艺界行风建设、全面提升文艺队伍职业道德素质，既是大势所趋，更是势在必行。

行风和职业道德建设是一项内容丰富、涉及面广、影响面宽的综合性工程，必须系统治理、持续发力。中国文联及各全国文艺家协会启动深化改革以来，聚焦"做人的工作"主责主业，在强化思想道德引领、营造崇德尚艺浓厚氛围、加强行风舆情监测引导、健全行业管理体制机制等方面开展了大量卓有成效的工作，树起了弘扬正风正气正能量的鲜明旗帜。对照习近平总书记和党中央对文艺工作、文联工作的要求，面对日新月异的文艺事业和文化产业发展形势，必须把抓实行风和职业道德建设摆在更加突出的位置，持续强化教育引导、实践养成、制度保障，成风化人、凝心聚力，争取抓一件成一件、成一件带一片，努力推动文艺高质量发展。

把握新发展阶段、贯彻新发展理念、构建新发展格局，我们应深入学习贯彻习近平总书记关于文艺工作的重要论述，紧紧围绕举旗帜、聚民心、育新人、兴文化、展形象的使命任务，认真履行"团结引导、联络协调、服务管理、自律维权"基本职能，强化行业服务、行业管理、行业自律，发挥行业建设主导作用，让队伍形象更加阳光，让主流声音更加响亮，让行业风气更加清新。只有行风和职业道德建设取得实效，才能真正让崇德向善、德艺双馨的行业新风正气如春风化雨浸润到每一位文艺工作者心中，推动他们积极创作反映时代新气象、讴歌人民新创造的精品力作，更好地满足人民精神需求、丰富人民精神世界、增强人民精神力量。

加强行风和职业道德建设，我们要突出思想政治引领，持续深入抓好教育培训，在行业内广泛开展不同层次的学习教育活动，同步开展正面引导教育和反面典型警示教育。聚力引导扶持创作，全方位、全流程扶持现实题材和重点文艺创作项目，加强创作引领。发挥先进典型的榜样力量和标杆作用，借助优质网络文艺资源共享和知识普及，组织开展中青年德艺双馨文艺工作者评选表彰、中国文联终身成就艺术家荣誉称号推荐、老艺术家诞辰、从艺纪念和文艺工作者巡回宣讲、"艺坛大家"、"艺苑百花"等优秀文艺工作者宣传推介项目，开展新时代文明实践文艺志愿服务，塑造文艺界良好的社会形象。加强会员和理事、主席团成员等代表人士的服务管理，排查清理违法失德人员，倡导身份荣誉和职责义务相统一的履职理念。重视对"文艺两新"的行业引领，关心扶持"文艺两新"成长成才。完善文联系统行风建设工作机制，以中国文联文艺工作者职业道德建设委员会和各全国文艺家协会行风建设委员会为依托，探索形成举报受理、问题核查、道德评议、教育矫正、行业惩戒的工作机制。完善上下贯通工作机制，以点带面、层层辐射，把行风和职业道德建设要求传导至整个文联系统，形成强大合力。

党的十九届五中全会开启了全面建设社会主义现代化国家新征程，吹响了向第二个百年奋斗目标进军的集结号。我们坚信，在习近平新时代中国特色社会主义思想的科学指引下，广大文艺工作者一定能肩负起举精神旗帜、立精神支柱、建精神家园的崇高使命，秉持践行正确的历史观、人民观、审美观、创作观和职业观，正确处理社会主义市场经济条件下的义利关系，讲品位、讲格调、讲责任，抵制低俗、庸俗、媚俗，在新的历史起点上为繁荣发展文艺事业、推进文化强国建设展现新作为、作出新贡献。

让文艺志愿服务成为社会新风尚

80年前，毛泽东同志发表了《在延安文艺座谈会上的讲话》（以下简称《讲话》），为中国革命文艺指明正确方向，点亮了中国新文艺发展道路的前行灯塔。80年来，广大文艺工作者在《讲话》精神指引下，高扬文艺为人民的光辉旗帜，秉承以人民为中心的创作导向，为满足人民精神文化需求作出了积极贡献。

党的十八大以来，中国文联广泛组织文艺工作者深入火热生活、参与志愿服务，为人民群众送去丰富的精神食粮。当前，参与文艺志愿服务已经成为文艺界的广泛共识和新的时尚，越来越多的文艺工作者积极主动参与文艺志愿服务活动，向全社会传递了向上向善的社会新风尚。

开展文艺志愿服务是人民群众的迫切需要。《讲话》鲜明提出，"我们的文学艺术都是为人民大众的"。习近平总书记指出，"要把满足人民精神文化需求作为文艺和文艺工作的出发点和落脚点"。80年来，文艺为人民的理念一脉相承，历久弥新。把人民需要的文艺送到人民身边，是文艺工作者的职责，也是文艺志愿服务的价值所在。时代不断发展，社会不断进步，人民的精神文化需求日益多样化。文艺志愿服务也一直在积极探索创新组织方式、文艺形式和传播样式，努力适应新形势、应对新变化、满足新需要，将人民最需要的文艺送给人民。实践证明，从深入老少边穷地区的"送欢乐下基层"的线下活动，到以艺战"疫"的"方舱直播时间"，从深入乡村学校面对面指导培训，到疫情防控期间屏对屏互动交流，从"文艺进万家 健康你我他"新时代文明实践文艺志愿服务，到"精神伟力""时代风尚""与人民同行"等主题活动，再到媒体联动宣传网络新格局，文艺志愿服务坚持弘扬"奉献、友爱、互助、进步"的志愿精神，广大文艺工作者以丰富多彩的文艺志愿活动为基层群众打开一扇窗，拓宽了人民群众的文化视野，丰富了人民群众的精神生活，为人民追梦筑梦提供了精神力量。

开展文艺志愿服务是创新文联工作的必然要求。毛泽东同志在《讲话》中号召广大文艺战士"长期地无条件地全心全意地到工农兵群众中去，到火热的斗争中去"。习近平总书记多次强调，文艺工作者要扎根生活、扎根人民。因此，我们的文艺不仅要到基层，更要扎根基层。文艺工作者不光要送文化，更要种文化、传精神。种文化就是文艺工作者发挥专业优势，到基层教、学、帮、带，培养本土文化人才，培育积极健康、多姿多彩的文化形态，引导人民在参与中自我表现、自我教育、自我服务，让人民从文艺的旁观者变成文艺的主人公，激发人民群众的文化活力和创造力，推动和谐文明风气蔚然成风。圆梦工程、影视小屋、美术支教、翰墨薪传等品牌项目，在送文化的同时，播撒下文化的种子，让文艺之光照亮基层角落。

开展文艺志愿服务是文艺工作者履行使命任务的重要途径。在《讲话》中，毛泽东同志深刻阐明了文艺创作的态度问题。习近平

"与人民同行"——文艺志愿服务助力区域协调发展原创行动特别节目

总书记也多次强调,文艺工作者要用明德引领风尚,以高远志向、良好品德、高尚情操为社会作出表率。文艺工作是立心铸魂、固本培元的工作,文艺工作者是铸造灵魂的工程师,承担着举旗帜、聚民心、育新人、兴文化、展形象的使命任务。文艺志愿服务是文艺工作者以文化人、以艺通心的重要载体。比如,全国学雷锋志愿服务"四个100"先进典型宣传推选活动,凸显志愿服务的高尚价值,彰显榜样的力量。宣传推选学雷锋文艺志愿服务"时代风尚"先进典型活动，用明德照见自我，光明他人，引领风尚。广大文艺工作者应身体力行积极参与到文艺志愿服务中，主动发挥自身影响力，带动更多业内同行以及广大群众参与志愿服务，共同唱响时代主旋律，共同树立新时代美好生活新风尚。

中国文艺志愿者协会以及各级文艺志愿服务组织应深入贯彻落实中国文联关于加强新时代文艺志愿服务的意见，完善制度建设，创新运行机制，提升组织向心力、吸引力和影响力，团结引导、广泛动员包括"文艺两新"在内的广大文艺工作者增强历史主动，肩负时代使命，深入生活、扎根人民，积极投身文艺志愿服务，为满足人民文化需求、增强人民精神力量，推动形成"人人参与文化建设，人人共享文化成果"的繁荣景象，为促进人民群众精神生活的共同富裕而不懈努力。

链接知识

2021年，中央宣传部、文化和旅游部、国家广播电视总局、中国文联、中国作协等五部门联合印发了《关于加强新时代文艺评论工作的指导意见》，要求以习近平新时代中国特色社会主义思想为指导，全面贯彻"二为"方向和"双百"方针，坚持创造性转化、创新性发展，弘扬中华美学精神，进行科学的、全面的文艺评论，发挥价值引导、精神引领、审美启迪作用，推动社会主义文艺健康繁荣发展。建立线上线下文艺评论引导协同工作机制，建强文艺评论阵地，营造健康评论生态，推动创作与评论有效互动，增强文艺评论的战斗力、说服力和影响力，促进提高文艺作品的精神高度、文化内涵和艺术价值，为人民提供更好更多精神食粮。

2. 唱响爱国主义主旋律

讲好中国故事是文艺创作传播主旋律

2021年5月31日，习近平总书记在中共中央政治局就加强我国国际传播能力建设进行的第三十次集体学习时强调，"要加快构建中国话语和中国叙事体系"，"更加充分、更加鲜明地展现中国故事及其背后的思想力量和精神力量"。党的十八大以来，围绕党和国家工作大局，讲好中国故事，传播中国声音，提升中华文化的感召力、亲和力、影响力，一直是以习近平同志为核心的党中央着力强调并大力倡导的，也是习近平总书记对新时代广大文艺工作者的殷殷期盼和谆谆嘱托。

面对中华民族伟大复兴的战略全局，面对世界百年未有之大变局，讲好中国故事，既是文艺创作的基本功，也是弘扬中国主流价值观、传播真善美的助推器和助燃剂。从传播学角度来看，讲故事是舆论传播的通行方法，也是社会沟通的有效办法，故事是"世界语"，一个好故事胜过千言万语，有助于国际社会对日益走向世界舞台中央的中国加深了解。从受众角度而言，讲故事是让人接受的好办法，故事中有哲理、有文化、有味道，一个故事比一打道理更容易打动人，有助中外人民加深理解、相互沟通。近年来，涌现出《攀登者》《红海行动》《大江大河》《山海情》《觉醒年代》《你好，李焕英》等一批反响良好的优秀影视作品，成为用艺术语言讲好中国故事的代表。这些文艺作品阐发中国精神、展现中国风貌，在国际国内文化战略格局中发挥了重要作用。

新时代文艺创作要讲好中国故事，需要着力丰富中国故事的精神内涵。讲好中国故事，关键不仅仅在于描摹中国社会外在的形态面貌，更在于深入挖掘中华民族内在情感、心理、气质、思维方式与价值结构，深切把握中国大地的脉动和心跳。当下中国正经历着我国历史上最为广泛而深刻的社会变革，正进行着人类历史上最为宏大而独特的实践创新，市场经济不断完善、社会体制深刻转型、互联网技术飞速发展、中外文化交流日益频繁，这些都为讲好中国故事提供了极为丰富的素材资源。广大文艺工作者在这广阔天地施展才华，理应聚焦现实题材，打造文艺精品，不断增进国外民众对中国当前经济发展、社会进步等现状的理解与认识，展示新时代中国脱贫攻坚成果，宣传中国特色社会主义的伟大成就，展现真实、立体、全面的中国。同时，力避文艺的功利化与模式化倾向，防止无底线地迎合观众，被资本的逻辑绑架，造成故事的低俗化、庸俗化、媚俗化；防止无上限地拔高标准，造成对社会主义核心价值观的概念化、格式化、肤浅化解读。

讲好中国故事更应高度重视和发挥媒介传播的功能和作用。文艺本身不具有媒介属性，文艺也只有通过媒介传播才能到达受众。现代科学技术特别是互联网技术、人工智能、脑科学等的发展，为文艺大变革大创新大繁荣提供无限可能，催生新的文艺形态和文艺业态。文艺创作不仅要适应时代和社会的变化与变革，更要适应文艺形式和文艺业态的变化与变革，在互联网架构和思维下推进中国故事和中国声音的精准传播和广泛传播。讲述听得懂、听得清、有共鸣、有实效的好故事，诠释中国道路的历史必然、中国制度的内在合力，是加快构建中国话语和中国叙事体系，彰显中国理论的实践价值、中国文化的独特魅力，切实增强中外人民对人类命运共同体的思想认同、文化认同和情感认同的内在要求。

各级文联组织肩负着开展民间国际文化交流，推动中华文化走向世界，维护国家利益和文化安全的重要职责。配合党和国家外交外宣战略和布局，讲好中国故事，加强对外文艺创作与交流，传播中国声音，既是文联工作的重要内容，也是弘扬中华文化、展现中华文艺魅力的重要途径。全国文联系统应充分发挥文联组织在民间文化交流中的独特优势，不断增进文联组织与国外文艺组织和艺术家的了解，促进中外艺术家之间的文艺创作、文化传播以及彼此之间的情感交流。通过统筹谋划、优势互补，整合各艺术门类资源，广泛开展形式多样、丰富多彩的对外文化交流活动，加强对国外受众的话语体系、文化心理和审美需求的研究，充分发挥文化艺术"润物细无声"的特点和作用，逐步激发国外主流社会对中华文化的兴趣和喜爱，不断提升对外文化交流的感染力、亲和力、传播力、影响力。

唱响新征程自信自强的奋进之歌

2023年新年伊始，中国文联召开十一届三次全委会，总结工作、分析形势、部署任务，以全面学习贯彻党的二十大精神汇聚共创强国业、同圆中国梦的强大力量。过去的2022年，全国文联系统紧扣迎接学习宣传贯彻党的二十大主题主线，通过广泛开展大规模多层次、讲实际重实效的理论武装，积极举办形式多样、丰富多彩的主题文艺实践活动，组织全国文艺界不断唱响新时代新征程上自信自强的团结奋进之歌。

自信自强是新时代的鲜明特征，是新时代中国人民的精神气质。一个伟大民族的复兴、一个现代化国家的崛起，离不开高度发达的物质文明，更离不开自信自强的精神文明。中华民族素有文化自信的非凡气度，中国人民素有自强不息的刚毅品格。自信自强是积淀于五千年中华传统文化中的深层密码，是融化在中国人血脉深处的强大基因。因为自信自强，中华文化薪火相传、源远流长，铸就了中华文明五千年的辉煌，在世界文化之林中独树一帜、独领风骚；因为自信自强，我们的国家和民族历经磨难而屹立不倒，饱经风霜而百折不挠，昂首阔步行进在迈向民族复兴的伟大新征程上。

物质富足、精神富有是社会主义现代化的根本要求；丰富人民精神世界、实现精神共同富裕是中国式现代化的本质要求。文艺深深融入国家前途、民族命运、人民生活，承担着激发文化活力、积淀文化内涵、塑造文化形象的重要使命，给人以精神引领和审美启迪。以中国式现代化全面推进中华民族伟大复兴，必须坚定自信自强，铸就文艺新辉煌，用文艺振奋民族精神，用文艺增强人民精神力量。

文联组织是繁荣发展文艺文化事业、建设社会主义文化强国的重要力量。坚持自信自强，广泛积聚起推进中国式现代化的文艺力量，文联组织必须不断强化思想政治引领，组织广大文艺工作者深入学习贯彻党的二十大精神，自觉用习近平新时代中国特色社会主义思想凝心铸魂，领悟好把握好蕴含其中的世界观和方法论，坚持好运用好贯穿其中的立场观点方法，加强话语体系的生动转化，使其成为广大文艺工作者潜心创作、勇攀高峰的内生动力和走好艺术人生之路的思想指引。奋进新征程，铸就新辉煌，理应更加突出民族复兴的时代主题，团结引导广大文艺工作者深刻理解把握党和国家大政方针和战略部署，心系国之大者，把握时代脉动，把人生追求、艺术生命同国家前途、民族命运、人民愿望紧密结合起来，以艺术的独特方式，回应时代之变、人民之呼，展现强国之志、复兴之梦，在围绕中心、服务大局中彰显文艺工作者的担当与作为，为全面推进中国式现代化提供更为强劲的价值引导力、文化凝聚力、精神推动力。

3. 追求真善美是文艺的永恒价值

自觉遵守《中国文艺工作者职业道德公约》共建山清水秀文艺生态

文化文艺繁荣兴盛的关键在人才，根本在作品。只有德才兼备的文艺人才不断涌现，以家国天下的情怀抒写时代之变化，以饱含深情的笔墨描绘人民之奋斗，才能发挥文艺的价值引导、精神引领、审美启迪作用，从而积聚起人民群众为美好生活而奋斗的力量。《中国文艺工作者职业道德公约》（以下简称《公约》）的修订及发布，恰逢其时，意义重大。

完善《公约》是新时代文艺事业繁荣发展的必然要求。中国文联十一届二次全委会近日审议通过并向社会发布《公约》，倡导全国广大文艺工作者坚持爱国为民、坚定文化自信、潜心创作耕耘、追求德艺双馨、倡导团结向上、引领社会风尚，在文艺界引起热议，在全社会引起良好反响。近年来，文艺队伍发生了深刻变化，新文艺群体、新文艺组织大量涌现，新的文艺形态层出不穷。广大文艺工作者需要对自身的价值取向、使命任务、职业规范、行为准则形成共识，心往一处想，劲往一处使。《公约》的修订完善，凝聚了这种共识，形成了统一的方向、一致的目标，必将助推新时代文艺事业的繁荣发展。

普及《公约》是建设山清水秀文艺生态的重要保障。习近平总书记强调，"要坚持教育引导和综合治理并重，建设山清水秀的文艺生态"。当前，随着市场经济的深入发展，资本对文艺创作的介入渗透，文娱产业迅速发展，文艺创作生产的环境发生深刻变化，同时文艺创作生产过程中出现了一些乱象。比如，一些文艺作品粗制滥造，抄袭跟风，在创作中调侃崇高、扭曲经典、颠覆历史，丑化人民群众和英雄人物，评价导向上出现唯票房、唯流量、唯收视率倾向，畸形审美、"阴阳合同"、"饭圈"乱象等新情况新问题层出不穷。风气影响心态，心态决定质量。没有孜孜以求、十年磨一剑的创作态度，没有严谨细致、精益求精的创作作风，很难创作出优秀文艺作品。文艺生态需要多方力量去营造，既需要监管部门的制度规范和硬性管理，也需要文联协会等有关部门的教育培训和软性引导，尤其需要广大文艺工作者的共同用心维护。发挥各级文联协会以及职业道德建设委员会、行风建设委员会的作用，全面普及《公约》，有利于文艺界健康、有序、良性文艺生态的养成，从而为文艺创作生产营造良好氛围。

遵守《公约》是新时代文艺工作者的基本操守。所谓公约，就是约定俗成的基本规范、行为准则。遵守《公约》是对广大文艺工作者的从业要求，也是文艺工作者自身的基本遵循。立德树人的人，必先立己；铸魂培根的人，必先铸己。文艺工作者被尊称为人类灵魂的工程师，理应具备更高的学养、素养、修养、涵养。面对个别文艺从业者和文艺作品出现的庸俗、低俗、媚俗等现象，面对唯洋是从、历史虚无主义和文化虚无主义，面对拜金主义、享乐主义和极端个人主义，面对造谣诽谤、网络暴力，面对偷逃税、涉"黄赌毒"等违法违规、失德失范等言行，必须坚决予以抵制，旗帜鲜明表明态度，倡导"批评精神"，树立正确导向。敢于说"不"是立场，身体力行是底线。只要广大文艺工作者都行动起来，遵守《公约》，践行《公约》，就一定能够营造自尊自爱、互学互鉴、天朗气清的行业新风。

链接知识

2012年3月2日，中国文联发布《中国文艺工作者职业道德公约》，2022年3月29日，中国文学艺术界联合会第十一届全国委员会第二次全体会议审议通过《中国文艺工作者职业道德公约（修订稿）》。《公约》旨在引导广大文艺工作者大力加强职业道德建设，进一步规范职业行为，弘扬高尚的职业精神，积极践行"爱国、为民、崇德、尚艺"的文艺界核心价值观，更加自觉主动地推动社会主义文化大发展大繁荣。

抢抓历史机遇　网聚新时代文艺正能量

迈进新时代，开启新征程，互联网已经成为培育创新发展的新动能。习近平总书记明确指出，网信事业代表着新的生产力和新的发展方向，应该在践行新发展理念上先行一步。文联组织要深入贯彻新发展理念，在新的历史方位育新机、开新局，就必须敏锐抓住信息化带来的历史机遇。这既是适应时代发展和现实需求不断推动深化文联改革的必然选择，更是贯彻落实习近平总书记和党中央对新时代文联工作要求的一项重大政治任务、一道必须答好的时代课题。

近年来，中国文联秉持"全国文联一张网"理念，将"网上文艺之家"建设作为中国文联深化改革的重要战略部署，推进实施了网信建设第一个"三年规划"，大力推动"互联网+"在文艺和文联工作中的建设应用，让全国文联系统"互联网+"建设实现整体改观，成为"全国文联一盘棋"格局在互联网时代的生动体现。特别是新冠疫情防控常态化以来，"互联网+文艺""互联网+文联""互联网+协会"理念及行动更加广泛深入，网络直播、VR展厅、在线评奖、"云展演"、新媒体矩阵等一系列创新应用平台全面发力，在疫情倒逼下主动作为，助力全国各级文联迅速融入并切实引领网络空间以艺战"疫"行动，取得显著成效。中国文联十届六次全委会工作报告强调,线上线下一体化的工作模式不是权宜之计,而是必须成为文联组织今后的常态化工作模式,对中国文联继续把"网上文艺之家"建设应用引向深入提出了更加明确的要求。2021年3月,中国文联印发网信建设第二个"三年规划"《全国文联"网上文艺之家"建设工作规划(2021—2023)》;4月,组织召开全国文联信息化建设工作会议,总结第一个"三年规划"实施成绩,部署第二个"三年规划"工作任务。文联网信建设的接续推进,是深入贯彻落实习近平总书记关于网信事业、文艺工作和群团工作重要论述的实际行动,是顺应"十四五"时期乃至更长一个时期内网络强国、数字中国建设大势,实现文联系统网信建设高质量发展的工作部署,更是文联系统立足新发展阶段、贯彻新发展理念、构建新发展格局的又一重大举措。

文联工作的核心任务是"做人的工作"。互联网时代,大数据、云计算、移动互联、人工智能、虚拟现实、区块链、5G等新技术的广泛应用和迭代更新,让互联网越来越成为人们学习、工作、生活的新空间,获取公共服务的新平台,人的生产生活方式发生重大变化。文联工作的方式方法、手段途径如果不做深刻改变,或者改变速度跟不上时代脚步,就不可能在互联网时代有效发挥作用。特别是互联网时代,文艺的创作方式、传播方式、消费方式、生产方式和审美方式同样发生深刻改变,如果不能适应这种深刻变化,不能在这种变化中主动应变、积极求变,就不可能推动文艺事业繁荣发展、促进满足人民文化需求和增强人民精神力量相统一。在网信建设第二个"三年规划"和工作部署中,中国文联要求文联系统进一步强化政治担当,统一思想行动,把握发展现状,补齐短板弱项,增强系统观念,强化组织保障,丰富发展"网上文艺之家"建设应用,以用促建,体现效能,顺应"数字化"向"数智化"转化趋势,引导"网上文艺之家"成为全国文联系统在新时代开展工作的"主抓手"、职能运行的"大动脉"。

我们正处在信息化快速发展的历史进程之中,在中国文联网信建设第二个"三年规划"开启之际,全面深化"网上文艺之家"建设和应用正在扎实稳步推进。站在"两个一百年"奋斗目标历史交汇点,文化强国、网络强国目标已经吹响进军号,全国文联系统须共同发力、主动融入,切实建好用好"网上文艺之家",网聚新时代文艺正能量!

> **链接知识**
>
> "互联网+文艺"三年总体规划以"互联网+工作平台"—"互联网+协会"—"互联网+文联"为基本建设路径。2018年,以"网上文联系列工作平台"建设推动"互联网+协会"建设;2019年,以"互联网+协会"推动"互联网+文联"建设;2020年,以之前工作为基础,大力开展"互联网+文联"建设,继续推动中国文联各团体会员和中国文联机关各部室、各直属单位深化平台应用,积极开拓网络空间,开展"互联网+文艺"的创作、传播、评论、交流、研修等各类创新应用,初步建成"网上文艺之家"。

高度警惕"娘炮形象"背后的审美偏狭

近期，整治娱乐圈乱象受到公众高度关注，"娘炮形象"一词也引起网络热议。其实，我们反对"娘炮形象"，反对的不是多样化的审美文化，不是高效的市场机制，更不是平等的性别秩序，而是反对资本裹挟下的不良文化审美现象和发展趋势。

不可否认，近年来，借助资本运作和商业包装，在影视剧和综艺节目中频频出现一些"娘炮形象"。他们"故意打造人设"，造型"浮夸"，举手投足间宣扬"个性"，一时间成为所谓的"风尚"而侵染了社会审美和大众视野，甚至对青少年审美趋向产生了不良影响。

在最浅层面，"娘炮"是一种语言现象，它由表示"少女"和"母亲"的词根"娘"，和表示"有经验"的词缀"炮儿"（老炮儿、职场炮儿）构成，在字面上表示在女性行为和气质上很有经验的人。有人考证，该词较早的公众亮相是在某些青春偶像剧中，女主骂男主"娘炮"。当然，在"阳刚"之外，男性审美和男性气质是多样的。但必须看到，"娘炮形象"虽和阴柔的男性审美有关，其实却有着根本不同，是一个利用了阴柔、经过媒体美化的产业现象。

内地娱乐尤其是偶像行业，在引进日韩偶像工业模式基础上，已经发展成了今天"全民制作人+练习生成团出道"的模式，进而全面"发扬光大"的道路。这就有了今天内地娱乐偶像工业年复一年生产出的一茬又一茬的有着高度同质化和套路化形象的偶像产品。由此,资本打造"娘炮形象"的问题也呈现愈演愈烈之势。

事实证明,行业的发展是期待"不同"的。如今,在女性审美领域,千篇一律的"白幼瘦"和"网红脸"已经反噬行业自身,审美疲劳的民众开始追求更加有辨识度的形象。因而,从行业健康角度来看,恰恰需要的是有魅力的审美和人格、有差异的产品和品牌。另一方面,偶像自身亦苦"娘"久矣。为了维持行业灌输给他们的那种单一的、所谓的"受欢迎"形象,他们不得不时刻节食、随时精致,甚至不惜削骨整容,在已经很"卷"的审美赛道上努力应对同行间的激烈竞争,还必须认清现实,面对隔年就被下一茬偶像替代的危机和命运。而更为重要的是,被如此精神文化食粮"投喂"的民众也鲜明地表达了自己的意愿:演技在线的老戏骨再次成为香饽饽,甚至于"四大天王"时代的怀旧照片被网友翻出来,复古风又开始流行。

但是行业的困境、从业者的苦楚、民众的不满都难以改变资本的行为。在没有外力介入的情况下,资本在这条已经要被"耗"尽的审美道路上,究竟要再奔多久,我们很难判断。文化产品是一种特殊商品,当有着逐利性和滞后性,并已被资本左右的市场无法做出有效调节时,宏观调控就显得尤为重要。今天,市场在文艺创作生产的配置中起到的作用越发重要,文艺从业者在自律的同时,更要发挥政府的调控功能、行业自身的引导和自律功能,对不良现象和行为进行及时纠偏,是当前应该迫切解决的课题。

让文艺推动社会向美而行

近年来，随着经济社会的发展，人们在物质需求不断得到满足的同时，精神文化需求越来越强。作为文化产业的重要领域，文娱产业在促进经济增长、满足人民精神文化需求方面发挥了积极作用，但由于资本逐利性导致了社会效益兼顾不够、管理制度不完善等问题，出现了畸形病态审美、"饭圈"等乱象。同时，由于历史虚无主义和享乐主义思潮等影响，部分人的审美观出现扭曲，"颜值即正义""外貌崇拜"等错误观念颇有市场，以丑为美、低俗恶搞等不良现象屡见不鲜。某些"流量明星"违背社会公序良俗，甚至违法犯罪，由于其粉丝众多、受关注度高、社会影响力大，不免对大众尤其是青少年审美观产生严重的负面影响。

文艺是时代风貌的集中表现，具有陶冶情操、温润心灵、提振精神的重要作用。传承和弘扬中华美学精神，加强新时代美育建设，推动社会向美而行，文艺责无旁贷。这就要求创作生产一大批内外兼美的文艺精品。近年来，中央电视台推出的文化类节目《中国诗词大会》《典籍里的中国》掀起了诗词热、传统文化热，让人们感受到了文人志士的情怀之美，体会到了"采菊东篱下，悠然见南山"的人生意境，培养了民众的诗词审美能力和水平。河南卫视春晚、端午晚会、中秋晚会等节目好评如潮、圈粉无数，让人们感受到了传统文化之美。广大文艺工作者应积极传承和弘扬中华优秀传统文化，把以文化人、以美育人结合起来，塑造更多既反映时代精神又传承中华优秀传统文化的典型人物，创作更多既具有时代新气象又弘扬中华美学精神的优秀作品，善于用艺术的方式，发掘和展现中华优秀传统文化之美，发挥文艺成风化人的作用，让人们在健康文艺的熏陶中感悟中华优秀传统文化之美，认同主流价值观，树立正确的审美观。

推动社会向美而行，需要发挥文艺理论评论的重要作用。提高审美、引领风尚是文艺评论的职责所在。新时代的文艺评论应当聚焦优秀文艺作品、热点文艺现象，开展及时、有效、权威的文艺评论，讴歌真善美，贬斥假恶丑，坚决抵制畸形病态审美，充分发挥价值引导、精神引领、审美启迪的作用。应增强朝气锐气，针对文艺行业重点焦点问题，及时加以引导，对文艺界违法失德的现象，及时予以批驳，褒优贬劣，激浊扬清，析事明理，凝聚共识。

提升社会审美水平，关键在于有一支德艺双馨的文艺人才队伍。文艺是铸造灵魂的工程，文艺工作者是灵魂的工程师。要创作出优秀的文艺作品，文艺工作者首先需要塑造自己。文艺工作者受关注度高、社会影响力大，想要为提升社会审美水平作贡献，文艺工作者也需要塑造自己。应牢记文化责任和社会担当，坚持和弘扬社会主义核心价值观，正确处理社会效益和经济效益的关系，坚持把社会效益和社会价值放在首位，自觉赓续中华文脉，坚持古为今用、辩证取舍、推陈出新，摒弃消极因素，继承积极思想，讲好中国故事，传播好中国声音，做到讲品位、讲格调、讲责任，坚决抵制低俗庸俗媚俗，以深厚的文化修养、高尚的人格魅力、文质兼美的作品为人民带来美的享受，赢得人民群众喜爱。

4. 继承和弘扬中华优秀传统文化

传承中华优秀传统文化　让文物古籍活起来

2022年4月，中共中央办公厅、国务院办公厅印发《关于推进新时代古籍工作的意见》，明确提出要"加大古籍宣传推广力度，多渠道、多媒介、立体化做好古籍大众化传播""加强古籍题材音视频节目制作推介，提供优质融媒体服务"，为做好古籍普及传播，加快古籍资源转化利用，进一步弘扬中华优秀传统文化提供了政策指引。

这不由得让人想起2021年爆火的中央广播电视总台文化类节目《典籍里的中国》。该节目聚焦中华典籍精髓，邀请戏剧、影视、曲艺等舞台艺术演员在"历史空间"中演绎人物和故事，并与"现实空间"的主持人进行跨时空互动，成功将古典美学元素与现代电视艺术相融合，生动地展现了辉煌灿烂的中华文明及古代典籍对当代中国发展的重要价值和深刻影响。节目一经播出就圈粉无数，特别是深受广大青少年欢迎，网络视频播放量迅速破亿。《典籍里的中国》艺术总监、第五届全国中青年德艺双馨文艺工作者田沁鑫在谈到节目创作时坦言，就是为了"让源远流长、博大精深的传统文化在今天发挥价值"。

党的十八大以来,习近平总书记反复强调"保护好、传承好、利用好中华优秀传统文化""推动中华优秀传统文化创造性转化、创新性发展","找到传统文化和现代生活的连接点""以时代精神激活中华优秀传统文化的生命力""使中华民族最基本的文化基因与当代中国文化相适应、与现代社会相协调",为新时代繁荣文艺创作、推出文艺精品提供了指引和遵循。文艺界积极贯彻落实习近平总书记要求,通过激活古籍文物中的文化内涵、美学精神和生动故事,用文艺为弘扬优秀传统文化赋能,推出一批文艺精品。2022年央视春晚舞蹈诗《只此青绿》取材宋代名画《千里江山图》,通过诗性的舞蹈语言融合现代灯光舞美技术,描绘出一幅新时代的灵动唯美画卷,激活了古籍文物中的山河秀美、文化繁盛、团结和谐的形象,瞬时"破圈",赢得亿万观众点赞。《中华诗词大会》《故事里的中国》《但是还有书籍》《穿越时空的古籍》《我在故宫修文物》《古书复活记》《经典咏流传》等,遵从时代规律和特点,挖掘中华优秀传统文化所蕴含的思想观念、人文精神和道德规范,运用新理念新媒体新技术,集成融合创造新的艺术表现形式,成为既满足人民文化需求又增强人民精神力量的文艺精品,为中华文化创造性转化和创新性发展作出了积极贡献。

由此可见,弘扬中华优秀传统文化,让文物古籍活起来、会说话,文艺是不可忽视的重要力量,也是颇为有效的方式载体。近年来,中国文联及所属各全国文艺家协会在这方面作出了积极探索。比如,"中国民间文学大系出版工程"实施五年来,运用现代科技手段对中国口头文学遗产进行保护存录,保护范围涵盖了新中国成

《中国民间文学大系》12门类作品展示图

立前至今的民间文学手抄本、油印本、铅印本，预计成果将形成40亿字存储规模的数据库。同时，通过出版图书、制作动漫文艺作品等方式致力于数据库成果转化，使之成为中华民族珍贵的永恒记忆。冯骥才在谈及这个浩大工程时表示，"70年来，中国民协调动数十万专家学者和艺术家加入全国民间文学抢救与普查队伍中。今天，我们就是要给古代文明安一个现代的家。这个家必须是：严格的学术分类，科学的程序编排，完善和方便的检索方式，以利于切确的保存，并有利于传播、使用与弘扬"。历史和实践证明，唯有善于组织各方面文艺人才、凝聚各类专业专家资源，统筹协调、联合攻关，才能推动如此艰巨的文艺创作工程落地建成。这启示我们，文联系统要发挥组织优势和专业优势，在弘扬中华文化、创作文艺精品力作方面潜力巨大、大有可为，而且也能够取得更大的成绩、作出更大的贡献。

作为党和政府联系广大文艺工作者的桥梁和纽带，作为文艺界的人民团体，中国文联及所属各全国文艺家协会应进一步深化改革、优化职能，转变思路思维、健全组织体系、创新工作机制、延伸服务手臂、扩大工作覆盖面，统筹整合人才资源、专家资源、信息资源、平台资源，不断提高创作组织化程度和专业化水平，最大限度、最大范围、最大可能地把广大文艺工作者团结凝聚起来，推出更多更好的时代需要、人民满意、世界瞩目的文艺佳作力作。

> **链接知识**
>
> 2018年，中国民间文学大系出版工程（简称"大系出版工程"）正式启动实施，成为中华优秀传统文化传承发展工程的重点项目之一，也是中国民间文学遗产抢救保护与传承的民心工程。作为大系出版工程的成果，《中国民间文学大系》将几千年来在民间普遍传承的无形精神遗产变为有形的文化财富，从而避免在全球化语境下民间文学遭遇民众文化失语和传统经典样式失忆的尴尬与窘境，为世人了解中国民间文艺发展规律提供参考。

在深刻把握连续性中涵养新时代文艺的文明根脉
——深刻把握中华文明的突出特性①

习近平总书记在文化传承发展座谈会上高度概括了中华文明具有的"五个突出特性",并将"突出的连续性"排在首位,强调指出,"中华文明具有突出的连续性……从根本上决定了中华民族必然走自己的路。如果不从源远流长的历史连续性来认识中国,就不可能理解古代中国,也不可能理解现代中国,更不可能理解未来中国"。中华文明突出的连续性,是对中华文明起源、形成、发展历史脉络的精准概括,也是把握中华文明本质特征和发展规律、正确理解中华民族必然走中国式现代化道路的根本前提。

中华文明是世界上唯一绵延不断且以国家形态发展至今的伟大文明。从语言文字到思想体系,从文化传统到科技发展,突出的连续性充分表明了中华文明具有自我发展、回应挑战、开创新局的旺盛生命力。作为中华文明的重要载体和重要内容,中国文艺既承载着中华民族的思想观念、道德理念、哲学智慧、精神气质,又彰显了中华文明绵延不绝的连续性。从商周时期的甲骨文、金文和篆书,到演变简化的楷书、隶书、行书,赋予了书法艺术浓厚的底蕴。从先秦时期的瞽蒙说唱、俳优表演,到隋唐时期的俗讲、变文、讲经，再到宋代的讲史、唱赚、诸宫调、鼓子词等，展现了现存500余种曲艺形式滥觞流变的清晰轨迹。《诗经》、《楚辞》、唐诗、宋词、元曲、明清小说等代表中华民族历史上各个时代的文艺高峰，更是让我们拥有无比自信、赢得未来的精神珍宝。中国文艺犹如中华文明历史长河中的一流江水，又似银河中璀璨的群星，传承着中华民族精神、智慧和情感，以中国气派、中国风格书写历史、记录时代、昭示未来，催动中华文明之河奔涌向前。

爱国主义是中华民族精神的核心要义，也是贯穿中国文艺昨天今天明天的永恒主题。讴歌祖国、礼赞英雄，饱含并能够释放家国情怀的文艺作品最能够赢得人民群众喜爱，最能够感召中华儿女团结奋斗。无论是史诗《江格尔》《格萨尔王传》《玛纳斯》，还是电影《焦裕禄》、豫剧《花木兰》、电视剧《渴望》《亮剑》，以及新时

舞剧《永不消逝的电波》剧照

代以来创作的电影《我和我的祖国》《战狼Ⅱ》《长津湖》、电视剧《觉醒年代》《人世间》、舞剧《永不消逝的电波》，其中蕴含的英雄气、中华情、民族魂支撑起这些文艺作品流传广远、成为经典。强调文以载道、以文化人的文艺传统，强调知、情、意、行相统一的中华美学，同样是中国文艺一以贯之的内在价值以及中华文明突出连续性的重要标识。

中华民族在承先启后、继往开来中走到今天，也必将在赓续文明、创造文明中走向未来。没有五千年的中华文明，就没有我们今天的成功道路；没有历史悠久的中国文艺，也就没有社会主义文艺百花园的生机勃勃。广大文艺工作者应树立大历史观、大时代观，深刻认识和理解当代中国是历史中国的延续和发展，当代中国文艺是中华传统文艺的传承和升华，高扬爱国主义旗帜，继承优秀文化传统，传承中国文艺基因，展现中华审美风范，用更多从中国文艺传统、形式、审美孕育而生的表达形式铸造文艺精品、塑造典型形象，当好中华文明赓续发展的创造者、见证者和代言人。

在深刻把握创新性中激发新时代文艺创造活力
——深刻把握中华文明的突出特性②

习近平总书记指出,"中华文明具有突出的创新性……从根本上决定了中华民族守正不守旧、尊古不复古的进取精神,决定了中华民族不惧新挑战、勇于接受新事物的无畏品格"。自古以来,中华民族始终以"苟日新、日日新、又日新"的精神不断创造自己的文明。中华文明在继承创新中不断发展,在应时处变中不断升华,为中国文艺种下创新创造的强大基因。

创新既是文艺的生命,也是中华民族最深沉的民族禀赋。一部中华文明史,就是一部中华民族创新史。从思想到制度、从器物到科技,从经济社会文化到政治体制,中华民族始终保有创新的活力和生命力。植根于中华大地生长出来的中国文艺也被深深地烙下了鲜明的创新印记。无论是诗、词、赋、文等文学体裁兴盛泛起,还是篆、隶、楷、草、行等各类书体创新演变,抑或是笔墨、色彩、构图、造型等各类绘画技法传承发展,中国文艺总能因时而兴、乘势而变,始终紧跟中华文明革故鼎新、辉光日新的历史脚步向前迈进。

中华文明是当代中国文艺的根基,也是文艺创新的宝藏。博大精深的中华文明，在五千多年创新发展的历史进程中形成了厚重的文明积淀，历史事件、社会变革、人文地理、神话传说、英雄侠义、传奇故事以及图腾、语言、文字、习俗等，一切中华民族创造历史的成就，都为中国文艺的创新创造提供了不竭源泉、开辟了广阔的空间。舞蹈《唐宫夜宴》《只此青绿》从经典国画中获得创作灵感，热映的动画片《长安三万里》从大唐历史和诗歌盛世中汲取营养，国风音乐《青花瓷》聚焦中国瓷器的优雅秀丽，这些文艺创新创造的精品佳作，深受中华优秀传统文化滋养，激荡起人们心底强烈的文化自豪感和认同感，收获了广大观众的喜爱好评。

文艺创新创造的目的是更好地向上向善。只有向上向善的文艺才能成为时代前进的号角，才能为中华文明创新发展注入强劲动力。中华民族发展史上的每一次高光时刻，总是伴随着文学艺术的繁荣昌盛。当前，世界百年未有之大变局加速演进，中华民族伟大复兴进入关键时期。新时代非凡十年，我国发展的物质基础更为坚实、制度保证更为完善、精神力量更为主动，我们比历史上任何时期都更接近、更有信心和能力实现中华民族伟大复兴的目标，同时也必须准备付出更为艰巨、更为艰苦的努力。新征程上，历尽千辛万苦、排除千难万险，从胜利不断走向胜利，离不开文艺举精神之旗、立精神之柱、建精神家园。文艺需要在丰富的实践中进行创新创造、在历史进步中推动自身进步。广大文艺工作者应坚定文化自信，决不能割断血脉、虚无历史，更不用以洋为美、以洋为尊，而必须植根中华文明传统，紧跟时代奋进步伐，聚焦以中国式现代化全面推进中华民族伟大复兴的历史伟业，以守正创新的正气锐气和用心用情用功的创作态度，创造振奋精神的优秀作品和文艺繁荣的壮阔盛景，不断开辟中国文艺新境界，不断铸就中华文化新辉煌。

在深刻把握统一性中构筑中华民族共有精神家园
——深刻把握中华文明的突出特性③

人类历史上没有哪一种文明像中华文明这样亘古及今、延绵不绝，没有哪一个民族像中华民族这样手足相亲、团结一心。"中华文明具有突出的统一性……从根本上决定了中华民族各民族文化融为一体、即使遭遇重大挫折也牢固凝聚，决定了国土不可分、国家不可乱、民族不可散、文明不可断的共同信念，决定了国家统一永远是中国核心利益的核心，决定了一个坚强统一的国家是各族人民的命运所系。"习近平总书记的重要论断，深刻解答了"五方之民，四海一家"何以中国，也鲜明地指出了"六合同风，九州共贯"是中华文明的根本。

一部中国史，就是一部各民族交融汇聚成多元一体中华民族的历史，就是各民族共同缔造、发展、巩固统一的伟大祖国的历史。各民族共同守护了祖国的锦绣河山、广袤疆域，共同创造了悠久的中国历史、灿烂的中华文化。西周青铜礼器何尊铭文中的"宅兹中国"，这不朽青铜之上永不磨灭的文字，让"中国"一词首次进入人类文明史，也让"中国"成为中华民族的统一的身份认同。从"周之所封四百余，服国八百余"，到秦"书同文，车同轨，量同衡，行同伦"；从赵武灵王胡服骑射，到北魏孝文帝汉化改革；从"洛阳家家学胡乐"，到"万里羌人尽汉歌"……"大一统"观念逐渐衍生出"文化一统""政治一统""地域一统"和"民族一体"的丰富内涵。中华文明熔铸出的突出的统一性，已牢牢地印在中华儿女精神世界之中，成为中华民族的鲜明底色。

华夏大地"何以中国"、中华民族何以伟大、中华文明何以不朽，答案就在中华文明突出的统一性，而中国文艺也给出了正确解答。从"蕞尔小邦"而"蔚然大国"大一统气象下诞生的汉赋，到三万里长安大唐诗歌盛世，再到统一制度下宋词、元曲、明清小说的繁荣兴盛，历史反复证明，统一则国家强、人民安、文化兴。在民间广为流传的《东汉演义》《三国演义》《隋唐演义》等经典文艺作品，除却讲评历史传奇、英雄故事外，更道出了向往统一安定团结的民心指归。"王师北定中原日，家祭无忘告乃翁""国破山河在，城春草木深""男儿何不带吴钩，收取关山五十州""待从头、收拾旧山河，朝天阙"……中华文明史上的无数名篇佳作，都以爱国统一焕发出雄浑之力，留下了熠熠光彩。中国文艺总是能够用家国情怀感召中华儿女团结奋斗，用民族精神振奋中国人民胜利前进。

文运同国运相牵，文脉同国脉相连。新时代新征程，更加需要各族儿女紧密团结在一起，更加需要构筑起中华民族共有精神家园，更加需要形成人心凝聚、团结奋进的强大精神纽带，文艺文联工作重任在肩、大有可为。广大文艺工作者应深刻把握中华文明突出的统一性，胸怀"国之大者"，肩扛"责之重者"，致广大而尽精微，热情褒扬一切为中华民族伟大复兴奋斗的拼搏者，一切为祖国统一、民族团结、人民幸福牺牲奉献的英雄们，用繁花锦绣的文艺表达装点祖国的秀美河山,描绘中华民族的卓越风华,激发每一个中国人的民族自豪感和国家荣誉感,引导人民树立正确的历史观、民族观、国家观、文化观。文联组织作为文艺界的人民团体,应在构建大统战工作格局中积极作为,坚持从团结的愿望出发这一原则,画出最大同心圆、找到最大公约数,把文艺工作者和文艺爱好者团结凝聚在党的周围,为实现中华民族伟大复兴贡献更大文艺力量。

在深刻把握包容性中拓宽新时代文艺的创作视野
——深刻把握中华文明的突出特性④

习近平总书记在文化传承发展座谈会上深刻总结了中华文明的"五个突出特性"。其中"突出的包容性"特征充分凸显中华文明的世界格局和开放胸怀。应当说,海纳百川、兼容并包是中华民族形成多元一体格局生机盎然的文化肌理,也是中华文脉绵延繁盛、中华文明历久弥新的精神品质。

秉承中华文明突出的包容性,更好繁荣发展我国文艺,启示我们应以平等包容的价值观涵养文艺创作,以海纳百川的艺术胸襟加快构建中国话语和中国叙事体系,以高度的文化自信把文艺创新创造的成果奉献给世界。

中华民族共同体涵盖了生息繁衍在中国这片土地上的全部民族及其文化创造。今天的中国,各民族像石榴籽一样紧紧抱在一起,各民族的文艺创造既延续着自身的特色文化,各美其美,又汇集在中华文化的大家园里,美美与共。文艺创作的复杂性、多样性需要各种向上的文艺表达共存共荣、切磋互鉴,这就要求广大文艺工作者以深远的目光、博大的胸襟、自信的态度,汇聚起各民族取之不尽用之不竭的文化资源和创造力量,在坚守中华文化立场的基础上,加强各民族间的交往交流交融，尊重差异、包容多样，以璀璨多彩的文艺作品构筑起中华民族共有精神家园，浇灌更加艳丽的文艺之花。

文艺是不同国家和民族相互了解和沟通的最好方式，构建中国话语和中国叙事体系，目的在于讲好中国故事、传播好中国声音，展现可信、可爱、可敬的中国形象。广大文艺工作者应在对世界文明兼收并蓄中涵养开放包容的精神品格，善于从不同文化中寻求智慧、汲取营养，接受并包容不同题材、形式的文艺表达，善于运用新技术手段，实现从观念到形式、从内容到技法的多层次突破，努力创作更多展现中华民族禀赋、中华民族特点、中华民族精神的优秀文艺作品，使中国气派、中国旋律、中国风范能够傲然屹立于世界文学艺术之林。

今天的世界，越来越成为一个你中有我、我中有你的命运共同体。今天的中国文艺，若要推出享誉世界的精品力作，需要在文明对话中完成自我价值的确认，在人类文明史中铸就文艺高峰。兼收并蓄是文化自信的表现，也是文化创新的前提和基础。我国文艺工作者站在构建人类命运共同体的高度，把跨越时空、超越国度、富有永恒魅力、具有当代价值的文化精神弘扬起来，把继承优秀传统文化又弘扬时代精神、立足本国又面向世界的当代中国文化创新成果传播出去，为世界奉献更多彰显中国审美旨趣、传播当代中国价值观念、反映全人类共同价值追求的优秀作品，奏响振聋发聩的中国文艺之声。

"五色交辉，相得益彰；八音合奏，终和且平。"承百代之流、会当今之变，包容通和，互学互鉴，中国文艺才能焕发出更加蓬勃的生命力、吸引力，中华文化才能历久弥新、生生不息，中华文明才能如重瓣花朵绚烂夺目绽放东方。

在深刻把握和平性中彰显新时代文艺的人类情怀
——深刻把握中华文明的突出特性⑤

有着5000多年历史的中华文明，始终崇尚和平、和睦、和谐的价值追求。从"天下一家"到推动构建人类命运共同体，中国始终是世界和平的建设者；从"天下大同"到为世界谋大同，中国始终是全球发展的贡献者；从"协和万邦"到构建以合作共赢为核心的新型国际关系，中国始终是国际秩序的维护者。习近平总书记在文化传承发展座谈会上深刻指出，中华文明具有"突出的和平性"，对于我们用文艺讲述中国式现代化是和平发展的现代化，向世界生动立体地展示可信、可爱、可敬的中国形象具有重要指导意义。

中国人民讲求以和为贵，中国文艺推崇和合文化。"烽火连三月，家书抵万金""醉卧沙场君莫笑，古来征战几人回""秦时明月汉时关，万里长征人未还"等名篇佳句，无不展现了人们对战争的厌恶和对和平的渴望与珍爱。对和平发展的热切追求、对安定生活的真诚向往，始终是中国人民普遍心理认同。广大文艺工作者在立德立言中推动社会的进步与发展，必须具有深邃的视野，能够向人类精神的最深处探寻，找到并展现深刻流动的心灵世界和鲜活丰满的精神世界。各国人民的处境和命运千差万别，但对美好生活的不懈追求、为改变命运的不屈奋斗是一致的，也是最容易引起共鸣的。文艺就应该将这种共同的、共通的东西挖掘出来，架起各国人民心灵沟通的桥梁。和平、发展、合作、共赢是不可阻挡的历史潮流，文艺需要在时代大潮中勇立潮头，以思想的穿透力、审美的洞察力、形式的创造力，阐明中国式现代化走和平发展道路的历史逻辑、现实逻辑，把中华文明突出的和平性用栩栩如生的文艺形象展现出来、传播出去。

文明之美集中体现在文学艺术作品之中。文艺既是文明交流互鉴的载体，也是其不可或缺的重要内容。在历史上，中国音乐、绘画、文学等都曾通过不断吸纳外来文明的优长而得到发展。各国人民需要交往，各国文艺需要交流。只有在交流交往交融过程中，人们才能更加相互尊重、相互理解、相互包容。广大文艺工作者要有这样的自信和担当，以触动人、吸引人、感染人的中国故事，诠释中国道路的历史必然，彰显中国文化"以和为贵""和而不同"的独特魅力，提升中华文化感召力、亲和力、影响力。文联组织必须把推动文明交流互鉴作为天职，树立国际视野、世界眼光，广泛搭建能够深入交流合作的平台舞台，在文化交流互鉴中主动担当，在国际交往中展现形象，不断增强中华文化传播力和影响力。

构建人类命运共同体，是中华文明具有突出的和平性时代要求。而文艺作品最能展现蕴藏在中华民族骨子里的价值理念和精神追求。电影《流浪地球》系列之所以在全球引起关注，就是因为这系列作品以电影语言表达了中华文明的家国情怀，传递了中国人对人性和生命的理解，用"中国式科幻"的叙事表达与文化创造诠释

电影《流浪地球2》海报

了人类命运共同体的理念。当代中国正经历着我国历史上最广泛而深刻的社会变革，也正在进行着人类历史上最为宏大而独特的实践创新，中华文明凭借以和为贵的和平性格、海纳百川的包容特质、天下一家的大国气度，终汇成崇民本以固金瓯、惠民生以格万物、聚民智以成典籍的浩荡洪流。广大文艺工作者需要更加自觉地参与人类命运共同体这个伟大构想中来，用文艺的形式展现中国人民的生活变迁和心灵世界，用讲述人类命运与共、激发普遍情感共鸣的中国作品，让各国人民在审美过程中加深对中华文明的认识和理解，为构建人类命运共同体贡献文艺力量。

5. 学习借鉴世界优秀文化成果

绘就人类文明新形态的文艺篇章

党的二十大擘画了以中国式现代化全面推进中华民族伟大复兴的宏伟蓝图，明确了创造人类文明新形态、不断丰富和发展人类文明新形态的战略指引，也为我国文艺繁荣发展提供了新的思路和创作空间。

每个国家和民族的历史传统、文化积淀、基本国情各不相同，其发展道路必然有着自己的特色。中国是享誉世界的文明古国，拥有五千多年历史的中华文明，为人类文明进步事业作出了重大贡献。代表中华文明的智慧结晶和精华所在的中华优秀传统文化，为中国道路赋予了鲜明的中国特色，也为人类文明新形态奠定了深厚的文化底蕴。广大文艺工作者应坚守中华文化立场，将中华文明讲仁爱、重民本、守诚信、崇正义、尚和合、求大同的精神特质和发展形态，用中国特色、中国风格、中国气派的艺术表现形式表达出来，牢牢把握中华民族的根和魂，更好展现人类文明新形态的新和好，推动中华优秀传统文化创造性转化、创新性发展，让中华文化在世界文化激荡中站稳脚跟，让人类文明新形态为世界文明赋予更加绚丽的光彩。

人类文明新形态不仅具有深厚的文化支撑,更具有深厚的科学理论支撑。马克思主义深刻改变了中国,中国也极大丰富了马克思主义。中国共产党人坚持把马克思主义基本原理同中国具体实际相结合、同中华优秀传统文化相结合,不断开辟马克思主义中国化时代化新境界。习近平新时代中国特色社会主义思想是"两个结合"的光辉典范,既着眼于解决新时代改革开放和社会主义现代化建设实际问题,又从中华五千年文明积淀中汲取智慧结晶,让马克思主义在中国牢牢扎根,让马克思主义的真理之树更加枝繁叶茂,为丰富和发展人类文明新形态提供了科学指引,注入了更为主动的精神力量。广大文艺工作者应牢固树立马克思主义中国化时代化的世界观和方法论,从中国共产党领导全体中国人民创造复兴伟业实践中挖掘素材题材,用艺术创造解析中国的发展道路和成功秘诀,回答好中国之问、世界之问、人民之问、时代之问,把人类文明新形态内在的真理力量彰显出来。

党的二十大明确提出的中国式现代化的本质要求,为人类文明新形态刻画出十分清晰的图景。坚持党的领导、坚持中国特色社会主义规定了人类文明新形态的重大原则。实现高质量发展的物质文明、发展全过程人民民主的政治文明、丰富人民精神世界的精神文明、实现全体人民共同富裕的社会文明、促进人与自然和谐共生的生态文明构成了人类文明新形态的基本特征。构建人类命运共同体体现了人类文明新形态的开放包容。广大文艺工作者应深刻认识中国式现代化是人类文明新形态的实现路径,人类文明新形态是中国式现代化道路的创造结果,深刻领悟中国式现代化的历史逻辑、理论逻辑、实践逻辑,并和艺术逻辑、审美逻辑、创作逻辑贯通起来,择取最能反映中国式现代化特征、成就的题材,以现实主义和浪漫主义相结合的艺术风格,展示当代中国发展进步和人民群众精彩生活,诠释中国精神、中国价值、中国力量。

文明只有姹紫嫣红之别,绝无高低优劣之分。人类文明新形态在人类文明的百花园中增添一抹别样的色彩,以文明交流超越文明隔阂、文明互鉴超越文明冲突、文明共存超越文明优越。党领导人民成功走出中国式现代化道路,创造了人类文明新形态,拓展了发展中国家走向现代化的途径,给世界上那些既希望加快发展又希望保持自身独立性的国家和民族提供了全新选择。广大文艺工作者理应成为对外文化交流的使者,用多彩的中国文艺向世界讲好精彩的中国故事,用彰显中国式现代化新道路、人类文明新形态、中华文化新形象的文艺作品,展现可信、可爱、可敬的中国形象,为人类文明进步搭建相互了解、理解、包容的桥梁,为推动构建人类命运共同体谱写新的文艺篇章。

链接知识

中国国际民间艺术节是经国务院批准、由中国文联主办的大型国际民间艺术节。该活动通过团结中外艺术家积极开展交流合作,携手创作艺术精品,为促进中外民心相通,增进世界文明交流互鉴,推动"一带一路"高质量发展作出应有贡献。中国国际民间艺术节创办于1990年,经过30余年至2023年已成功举办12届,成为中外民间文化交流的重要桥梁。

形塑可信可爱可敬的中国形象

中华民族历来具有深厚的天下情怀。"大道之行，天下为公""胸怀天下、立己达人"的价值观念，早已深深植根于中国人民的骨子里、血脉中。胸怀天下，是一种精神追求，也是一种使命担当。当前，我们党正团结带领全国各族人民奋进在中国式现代化的新征程上，全力推动构建人类命运共同体，创造人类文明新形态，是中国式现代化的本质要求。文艺是世界语言，以艺通心，更易沟通世界，当代中国文艺理应彰显更加博大的人类情怀，具备更加高远的世界眼光，为深化文明交流互鉴、共通共融，推动构建人类命运共同体谱写下崭新篇章。

新时代是中国日益走向世界舞台中央的时代。国际社会希望通过各种方式解码中国的发展道路和成功秘诀，了解中国人民的生活变迁和心灵世界。过去几年，全国文联系统统筹疫情防控和各项工作，顺时应变、主动作为，综合运用现场活动与"云交流""云展示"方式，全力开展新时代优秀文艺作品的海外展播展示。中国文联十一届三次全委会再次明确提出，"坚持胸怀天下，精准开展民间文化交流合作，增强中华文化传播力影响力"。这体现了全国文艺界面对中华民族伟大复兴战略全局和世界百年未有之大变局，主

2024"今日中国"艺术周在哥伦比亚活动现场

动识变、应变、求变，着力讲好中国故事，多彩展示可信、可爱、可敬的中国形象的自觉与担当。

发挥艺术国际沟通的独特优势，配合党和国家外交总体战略布局，精准开展民间对外文化交流合作，是文联组织的职责所在。抒写大美中国气象，反映当代中国发展进步，呈现中国人精神风貌和精彩生活，用艺术的独特魅力解析中国发展奇迹的密码已经成为时代赋予广大文艺工作者的崭新要求和光荣使命。奋进新征程、铸就新辉煌，文联组织应更加自觉融入、服务党和国家外交外宣工作大局，全力打造拓展民间文化艺术国际传播和人文交流的多维度平台，大力发展富有中华民族特色的文艺内容和形式，发挥信息化时代的传播优势,做精做优民间对外文化交流,同世界各国艺术家和民众开展友好交往,同国际文艺组织和团体发展伙伴关系,以艺术之力推动建设更加美好的世界。这就要求我们团结引领广大文艺工作者胸怀天下、放眼国际,把艺术的目光投向世界、投向人类,深刻洞察人类发展进步的潮流,以海纳百川的宽阔胸襟借鉴吸收人类一切优秀的文明成果,以更加开放的姿态、深邃的视野、博大的胸怀、自信的态度,创作推出更多能够引起国外受众共鸣的优秀作品,生动讲好大国和平崛起的故事、中国共产党的故事、中华民族的故事、新时代中国和中国人民自信自强的故事,唱响中国声音、展现中国形象、弘扬中国精神、塑造中国气派、树立中国风范,充分展现中国式现代化新道路、人类文明新形态在构建人类命运共同体过程中的重要价值。

链接知识

"今日中国"艺术周创办于2004年,是中国文联每年在境外举办的展示中国当代文化艺术发展成就的品牌活动,20年来足迹已遍及全球23个国家和地区。

海峡两岸暨港澳地区艺术论坛是中国文联对港澳台地区交流品牌项目,已成功举办15届,旨在发掘、保护和弘扬中华优秀传统文化,研究和探索中华文化在新时代的发展规律,增强中华文化在世界文化发展格局中的竞争力和影响力;扩大和加强海峡两岸暨港澳地区文艺交流,增进文艺团体和文艺工作者之间的交流与合作,推动海峡两岸暨港澳地区文艺发展。

共建美美与共的世界文明百花园

开放包容是习近平文化思想的一个鲜明特征。习近平总书记强调,"文明因交流而多彩,文明因互鉴而丰富。文明交流互鉴,是推动人类文明进步和世界和平发展的重要动力"。习近平文化思想深刻揭示了人类文明发展的基本规律,彰显了中华文明开放包容、兼容并蓄的博大气象,体现了大党大国的天下情怀和责任担当。

推动文明交流互鉴,建设美美与共的世界文明百花园,既是建设中华民族现代文明的重要内容,也是构建人类命运共同体的必然选择。当前,世界之变、时代之变、历史之变正以前所未有的方式展开,中华民族伟大复兴战略全局、世界百年未有之大变局与信息革命的时代潮流发生历史性交汇,在这一历史的十字路口,既充满着无限的希望,也充满着严峻的挑战。如何在走向强国建设、民族复兴的历史进程中激发我们这个文明古国的新活力,去赢得更加长远、更加光明的未来?如何在动荡变革、纷繁复杂的世界局势中站稳脚跟、拨云见日,为世界和平与发展贡献中国智慧?中国式现代化理论和实践作出了响亮回答。在推进中国式现代化进程中建设中华民族现代文明,构建全新的人类文明新形态和人类命运共同体,迫切需要一批熔铸古今、汇通中西的文化成果,迫切需要加强对外民间文化交流,以更加开放包容的胸怀推进各个文明之间的互学互鉴。

文艺是"世界名片",是超越国界和文化的世界通用语言,是推进文明交流互鉴的重要桥梁。以文化人,更能凝结心灵;以艺通心,更易沟通世界。一部戏剧、一部电影、一首歌曲、一支舞蹈往往可以感染、打动无数观众,成为各国人民相互认识和了解的窗口。近年来,《流浪地球》《三体》等优秀影视作品扬帆出海、"破圈"传播,向世界展现了中国人的宇宙观、世界观、价值观和深厚的家国情怀;《千手观音》《只此青绿》等广受欢迎的舞蹈作品在全球巡演,向各国人民展示了中华文化的博大精深和中华美学的独特风范,也让人们在审美过程中感受到中华文化的魅力,加深了对中国的认识和了解。同时,中国的话剧、歌剧、油画、摄影、街舞、交响乐等,都是在与西方艺术的学习交流中逐渐成长起来并越来

舞剧《只此青绿》剧照

具有中国气派，让艺术家对于世界、对于西方文明的认识越来越全面和深刻。

作为文艺界的人民团体，文联组织在服务党和国家外交总体战略和布局、开展对外民间文化交流方面，具有鲜明的组织优势和专业优势，承担着独特而重要的使命。我们应团结引领广大文艺工作者深刻领会习近平文化思想关于推进文明交流互鉴的丰富内涵，深刻理解构建人类文明新形态和人类命运共同体的历史担当和世界意义，坚守中华文化立场，坚定文化自信，坚持"走出去、请进来"相结合，加快构建中国文艺话语和中国叙事体系，创作更多彰显中国审美旨趣、传播当代中国价值观念、反映全人类共同价值追求的优秀作品，用文艺的形式讲好中国故事，展现可信、可爱、可敬的中国形象。

链接知识

中国—欧盟文化艺术节（China Arts Festival in the EU）是中欧间一年一度的文化盛宴，宗旨是通过各种艺术形式展现东西方文化的真谛。中国—欧盟文化艺术节多年来致力于搭建中欧人文交往和文明互鉴的常态化机制化平台，通过不同的艺术表现形式来增进和推动中欧人文对话。近年来，中国—欧盟文化艺术节为欧盟观众带来了百余场精彩的中国文化艺术专场活动，包括电影节、大型文艺演出、音乐会、绘画展、书法展、雕塑展、摄影展、文化遗产展，还有文化艺术研讨会、专家讲座和创意产业及文化贸易论坛等。

在世界舞台唱响中国文艺之声

以文化人，更能凝结心灵；以艺通心，更能沟通世界。文艺作品是塑造大国形象的重要载体，文化传播是助力中国智慧走向世界的重要手段。用文艺的语言向世界讲好中国故事，展示可信、可爱、可敬的中国形象，是新时代新征程上广大文艺工作者的重要使命。

跨越五千年的中华文明本身就是一场"宏大叙事"，更是一部绵延不断、可歌可泣的民族史诗。它叙说着"中国式浪漫"，歌颂着"中国式英雄"，饱含中国智慧、中国价值、中国精神。中华文明蕴藏着文艺创作的无穷宝藏，需要从中认真地开掘和加以创新创造利用。近年来，冬奥会大型文艺演出的创意节目，"破圈"传播的《只此青绿》《唐宫夜宴》《典籍里的中国》，讲述人类共同命运的《流浪地球2》，一系列成功的文艺实践无不证明，推动中华优秀传统文化创造性转化、创新性发展，已成为推出精品、讲好故事的重要途径。同时启示广大文艺工作者，只有坚守中华文化立场，从中华文明沃土中掘取素材题材，并用体现当代美学观念、吸取科技进步成果的创新手段加以表现，才能更充分地展现国家形象和文明气度。

当前世界正经历百年未有之大变局，既需物质手段攻坚克难，亦需精神力量诚意正心。文艺作品饱含可跨越时空、深入心灵的强大精神力量。当今社会亟须更多优秀文艺作品走上世界舞台，反映全人类的普遍愿望与共同心声。近年来，不断有既书写民族风范又兼具时代温度的文艺作品在世界聚光灯下崭露头角。电视剧《人世间》展现中国社会沧桑巨变，不仅在国内取得很高的收视率，还被迪士尼购买了海外独家版权。这真切反映了国际社会希望解码中国发展道路与成功秘诀，了解中国人民的生活变迁和心灵世界。当下，文艺传播应主动加强全媒体传播体系建设，创新对外话语表达，构建具有中国特色的传播体系，不断增强文艺凝聚力、引领力与感召力，讲好中国故事、传播好中国声音，展现可信、可爱、可敬的中国形象，让世界更好读懂中国。

广大文艺工作者应主动承担起抒写新时代、讴歌新时代的使命任务，以更高的视野洞察人类发展进步潮流，以更深的情感解读社会现实问题，以更富感染力的艺术手法表现时代主题，创作生产更多彰显中华民族审美旨趣、传播当代中国价值观念、反映全人类共同价值追求的优秀作品。同时，积极推动文艺全媒体传播体系建设，丰富渠道，创新手段，深化交流，加强互鉴，不断增强中华文明传播力影响力。

加强和改进

党对文艺工作的领导

1. 党的领导是社会主义文艺发展的根本保证

深入践行"三牛"精神 推动文艺更大繁荣

我们度过了极不平凡的2020年，迎来了充满希望的2021年。在辞旧迎新的美好时刻，习近平总书记在全国政协新年茶话会上发表铿锵有力、激扬奋进的重要讲话，引起全党全军全国各族人民的强烈共鸣和巨大反响，极大地感召和鞭策着处于"两个一百年"奋斗目标交汇期的伟大中国共产党和中国人民，满怀信心地开启全面建成社会主义现代化国家新征程。特别是习近平总书记在重要讲话中号召"发扬为民服务孺子牛、创新发展拓荒牛、艰苦奋斗老黄牛的精神，永远保持慎终如始、戒骄戒躁的清醒头脑，永远保持不畏艰险、锐意进取的奋斗韧劲"，以优异成绩迎接中国共产党成立100周年，使广大文艺家和文艺工作者如沐春风，意气风发，精神振奋，共同为新时代文艺的更大繁荣和兴盛挥洒汗水、贡献才华。

文艺坚持为民服务，必须大力弘扬孺子牛的精神。人民至上，把人民放在心中的最高位置，以人民为中心，全心全意为人民服务，满足群众对高质量发展的需求，实现人民对美好生活的向往，为中国人民谋幸福，为中华民族谋复兴，是中国共产党和中国共产党人的初心使命。这就要求广大文艺工作者牢牢把握以人民为中心的创作导向，始终站稳人民的立场，永不疲倦地深入生活、扎根人民，把人民的火热社会生活实践作为创作的唯一源泉，把人民作为创作的主体，把人民作为服务的对象，把人民作为鉴别文艺作品好坏的最终评判者，努力创作出满足人民文化需求与增强人民精神力量相统一、文质兼美、打动人心的时代精品，推进社会主义文化强国建设。

文艺坚持创新发展，必须大力弘扬拓荒牛的精神。创新是任何事物和任何事业向前发展的必由之路，是任何事物和任何事业保持生机和活力的根本属性，也是抓住机遇、迎接挑战，立足当下、面向未来，赢得战略主动和战略远景的本质要求。着眼"两个大局"，站在新的历史起点，立足新发展阶段，贯彻新发展理念，构建新发展格局，研究新情况，解决新问题，总结新经验，体现时代性、富于创造性、把握规律性，舍弃敢闯敢试的勇气和胆魄、放弃敢为天下先的冲劲和闯劲、抛弃以创新为核心的时代精神，别无他途可走。身处新时代的广大文艺工作者应树牢创新的理念和创造的意识，遵循文艺特点规律，顺应社会发展大局大势，与时代同频共振，与人民心手相连，用自己个性化的创造和独创性的劳动，启思想之先河，发时代之先声，高擎民族精神的火炬，奏响社会前进的号角，不断书写新时代的传奇和中华民族的新史诗。

文艺坚持艰苦奋斗，必须大力弘扬老黄牛精神。艰苦奋斗是中国共产党历经百年风雨而屹立不倒，恰似风华正茂并不断走向辉煌的精神密码，是中国共产党进行伟大自我革命和伟大社会革命的政治本色，是中国共产党始终保持与人民群众血肉联系、团结带领全国各族人民创造幸福美好生活的根本保证。文化强国征途，唯有艰苦奋斗。幸福美好同样源自艰苦奋斗。没有比人更高的山，山再高，继续攀，总能登顶；没有比脚更远的路，路再远，持续走，定能到达。文艺界向来思想活跃、创造力充沛，争奇斗艳，各领风骚。躬逢当今盛世的广大文艺工作者应树牢艰苦奋斗的思想，弘扬艰苦奋斗的精神，锤炼艰苦奋斗的意志，保持艰苦奋斗的作风，以功成不必在我的境界和功成必定有我的担当，坚持爱国为民，追求德艺双馨，戒浮弃躁，甘于寂寞，潜心耕耘，努力续写出新时代的更多"春天的故事"，为走向世界舞台中央的中国塑魂立传。

链接知识

2019年6月6日，中国文联召开"不忘初心、牢记使命"主题教育动员部署大会，自6月起，集中三个月时间，深入开展"不忘初心、牢记使命"主题教育，取得了良好成效。中国文联党组认真贯彻中央要求和习近平总书记在主题教育工作会上的重要讲话精神，紧紧围绕主题教育的根本任务、总要求和具体目标，紧密联系文艺工作和文联实际，坚持把学习教育、调查研究、检视问题、整改落实贯穿主题教育全过程，以从严、从实、从细的作风，推动主题教育有序开展，取得实效。

坚持党的自我革命永不停歇

习近平总书记在党的二十大报告中强调:"全面建设社会主义现代化国家、全面推进中华民族伟大复兴,关键在党。我们党作为世界上最大的马克思主义执政党,要始终赢得人民拥护、巩固长期执政地位,必须时刻保持解决大党独有难题的清醒和坚定。"这是对新时代新征程坚持全面从严治党的政治自觉、思想自觉、行动自觉,坚持党的自我革命永不停歇,把党建设得更加坚强有力、充满活力发出的新的动员令和号召书。

百年大党秉持自我革命。毛泽东同志带领全党找到了人民民主和人民监督这一跳出治乱兴衰历史周期率的第一个答案,习近平总书记带领全党找到了自我革命这一跳出治乱兴衰历史周期率的第二个答案。这两个跳出治乱兴衰历史周期率的答案,既一脉相承,又与时俱进,既相互支撑,又浑然一体,凝聚着党和人民的智慧,永葆着党的生机活力。我们必须倍加珍惜,长期坚持巩固并不断发展完善。腐败是危害党的生命力和战斗力的最大毒瘤,反腐败是最彻底的自我革命,反腐败必须永远吹冲锋号。全党必须牢记,全面从严治党永远在路上、党的自我革命永远在路上,决不能有松劲歇脚、疲劳厌战的情绪,必须持之以恒推进全面从严治党,深入推进新时代党的建设新的伟大工程，以党的自我革命引领社会革命。全党同志务必不忘初心、牢记使命，务必谦虚谨慎、艰苦奋斗，务必敢于斗争、善于斗争，坚定历史自信，增强历史主动，谱写新时代中国特色社会主义更加绚丽的华章。

自我革命永远在路上。应该看到，经过党的十八大以来全面从严治党，我们解决了党内诸多突出问题，自我净化、自我完善、自我革新、自我提高的能力显著增强，管党治党宽松软状况得到了根本扭转，风清气正的党内政治生态不断形成和发展，但我们党面临的执政、改革开放、市场经济、外部环境"四大考验"将长期存在，党面临的精神懈怠、能力不足、脱离群众、消极腐败"四大风险"将长期存在。因此，面对新征程上的新情况、新挑战、新考验，我们必须保持高度警惕，坚持底线思维，增强忧患意识，永远保持赶考的清醒和谨慎，驰而不息推进全面从严治党，坚定不移、永不疲倦地推进党的自我革命。

初心引领自我革命。初心易得，始终难守。习近平总书记在二十届中共中央政治局常委同中外记者见面会上的重要讲话中指出："一个饱经沧桑而初心不改的党，才能基业常青；一个铸就辉煌仍勇于自我革命的党，才能无坚不摧。"百年成就无比辉煌，百年大党风华正茂。我们必须顺应时代发展的潮流和人民群众的期待，全面落实新时代党的建设总要求，传承和弘扬坚持真理、坚守理想，践行初心、担当使命，不怕牺牲、英勇斗争，对党忠诚、不负人民的伟大建党精神，坚决扛起全面加强党的建设政治责任，着力健全全面从严治党体系，着力完善党的自我革命制度规范体系，使我们这个百年大党在自我革命中不断焕发蓬勃生机和旺盛活力，确保党不变质、不变色、不变味,使我们党始终坚守初心使命,始终成为中国人民最可靠、最坚强的主心骨,始终成为中国特色社会主义事业的坚强领导核心。

吹响风雨无阻向前行的号角

中国共产党第二十次全国代表大会在举国关注、举世瞩目中，于庄严雄伟的北京人民大会堂隆重开幕了。习近平总书记代表中国共产党第十九届中央委员会向大会作了题为《高举中国特色社会主义伟大旗帜 为全面建设社会主义现代化国家而团结奋斗》的报告，吹响了我们党在新时代新征程上团结带领全党全军全国各族人民高举中国特色社会主义伟大旗帜，全面贯彻习近平新时代中国特色社会主义思想，弘扬伟大建党精神，自信自强、守正创新，踔厉奋发、勇毅前行，全面建设社会主义现代化国家、全面推进中华民族伟大复兴的嘹亮号角，必将在党史、新中国史、改革开放史、社会主义发展史、中华民族发展史上产生十分重大的影响，必将对中国和世界发挥极为深远的作用。

面向未来的政治宣言。习近平总书记作的报告立意高远、视野宏阔，统揽世纪疫情、百年变局、民族复兴、国际形势，以马克思主义的巨大政治勇气和强烈历史担当，深刻回答了在全党全国各族人民迈上全面建设社会主义现代化国家新征程、向第二个百年奋斗目标进军的关键时刻，我们党举什么旗、走什么路、以什么样的精神状态、朝着什么样的目标奋勇前进，用什么样的战略远见、理念思路、务实举措坚定不移、信心百倍以中国式现代化推进中华民族伟大复兴等一系列重大问题。这是坚定自信、迈向未来、面向世界的政治宣言书，也是增强主动、开辟未来、赢得优势的动员令。

推进工作的行动纲领。习近平总书记作的报告从事关党和国家事业继往开来、中国特色社会主义前途命运、中华民族伟大复兴的全局和战略高度，举旗定向，掌舵领航，对治党治国治军、内政外交国防、改革发展稳定等"国之大者"未来五年乃至更长时期党和国家事业作出全面、系统的顶层设计和科学、深入的战略安排，擘画了党和国家工作新的宏伟蓝图，激荡人心、催人奋进。这是推动工作、开辟新局、谱写华章的行动指南，也是守正创新、踔厉奋发、实现高质量发展的基本遵循。

凝心铸魂的科学指引。习近平总书记作的报告坚持大历史观、大时代观和人民至上，秉持深厚的人民情怀，以马克思主义思想家战略家的气魄和卓越智慧，运用辩证唯物主义和历史唯物主义的立场观点方法，立足现实、着眼长远、胸怀天下，提出了许多具有全局性、前瞻性、原创性的新思想、新理念、新观点、新视角、新概括、新要求，令人耳目一新，深意迭出，为习近平新时代中国特色社会主义思想增添了新内容，也是习近平新时代中国特色社会主义思想的最新理论成果。这是一篇闪耀着中国化现代化马克思主义真理光芒的经典文献，集中了全党智慧、代表了人民利益、体现了历史趋势、彰显了理论自信。这是统一思想、凝心铸魂的科学指引，也是提振信心、砥砺前行的动力源泉。

奋进新征程的号角已经吹响，建功新时代的动员令已经发布。

实干成就未来，行动铸就伟业。宏大、深刻、广泛、独特的中国特色社会主义生动实践告诉我们：党用伟大奋斗创造了百年伟业，也一定能用新的伟大奋斗创造新的伟业。

坚定不移沿着党领导的文艺发展道路不断前进

方向决定道路,道路决定命运。习近平总书记在中国文联十一大、中国作协十大开幕式上的重要讲话中明确指出:"一百年来,党领导文艺战线不断探索、实践,走出了一条以马克思主义为指导、符合中国国情和文化传统、高扬人民性的文艺发展道路,为我国文艺繁荣发展指明了前进方向。"习近平总书记站在百年历史关头和民族复兴全局,深刻总结我们党领导文艺工作的基本经验,深刻把握社会主义文艺的内在规律,深刻阐明我国文艺发展道路的科学内涵和鲜明特质,把我们党关于文艺和文艺工作的认识提升到新的高度、拓展到新的境界,为新时代新征程铸就文艺新辉煌锚定了必由之路和光明航程。

道路问题是关系党的事业兴衰成败第一位的问题。一百年来,一代又一代文艺工作者始终与党同心同德、同向同行,矢志不渝投身革命、建设、改革事业,为探求民族独立、国家富强、社会进步和人民幸福之路作出了重要贡献。党的百年奋斗路上,无论是风雨如晦、硝烟弥漫,还是激情燃烧、壮志豪迈,从来都伴随着无数经典的文艺作品,镌刻着许多难忘的艺术形象,从来都不缺少文艺工作者耕耘的身影、铿锵的足音。鲁迅说:"什么是路?就是从没路的地方践踏出来的,从只有荆棘的地方开辟出来的。"从五四新文化运动到文艺大众化运动,从苏区红色文艺到延安革命文艺,从左翼作家联盟到全国文联的成立,从毛泽东《在延安文艺座谈会上的讲话》到习近平总书记关于文艺工作的一系列重要论述,党领导文艺战线走过的这条道路是在艰难曲折、探索实践中不断形成、发展和完善,从而走出的一条属于中国文艺自己的道路。这条道路,既是历史进程的不断延伸,也从理论逻辑、历史逻辑、实践逻辑上连通中国文艺的现在与未来。实践充分证明,党所指明的文艺方向和道路,始终是我国文艺事业必须坚持的正确方向和唯一正确途径。这条道路,是康庄大道,也是人间正道。

这条道路是党领导文艺理论逻辑的必然选择。马克思主义是我们党的灵魂和旗帜。坚持以马克思主义为指导,牢固树立马克思主义文艺观,是社会主义文艺的根本原则。"十月革命一声炮响,给中国送来了马克思列宁主义。"我们党自诞生起,就坚持从马克思主义文艺理论中寻找自身的文艺宗旨、目标和价值,研究分析文艺问题,推动新文艺的发展。早期共产党人如李大钊、陈独秀、瞿秋白等,不仅从马克思主义中探求救国救民的真理,也在接受、宣传、践行马克思主义文艺理论上担当先锋,找到了帮助中国人民和中华民族摆脱精神上的被动沉沦、消弭"东亚病夫"的颓靡羸弱,获得艺术解放、实现伟大觉醒的思想武器。20世纪30年代,"左联"在成立起就明确宣布,把马克思主义文艺理论作为自己的工作指南。百年来,我们党始终运用辩证唯物主义和历史唯物主义的立场观点方法,不断推动马克思主义文艺理论的中国化时代化,产生了毛泽东文艺思想、中国特色社会主义文艺理论,为探索和开辟文艺发展道路提供了丰富的思想源泉。党的十八大以来，习近平总书记关于文艺工作的系列重要论述，实现了当代中国马克思主义文艺理论的新飞跃，创造了21世纪马克思主义文艺理论的新形态，为文艺发展道路提供了科学指导和行动指南。这条道路，充分彰显了马克思主义的科学性和真理性力量。只有坚持以马克思主义为指导，把马克思主义普遍真理同中国具体实际相结合、同中华优秀传统文化相结合，我国社会主义文艺事业才能行稳致远。

这条道路是党领导文艺历史逻辑的必然结果。走自己的路，是党的全部理论和实践的立足点。中华民族自古以来就走着不同于其他民族的道路，同时，中国文艺也有自己的道路。这是一条符合中国国情和文化传统，具有深厚历史底蕴和广泛现实基础，彰显中国风格、中国气派、中国风范的发展道路。"万物有所生，而独知守其根。"博大精深的中华文明是中华民族独特的精神标识，是当代中国文艺的根基，也决定了文艺发展的道路选择。党团结带领文艺工作者走出的这条道路绝非无本之木、无源之水，而是脚踏中华大地，延续历史文脉，根植于绵亘五千年、博大精深的文化土壤，汲取着中华文明生生不息的力量和滋养。这条道路在形成发展过程中，既留下了中国人民奋斗、创造、发展的足迹，蕴含着党带领人民创造的革命文化、社会主义先进文化，也标识着社会主义核心价值观的精神印记。置于长时段的历史纵深和中国道路的宽广视野中，这条文艺发展道路无疑体现了鲜明的民族特性和时代性。知所从来，明何处去。只有树立大历史观、大时代观，以强烈的历史主动精神，深刻把握民族复兴的时代主题，坚守中华文化立场，坚持创造性转化、创新性发展，正确把握传承和创新的关系，把艺术创造力和中华文化价值融合起来，把中华美学精神和当代审美追求结合起来，激活中华文化生命力，文艺发展道路方能越走越宽广。

这条道路是党领导文艺实践逻辑的必然要求。"全心全意为人民服务"是我们党的根本宗旨，这决定了党领导的文艺必须始终坚持人民至上。源于人民、为了人民、属于人民，是社会主义文艺的根本立场，也是社会主义文艺繁荣发展的动力所在。文艺为人民，作为我们党文艺思想的灵魂和核心命题，始终贯穿于党的文艺工作全过程各方面。邓小平同志在《在中国文学艺术工作者第四次代表大会上的祝词》中指出，"自觉地在人民的生活中汲取题材、主题、情节、语言、诗情和画意，用人民创造历史的奋发精神来哺育自己，这就是我们社会主义文艺事业兴旺发达的根本道路"。这条根本道路，始终高扬强烈的人民性，在民族复兴的伟大史剧中，人民既是"剧中人""剧作者"，也是评判人，永远居于时代舞台的中心位置，始终是文艺作品当之无愧的主角。只有坚持以人民为中心的创作导向，把人民放在最高位置，把人民满意与否作为最高标准，创作更多满足人民文化需求和增强人民精神力量的优秀作品，才能科学回答"我是谁""为了谁""依靠谁"这个文艺的根本问题，为文艺跟上时代、引领时代提供不竭动力。

"只要路对了，就不怕遥远。"找到一条正确的道路不容易，走好这条道路更不容易。正如习近平总书记引用俄国文学批评家车尔尼雪夫斯基所说的那样，"历史的道路不是涅瓦大街上的人行道，它完全是在田野中前进的"，如果我们的文艺背离了这条发展道路，势必背离正确的方向。今天的中国，江山壮丽，人民豪迈，前程远大，中国文艺的道路正在我们脚下徐徐伸展，我们寻路而来，也将沿路而去。我们必须坚定不移守正道、行大道，志不改、道不变，在党领导的文艺发展道路上砥砺奋进、阔步前行，努力续写中国文艺崭新篇章。

新时代新征程文艺文联工作的根本保证

习近平总书记指出，文化关乎国本、国运，是一个国家、一个民族的灵魂，鲜明提出要坚持党的文化领导权，坚持和加强党对宣传思想文化工作的全面领导。在指引新时代新征程宣传思想文化工作前进方向的"七个着力"中的第一个，就是"着力加强党对宣传思想文化工作的领导"。始终坚持党的文化领导权，切实加强党对文艺文联工作的全面领导，既是党领导百年文艺的宝贵经验，也是维护国家文化安全的必然要求，更是在新的起点担负起新的文化使命，推动文艺事业和文联工作高质量发展的根本保证。

坚持党对文艺工作的领导，是我们的优良传统、成功经验、突出优势。一百多年来，我们党始终把文艺事业作为党的重要事业、把文艺战线作为党的重要战线，实事求是探索符合文艺规律的领导方式，与时俱进制定党的文艺路线和方针政策，团结带领一代又一代文艺工作者，不断探索创新社会主义文艺的理论与实践，成功开辟和形成了充满活力的中国文艺自己的发展道路，为伟大事业滚滚洪流注入了强劲的前进动力。特别是进入新时代以来，习近平总书记从推进国家治理体系和治理能力现代化的高度，从价值原点和实践基点上深刻阐明党的领导与文艺发展的关系，为我国文艺事业繁荣发展指明了根本方向。社会主义文艺本质上是人民的文艺，党性和人民性的辩证统一决定了党领导文艺的价值遵循。广大文艺工作者与党同心同德、与人民同向同行，围绕中心、服务大局，在文艺创作、文艺活动、文艺惠民等方面作出积极贡献、取得丰硕成果，为丰富人民精神世界、增强人民精神力量发挥了重要作用，让新时代的文艺百花园更加馥郁芬芳。这也昭示我们，只有坚持党对文艺工作的领导，社会主义文艺才能固本开新、繁荣兴盛，成为我们坚定文化自信的坚实根基。

做好文艺文联工作，必须旗帜鲜明讲党性、讲政治，这是坚持党的文化领导权的应有之义。讲党性，核心就是坚持正确政治方向，站稳政治立场，用文艺的方式坚定宣传党的理论和路线方针政策，坚定宣传党中央重大工作部署，坚定宣传党中央关于形势的重大分析判断，坚决同党中央保持高度一致，坚决维护党中央权威。政治属性是文联组织的第一属性、根本属性。讲政治，要求我们始终在政治立场、政治方向、政治原则、政治道路上同党中央保持高度一致。新时代新征程，我们应确保党中央关于文艺文联工作的决策部署落到实处，带头把方向、抓导向、管阵地、强队伍，在弘扬时代精神中把党和人民的需要融入精品力作，讲好中国故事、中国人民的故事、中国共产党的故事和新时代正在发生的故事，让党的主张成为时代最强音。

加强党对文艺文联工作的全面领导，不断开创文艺文联工作新局面，要勇于改革创新，善于提出和运用新思路新机制，更好激发文艺文联工作内在活力。文联组织是贯彻落实党的文艺理论方针政策的重要人民团体，是党和政府联系文艺工作者的桥梁和纽带，在团结引领文艺工作者、繁荣发展社会主义文艺事业方面肩负重要职责。面对信息化条件下社会思想多元多样和世界范围内文化激荡交锋，面对党和国家工作大局对文艺文联工作提出的战略要求，文联组织必须坚持不懈用习近平新时代中国特色社会主义思想凝心铸魂，深入学习宣传、研究阐释、贯彻落实习近平文化思想，牢记"国之大者"，聚焦"做人的工作"这一任务和"推动文艺创作"中心环节，把习近平总书记关于文艺工作重要论述和中央决策部署转化为推动文艺文联工作高质量发展的具体举措，充分发挥组织优势和专业优势，团结引领广大文艺工作者自信自强、守正创新，不断开创新时代文艺文联工作高质量发展的新局面。

从党的奋斗历史中汲取前进力量

习近平总书记在"七一"重要讲话中指出,我们要用历史映照现实、远观未来,从中国共产党的百年奋斗中看清楚过去我们为什么能够成功、弄明白未来我们怎样才能继续成功,从而在新的征程上更加坚定、更加自觉地牢记初心使命、开创美好未来;习近平总书记在参观"'不忘初心、牢记使命'——中国共产党历史展览"时强调,铭记奋斗历程,担当历史使命,从党的奋斗历史中汲取前进力量。"雄关漫道真如铁,而今迈步从头越。"在庆祝我们党百年华诞的重大历史时刻,在"两个一百年"奋斗目标历史交汇的关键节点,我们无比喜悦,我们信心满怀。在党的坚强领导下,新时代文艺工作必将迎着春风、踏着赞歌,不辱使命、不负重托,在建成社会主义文化强国的道路上创造新的更大辉煌。

党的历史是最生动、最有说服力的教科书。回顾百年党史,在党对文艺工作的坚强领导下,文艺界坚持"二为"方向,贯彻"双百"方针,坚持创造性转化、创新性发展,广大文艺工作者深情记录下我们党和人民实现民族独立、人民解放、国家富强、人民幸福的伟大成就,形成了中国文艺的优良传统,积累下丰富的创作经验,涌现出一大批精品力作,成为当代中国文艺史上不可磨灭的宝贵财富。鉴往知来，向史而新。历史是一面镜子也是最好的教科书，学习历史是文艺工作者的必修课，也是从事文艺工作的清醒剂和营养剂。广大文艺工作者应当用党的奋斗历程和伟大成就鼓舞斗志、指引方向，用党的光荣传统和优良作风坚定信念、凝聚力量，用党的历史经验和实践创造启迪智慧、砥砺品格。只有深刻理解、认同和体悟党的非凡历史和人民奋进的不朽历程，从中获得灵感启迪、增强定力动力，才能不断提高文艺工作本领，科学把握艺术创作规律，更好发挥文艺记录历史、呈现历史、传承历史的功能，讲好中国故事，弘扬中国精神。

一代人有一代人的责任，一代人要进行一代人的奋斗。习近平总书记在中央政治局第三十一次集体学习时强调，当今中国正处于实现中华民族伟大复兴关键时期，国家强盛、民族复兴需要物质文明的积累，更需要精神文明的升华。在全面建设社会主义现代化国家新征程上，文艺肩负着光荣、艰巨、神圣的责任，凝聚磅礴力量、振奋昂扬斗志，文艺培根铸魂的作用不可替代，文艺工作者们大有可为。广大文艺工作者应当进一步增强使命感、责任感，凝心聚力，孜孜以求，不断增强文化自信，更加自觉地融入伟大的时代，融入党和人民的伟大实践，以谱写新时代新史诗的雄心壮志，感国运之变化、立时代之潮头、发时代之先声，为亿万人民、为伟大祖国鼓与呼。在新的考验和时代课题面前，牢固树立以人民为中心的工作导向，坚持守正创新，追求德艺双馨，把创作优秀作品作为立身之本、立业之基，凭借精深的思想修为、精湛的艺术水准、精良的制作技艺，以温润人心、文质兼美的经典之作铸就文艺高峰，标记新时代文艺工作的闪亮坐标。

文联组织作为党和政府联系文艺界的桥梁和纽带，理应教育引导广大文艺工作者和党员干部，坚持不懈用习近平新时代中国特色社会主义思想，特别是习近平总书记关于文化文艺工作、文联工作和群团工作的重要论述，作为武装头脑、指导实践、推动工作的根本遵循和行动指南，增强"四个意识"，坚定"四个自信"，始终在思想上、政治上、行动上同党中央保持高度一致。在文艺界和文联系统开展好党史学习教育和党史、新中国史、改革开放史、社会主义发展史宣传教育，组织各种形式的学习培训、教育宣讲，切实为文艺工作者办实事解难题，进一步坚定理想信念，学好用好党的创新理论，继承中国文艺的光辉传统，发挥文艺界先锋模范的榜样作用。

初心易得，始终难守。以史为鉴，开创未来。文艺事业是党和人民的重要事业，文艺战线是党和人民的重要战线。回首百年路，广大文艺工作者正是从党的奋斗历史中汲取前进力量，不断推动革命文艺和社会主义文艺繁荣发展；展望新征程，必将继往开来，开拓前进，续写文艺事业新的壮美篇章。

2. 深入学习贯彻党的文艺创新理论

以习近平文化思想为指导回答好推动高质量发展的必答题
——学习贯彻全国宣传思想文化工作会议精神系列评论①

2023年10月，习近平总书记对宣传思想文化工作作出重要指示，为进一步做好宣传思想文化工作指明了方向。面临新的形势和任务，必须推动宣传思想文化工作高质量发展，这是时代所需、使命所系、群众所盼，是宣传思想文化战线面临的一道必答题。文艺事业是党和人民的重要事业，文艺战线是党和人民的重要战线，文联组织在团结引领文艺工作者、繁荣发展社会主义文艺事业方面肩负重要职责。重任在肩、使命光荣。推动文化繁荣发展，建设文化强国，建设中华民族现代文明，迫切需要我们不断增强工作能力本领，提高工作质量效能，大力提升文联工作科学化水平，推动文艺事业高质量发展。

思想是行动的先导。习近平总书记在新时代文化建设方面的新思想新观点新论断，内涵十分丰富、论述极为深刻，是新时代党领导文化建设实践经验的理论总结，丰富和发展了马克思主义文化理论，构成了习近平新时代中国特色社会主义思想的文化篇，形成了习近平文化思想。习近平总书记高度重视文艺文联工作，对事关新时代文艺工作方向性、基础性、战略性的重大问题作出了一系列重要论述和指示批示，开辟了马克思主义文艺理论中国化时代化新境界，是习近平文化思想的重要内容。习近平文化思想为我们做好新时代新征程文艺文联工作、担负起新的文化使命提供了强大思想武器和科学行动指南。这就需要我们聚焦用党的创新理论武装头脑这个首要政治任务，持续加强习近平文化思想学习、研究、阐释，并自觉贯彻落实到工作各方面和全过程，确保工作始终沿着科学的轨道向前推进。

按规律办事，才能顺势而为、科学发展。文联工作是宣传思想文化工作的重要组成，既要遵从这方面工作的一般规律，又要遵从自身特有的规律。文联工作，核心任务是做人的工作，中心环节是推动创作生产优秀作品，都有各自更为深层次的规律可循，需要深度贯通。"做人的工作"要坚持思想政治引领的首要要求，从团结的愿望出发，遵循团结—批评—团结的方式和目标，把遵循解决思想问题和解决实际问题结合。文艺创作是复杂的精神生产和艰苦的创造性劳动，决定了必须付出艰辛的努力，需要不断打磨和精益求精，在这方面，绝不能急功近利、求快速成，应给创作者足够的创作空间，并从提升组织化程度和专业化水平双向引导和助力。

实事求是，一切从实际出发，既是科学的思想路线，也是科学的工作方法。只有立足工作实际，我们的决策、实践和任务才能取得实效。当今我国文艺种类繁多，在发展中不断融合创新，不断形成新的业态，产生新的从业人群，需要我们着眼艺术实践

中国文联学习贯彻习近平文化思想研讨会现场照片

前沿,增强技术敏感,及时准确掌握行业实际状况。在新时代新征程上,人民群众对文艺作品的需求,格调、品位、质量方面的要求更高,迫切需要大力解决文艺产品供给不平衡不充分的突出问题。文联组织具有独特的组织优势和专业优势,但在政策制定、管理监督、传播平台、基层组织等方面还存在明显的短板弱项。这就需要我们紧跟时和势,开门办会,整合联动,立足职能,以点带面,先试先行,把自身优势发挥出来,把工作方法和实现路径想得更加清楚细致,团结引导做得更加到位,联络协调做得更加主动,服务管理做得更加贴心,自律维权做得更加精准,文联工作就一定能够越做越好。

制定科学的制度并切实保障其实施,是提升工作科学化水平的重要途径。近年来,中国文联按照党中央部署,大力推动全国文联系统深化改革,积极优化职能,在总结实践经验基础上,出台了一系列比较符合文联工作规律、贴近文联工作实际的制度和规划,在理论评论、教育培训、采风创作、评奖办节、职称评审、志愿服务、宣传舆情、行风建设、出版维权、对外交流等各个方面都形成了比较健全的工作规范和机制，为开创文联工作新局面打下了良好基础。改革只有进行时，制度的生命力在于执行。只有与时俱进地把已经制定的各项规定、意见、规划、计划、方案逐步完善好，持之以恒地加以落实，充分彰显制度效能和政策效益，才能不断提高工作的规范化科学化水平，切实把文联建设成为覆盖面广、凝聚力强、温馨和谐的文艺工作者之家，充分发挥文联在行业建设中的主导作用。

链接知识

  2022年10月，中国文联印发《中国文联学习研究宣传阐释贯彻习近平总书记文艺工作重要论述五年工作规划（2022—2026）》，并发出通知，要求中国文联各团体会员、机关各部门、各直属单位结合实际认真贯彻落实。《规划》分为总体要求、主要内容、基本方式、实施保障等，共17条，为全国文联系统深入学习研究宣传阐释和贯彻落实习近平总书记文艺工作重要论述确定了任务书和路线图。

  建立特聘专家制度和工作机制是中国文联深入学习贯彻习近平文化思想、落实《中国文联学习研究宣传阐释贯彻习近平总书记文艺工作重要论述五年工作规划（2022—2026）》的一项重要举措，旨在进一步发挥知名专家在文艺理论评论和文艺创作实践中的专业引领、智力支持作用，更好推动新时代新征程文艺文联工作高质量发展。

持续深化习近平文化思想学习研究阐释
——学习贯彻全国宣传思想文化工作会议精神系列评论②

全国宣传思想文化工作会议最重要的成果，就是正式提出和系统阐述习近平文化思想，在党的宣传思想文化事业发展史上具有里程碑意义。习近平文化思想为做好新时代新征程宣传思想文化工作、担负起新的文化使命提供了强大思想武器和科学行动指南。新时代文艺文联工作必须持续加强对习近平文化思想的学习、研究、阐释，并自觉贯彻落实到各方面和全过程。

持续深化习近平文化思想的学习、研究、阐释，就要在系统全面、融会贯通上下功夫。习近平文化思想是习近平新时代中国特色社会主义思想的文化篇。这一重要思想既是习近平新时代中国特色社会主义思想的重要组成部分，又涵盖包括文艺文联工作在内的宣传思想文化工作各领域各方面，全面体现了习近平总书记在新时代文化建设方面的新思想新观点新论断，深刻总结了新时代党领导文化建设的生动实践和宝贵经验，丰富和发展了马克思主义文化理论，内涵十分丰富、论述极为深刻。这就要求我们贯通学习习近平新时代中国特色社会主义思想和习近平文化思想，及时跟进学习习近平总书记关于宣传思想文化工作特别是文艺工作的重要论述，努力把每一点都学深学透,真正理解其核心要义、丰富内涵和理论创新,领会蕴含其中的道理学理哲理,做到知其言更知其义、知其然更知其所以然,不断深化对新时代文化建设和文艺工作特点和规律的认识。

持续深化习近平文化思想的学习、研究、阐释,就要在明体达用、体用贯通上下功夫。习近平文化思想既有文化理论观点上的创新和突破,又有文化工作布局上的部署要求,明确了新时代文化建设的任务书和路线图。这一重要思想既饱含着中华文化体用不二、知行合一的深厚内涵,又彰显了马克思主义理论联系实际的鲜明品格,是"两个结合"的光辉典范,是一个不断展开的、开放式的思想体系,必将随着实践深入不断丰富发展。这就要求我们既深刻领会习近平文化思想的完整科学体系和原创性理论贡献,又紧密联系新时代文化建设和文艺工作的生动实践,深入把握其历史逻辑、理论逻辑、实践逻辑,强化学习研究阐释的问题导向、实践导向、需求导向,自觉用习近平文化思想的真理之"矢"去射新时代文艺文联工作之"的",进一步明确文艺事业的"本"和"根",找到实现目标的"桥"和"船"。

持续深化习近平文化思想的学习、研究、阐释,就要在指导创作、推动工作上下功夫。文艺是文化的重要组成部分。文艺事业是党和人民的重要事业,文艺战线是党和人民的重要战线。中国文联是党和政府联系文艺界的桥梁和纽带,在团结引领文艺工作者、繁荣发展社会主义文艺事业方面肩负重要职责,必须坚持用习近平新时代中国特色社会主义思想凝心铸魂,以推进落实《中国文联学习研究宣传阐释贯彻习近平总书记文艺工作重要论述五年工作规划(2022—

2026)》为抓手，不断加强习近平文化思想的体系化、学理化研究阐释，引导广大文艺工作者深刻感悟习近平文化思想的真理光辉、理论内涵和实践伟力，用以看待和解决创作中遇到的问题，推动各门类艺术创作繁荣发展、人才队伍不断壮大，以高质量的文艺作品和文化服务，为社会主义文化强国和中华民族现代文明建设添砖加瓦。

在奋斗和实践中展现新气象新作为
——学习贯彻全国宣传思想文化工作会议精神系列评论③

习近平总书记对宣传思想文化工作作出的重要指示,站在强国建设、民族复兴的战略高度,为宣传思想文化工作在新时代新征程展现新气象新作为指明了前进方向,提供了根本遵循。文联组织是党领导的文艺界人民团体,是繁荣发展社会主义文艺事业、建设文化强国的重要力量。做好文艺文联工作,必须把思想和行动统一到习近平总书记重要指示精神和党中央决策部署上来,切实担负起光荣而艰巨的新的文化使命。

新时代新征程是当代中国文艺的历史方位。当前,世界之变、时代之变、历史之变正以前所未有的方式展开,中华民族伟大复兴进入关键时期,战略机遇和风险挑战并存。文化铸魂,思想领航。面对新形势新任务,最首要、最根本的是以习近平新时代中国特色社会主义思想为科学指引,持续深化对习近平文化思想的学习、研究和阐释,深刻把握其思想体系、核心要义、丰富内涵以及贯穿其中的马克思主义立场观点方法,用以武装头脑、指导实践、推动工作。真理之光引领事业阔步前行。文联工作只有切实学好用好习近平文化思想这一强大思想武器和科学行动指南,特别是深刻领悟把

习近平总书记文艺工作重要论述理论研讨会现场

握习近平总书记关于文联组织"两个优势"的精准概括和核心内涵，坚持把"做人的工作"与推动文艺创作相贯通，才能在服务党和国家工作大局中提高站位、把稳方位，更好担当和作为，为全面建设社会主义现代化国家、全面推进中华民族伟大复兴提供坚强思想保证、强大精神力量、有利文化条件。

习近平总书记的重要指示明确提出了"七个着力"的重大要求，结合国际与国内、贯通历史和现实，深刻回答了新时代文化建设的认识论与方法论问题，同时也明确了具体的路线图、任务书和实践路径。面对新形势新任务，务必把"七个着力"要求全面贯彻落实到文艺文联工作各方面全过程，坚定走党领导的文艺发展道路，着力推动社会主义文艺事业繁荣发展。文艺文联工作最首要的任务是积极引导广大文艺工作者自觉用党的创新理论观察时代、淬炼思想，更好转化为繁荣创作、服务人民的生动实践，用更多思想深刻、清新质朴、刚健有力的优秀作品满足人民文化需求，增强人民精神力量，推动中华优秀传统文化创造性转化和创新性发展，以艺术形象展示可信、可爱、可敬的中国形象，生动书写中华民族现代文明的文艺篇章。

大道至简，实干为要。强化政治担当，勇于改革创新，敢于善于斗争，以"钉钉子精神"将各项工作落到实处是开创新时代文艺文联工作新局面题中应有之义。面对新形势新任务，唯有完整准确全面贯彻新发展理念，持续深化改革、优化职能，加强基层基础基本能力建设，推进顶层设计与基层探索深度融合，方能更好激发文艺文联工作内生动力和创新活力。作为党和政府联系文艺工作者的桥梁和纽带，需要牢牢把握自身定位，充分发挥自身优势，把文艺领域的教育、引导、服务、管理、自律、维权等各个方面贯通起来，善于提出和运用新思路新机制，进一步延伸工作手臂，拓展服务内容，不断增强文联组织活力、向心力、吸引力和行业影响力，一定能够在担负起新时代新的文化使命中展现更大气象更大作为。

链接知识

习近平总书记文艺工作重要论述理论研讨会由中国文联每两年举办一次，以习近平总书记文艺工作重要论述中的重大理论和实践问题为主题，示范带动全国文联系统广泛开展理论研讨活动，组织引导广大文艺工作者重视理论学习，撰写理论文章，形成多视角、全方位、各艺术领域的理论成果集群。

"彼此契合"为新时代文艺提供无尽滋养
——"两个结合"指引新时代文艺发展①

习近平总书记在文化传承发展座谈会上指出:"马克思主义和中华优秀传统文化来源不同,但彼此存在高度的契合性。"这种契合性让马克思主义和中华优秀传统文化在中国大地共生共长出累累硕果。在文艺领域,马克思主义文艺观与我国传统文艺思想之间同样存在高度的契合性,并且碰撞出思想的火花,融合成智慧的结晶,为新时代文艺生衍繁荣提供了无尽滋养。

马克思主义认为,"艺术是一种社会意识形态,是经济基础的上层建筑",而我国"食必常饱,然后求美;衣必常暖,然后求丽"朴素思想与之有异曲同工之妙。我国传统文艺理论追求"合于天造,厌于人意",《礼记·乐记》提出的"唯乐不可以为伪"、古代画论"师造化""搜尽奇峰打草稿""以形写形,以色貌色""图真"等艺术主张,与艺术源于现实这一马克思主义文艺观的重要论断十分吻合。中华传统艺术审美倡导"致中和,天地位焉,万物育焉",提出了"吟咏情性,以风其上""诗,言其志也;歌,咏其声也;舞,动其容也"的主张,探索艺术与情感的关系,这与马克思主义关于艺术"通过感性形象反映世界,表达情感"基本观点交相辉映。我国传统文艺思想与马克思主义文艺观这些关于"文艺源于何处"的共同解答,更能昭示出相互契合的结果必然是相得益彰。

恩格斯在《致瓦·博尔吉乌斯》的信中说:"政治、法律、哲学、宗教、文学、艺术等的发展是以经济发展为基础的。但是它们又都互相影响并对经济基础发生影响",这与儒家强调艺术"成教化、助人伦""明劝诫、著升沉""鉴戒贤愚"的政教作用以及唐宋后盛行的"文以载道"观念不谋而合。中华传统文艺思想主张文艺应"经世致用",从汉代"为世用者,百篇无害;不为用者,一章无补",到魏晋南北朝时期"盖文章,经国之大业,不朽之盛事",再到隋唐时期"文章合为时而著,歌诗合为事而作",都对马克思主义文艺观中文艺与时代、文艺与社会的重要关系进行了深刻阐述。这些有关"文艺有何作用"的主张,是价值观趋同的一种体现,决定了来源不同的我国传统文艺思想和马克思主义文艺观必然走到一起。

马克思主义文艺观认为,人的生产劳动实践是艺术发生的根本动力。《淮南子·道应训》记载:"今夫举大木者,前呼邪许,后亦应之,此举重劝力之歌也",也恰恰表达了艺术的土壤是人的劳动。在我国传统文艺思想中,民本思想占有重要地位,"观乐说"强调听政于民,"怨刺说"重在民意疏导,"老妪能解"的观念更突显了以人民为中心的创作原则。"艺术发展的历史继承性"是马克思主义对艺术发展规律的基本观点,这与我国传统艺术讲求"学古不泥古,破法不悖法"关于艺术发展与继承关系的思辨高度契合。我国传统文艺思想与马克思主义文艺观这种"文艺应怎样发展"趋于一致的认识和把握,其结果也必然是在实践中坚持共同的价值追求和艺术要求。

相互契合才能有机结合。历史和现实用无可辩驳的事实证明，正是由于我国传统文艺思想与马克思主义文艺观在基本观点和立场上有着众多共通之处，才能使两者和衷共济、和合共生，让涵养新时代文艺的思想源泉更加充沛丰盈，为新时代文艺更好发挥培根铸魂作用、推动中华文明焕发更大荣光提供了更为深厚的精神土壤。

> **链接知识**
>
> 中国文联建立中国文联文艺理论研究课题发布机制，整合文联系统和高校科研机构力量，加强文艺领域和文联工作调查研究，开展重点课题攻关，旨在推出一批见解独到、紧扣需求的前瞻性战略性基础性的研究成果，助力新时代马克思主义文艺理论评论学科体系、学术体系、话语体系建设。

"相互成就"为新时代文艺注入强劲动力
——"两个结合"指引新时代文艺发展②

马克思曾经说过,"正确的理论必须结合具体情况并根据现存条件加以阐明和发挥"。习近平总书记在文化传承发展座谈会上指出,"'结合'的结果是互相成就……造就了一个有机统一的新的文化生命体……让马克思主义成为中国的,中华优秀传统文化成为现代的,让经由'结合'而形成的新文化成为中国式现代化的文化形态"。新时代以来的文艺实践证明,习近平总书记关于文艺工作的重要论述,是经由马克思主义文艺观与中华优秀传统文化相互结合而成的,是马克思主义文艺理论中国化时代化的最新成果,为新时代文艺繁荣发展提供了根本遵循,注入了无穷力量。

源远者流长。马克思主义文艺观认为,文艺是主体对客体的认识和反映,社会生活是文艺创作的源泉。毛泽东同志提出,"人民生活是一切文学艺术的取之不尽、用之不竭的唯一的源泉"。马克思主义是魂脉,中华优秀传统文化是根脉。中华优秀传统文化,是一代又一代的人民群众在生产生活中创造出来的巨大精神财富,是历史中的人民生活的集中反映。经过中华优秀传统文化的浸润,经过新时代以来文艺实践的检验,我们党创造性地发展了文艺源泉论，深刻提出"让中华优秀传统文化成为文艺创新的重要源泉"，这更加拓宽文艺创作的视野，不仅需要从人民生活中开掘深井，也需要从中华文明宝库中获取滋养，为创作出强国复兴时代的标志性作品确立鲜明导向。

文艺作为"最高的精神生产"，通过涵养精神，推动社会进步，这是马克思主义文艺观的基本观点。文以载道、以文化人则是我国传统文艺思想的核心内容。新时代以来，我们党将马克思主义文艺观，与中华优秀传统文化相结合，汲取我国传统文艺思想的精华，创造性地提出了许多振聋发聩的新思想新观点新论断。从"立德树人的人，必先立己；铸魂培根的人，必先铸己"到"为历史存正气、为世人弘美德、为自身留清名"，从"营造自尊自爱、互学互鉴、天朗气清的行业风气"到"建设山清水秀的文艺生态"，等等，对文艺何以载道、何以明德进行了全面系统的理论阐述，提出了以自身德艺涵养行业风气，以行业风气引领时代风气的基本思路。这无疑为新时代文艺健康发展、可持续发展、高质量发展指明了方向。

马克思说，"创造是一个很难从人民意识中排除的观念"。我国文艺历来讲求，诗文随世运，无日不趋新。创新是文艺的生命，也是我国传统文艺思想的核心要义。随着我国经济社会持续健康发展，互联网新媒体新技术日新月异，文艺创作、生产、传播、消费方式日趋多样，文艺新业态新模式新样式不断出现，"文艺两新"大量涌现，需要在理论和实践上予以回应解决。问题是时代之声，时代是思想之母。"努力实现传统文化的创造性转化、创新性发展，使之与现实文化相融相通"等观点的提出，厘清了传承和弘扬中华优秀传统文化既要薪火相传、代代守护，更要与时俱进、勇于创新；

"文艺创作是观念和手段相结合、内容和形式相融合的深度创新，是各种艺术要素和技术要素的集成，是胸怀和创意的对接"，明晰了如何使文艺创作呈现更有内涵、更有潜力的新境界；"用全新的眼光看待他们，用全新的政策和方法团结、吸引他们"，确立了引导"文艺两新"成为有生力量的思路和方向。这些都为新时代文艺回应时代课题、发出时代声音提供了理论支撑。

一百多年前，马克思以巨大的胸襟、智慧和胆识，批判继承西方现当代理论成果，开创了崭新的哲学体系。一百多年后的当代中国，由相互结合而相互成就的新的文化生命体必然指引中国文艺在中国式现代化进程中不断展现生机勃勃、繁花似锦的宏大气象。

"道路根基"为新时代文艺引领壮阔前程

——"两个结合"指引新时代文艺发展③

习近平总书记指出,"只有立足波澜壮阔的中华五千多年文明史,才能真正理解中国道路的历史必然、文化内涵与独特优势"。"结合"筑牢了道路根基,让中国特色社会主义道路有了更加宏阔深远的历史纵深,拓展了中国特色社会主义道路的文化根基。文脉绵延,烛照前路。置身奔腾不息的历史长河,承载中华文化的深厚内蕴,新时代的文艺图景正以恢宏壮阔之势铺展开来。

当代中国是历史中国的延续和发展,我们开辟了中国特色社会主义道路不是偶然的,是我国历史传承和文化传统决定的。从"所过者化,所存者神""经国之大业,不朽之盛事"的思想,"诗圣"杜甫、"通古今之变,成一家之言"的司马迁,到郭沫若"发展历史的精神"、吴晗"历史中有小说、小说中有历史"的论说,中国文艺始终秉承着"文史合一""以文见史"的传统。历史是一面镜子,只有透过深邃的目光,才能看清世界、参透生活,才能有丰富的灵感、深刻的思想;历史也是一位智者,只有与历史对话,才能认识过去、把握当下、面向未来。文学家、艺术家树立大历史观、大时代观,就应该用历史唯物主义引领文艺方向,在宏大的历史坐标系中探寻历史规律，从而从历史的馈赠中获得方向感、力量感、归属感，不断拓展创作的意义空间与精神价值，以审美方式"历史地"呈现新时代中国文艺的精神气质与品格风貌。

"根本既深实，柯叶自滋繁。"中国特色社会主义是在世界上唯一没有中断的文明土壤中生长壮大发展起来的，中国道路内在的基因密码就在中华优秀传统文化里。丰富灿烂的中华文化是当代文艺的根基，也是文艺创新的宝藏。它不仅为文艺创作提供了取之不竭的题材素材灵感，也提供了浩如烟海的经典范本；它不仅是形成当代文艺思想价值的主要依据，也是中国话语和中国特色的有机构成。毛泽东说过，"建立中华民族的新文化，这就是我们在文化领域中的目的"。新时代的文化必须坚持传承弘扬革命文化，发展社会主义先进文化，从中华优秀传统文化中寻找源头活水，古为今用、洋为中用，辩证取舍、推陈出新，"以古人之规矩，开自己之生面"，实现创造性转化和创新性发展。这需要广大文艺工作者深度挖掘中华文化独一无二的理念、智慧、气度、神韵，把艺术创造力和中华文化价值融合起来，把中华美学精神与当代审美追求结合起来，使之焕发出蓬勃生机和无穷生命力。

"惟其艰巨，所以伟大；惟其艰巨，更显荣光。"中国式现代化是一项伟大而艰巨的事业，也必将是一部震撼而不息的史诗。中国文艺理应诞生不负时代的史诗般作品，在拓展中国式现代化道路上确立中国风范。中国式现代化赋予中华文明以现代力量，中华文明赋予中国式现代化以深厚底蕴。中国式现代化道路所内蕴的思想精髓和本质特征，为中国文艺注入了时代内涵、历史规定性和独特优势。新时代的文艺不仅是历史的、现实的，更是未来的；不仅是一个民族历史足迹的见证，更是一个民族迎接未来的先声。广大文艺工作者需要向亿万人民的伟大奋斗与丰富多彩的社会生活敞开，传播当代中国的思想观念和审美旨趣，反映全人类共同的价值追求，彰显鲜明的中国特色、中国风格、中国气派，在推动中华文明重焕荣光的同时，创造人类文明新形态。在党的领导下走以马克思主义为指导、符合中国国情和文化传统、高扬人民性的康庄大道，新时代中国文艺始终充满无比强大的定力，始终拥有无比广阔的舞台，必将迎来更加壮阔光明的美好前程。

"创新空间"为新时代文艺打开广阔前景
——"两个结合"指引新时代文艺发展④

习近平总书记在文化传承发展座谈会上深刻指出,"'结合'打开了创新空间……让我们掌握了思想和文化主动,并有力地作用于道路、理论和制度",同时特别强调"'第二个结合'是又一次的思想解放,让我们能够在更广阔的文化空间中,充分运用中华优秀传统文化的宝贵资源,探索面向未来的理论和制度创新"。这让我们更加深刻认识到,"两个结合"所打开并进而形成的创新空间,既是容纳理论创新和制度创新的空间,也是容纳更为基础的文化创新的空间,必将为新时代文艺繁荣发展创造更为广阔的前景。

"结合"本身就是创新。新时代的中国,正经历着我国历史上最为广泛而深刻的社会变革,正进行着人类历史上最为宏大而独特的实践创新。在全面建设社会主义现代化国家新征程上,我们迫切需要为理论、制度和实践创新构建起更加坚实的文化基础,这也为文化创新创造和文艺繁荣兴盛提供了难得的历史机遇。广大文艺工作者应不断深化对马克思主义中国化时代化历史经验和中华文明发展规律的认识,积极运用"两个结合"武装头脑、凝心铸魂,增强自信、强化担当、释放动能,在为使马克思主义呈现出更多中国特色、中国风格、中国气派,彰显中国特色社会主义制度优势、筑牢中国特色社会主义道路根基的过程中,尽情挥洒文艺才情、贡献文艺智慧、提供文艺支撑,共同铸就新时代文艺事业的新辉煌。

创作是文艺工作的中心任务,也是"结合"作用于文艺领域的重要体现。"两个结合"赋予文艺发展以深厚的历史底蕴和深邃的思想内涵,让文艺拥有了更加高远的视野,拓展出更加宽广的胸怀,也更加明确了文艺的前进方向、任务职责,展现出更加清晰的路径和目标,是新时代文艺工作的行动指南,必将推进新时代文艺创作实现高质量发展,并引领其不断走向深入。广大文艺工作者应秉持守正创新的正气和锐气,植根中华沃土、把握时代脉搏、立足伟大实践,进一步增强文化传承创新的自觉性主动性,不断提升质量意识和精品意识,努力打造出一批熔铸古今、推陈出新,真正为人民群众所接受所喜爱的文质兼美之作,用艺术创作赓续历史文脉、谱写当代华章,奋力攀登属于我们这个时代的文艺新高峰。

站在新的历史起点上,推动中华优秀传统文化实现创造性转化和创新性发展是推进"两个结合"尤其是"第二个结合"的必然要求。文艺是中华优秀传统文化的重要载体和表现形式,在充分激活并有效运用中华优秀传统文化中蕴含的思想观念、人文精神、道德规范方面,有着突出优势和不可替代的价值,理应发挥更为积极、更为主动的担当和作为。这就要求广大文艺工作者全面深入了解中华文明的历史,准确把握中华优秀传统文化资源,将其作为文艺创新创造的重要源泉,从中汲取更多养分,深入发掘阐释、传承弘扬其中的文艺元素、美学因子,并结合时代要求进行艺术性转化和提升,更大程度焕发出中华优秀传统文化的生命力、感召力和新的时代风采,从而不断丰富中华民族现代文明的艺术图谱,履行好新时代新的文化使命。

"文化主体性"为新时代文艺筑牢自信根基
——"两个结合"指引新时代文艺发展⑤

"两个结合"巩固了文化主体性。文化主体性是文化自信的根本依托。有了文化主体性，就有了文化意义上的坚定自我，有了担负新的文化使命的坚定与自觉。文艺是一个时代文化创造的闪亮结晶，也是一个民族文明赓续的璀璨灯火。对于文艺而言，践行"两个结合"，坚定文化主体性就是要把自信自觉的根基扎得更牢靠，以实现精神上的独立自主。

创作是文艺工作的中心环节，也是文化自信最应该彰显之处。衡量一个时代文艺成就最终要看作品。新时代新征程是当代中国文艺的历史方位。奋斗新时代、奋进新征程，中国、中国人民、中华民族的未来无限广大。新时代需要文艺大师，也完全能够造就文艺大师。新时代需要文艺高峰，也完全能够铸就文艺高峰。广大文艺工作者应当以充沛的文化自信涵养创作自信，牢固锚定这一历史方位，深刻把握民族复兴的时代主题，积极承担起建设新时代新文化的光荣使命，在勇立时代潮头中感悟艺术脉动，在推进艺术创造中展现时代画卷，不断推出紧跟时代步伐的优秀作品，塑造彰显时代精神的典型形象，唱响属于我们这个时代的昂扬主旋律。

艺术创作既是对美的探索和表现，更是对美的创造和分享。能否坚定在审美上的自信，直接关系创作的方向、质量和效果。中华美学精神体现了我们民族关于美的基本观点和一贯追求，是中国艺术最鲜明的美学标识，为当代艺术创作夯实了美学根脉。文化交流交融交锋越是激烈，美学思潮越是多元多样多变，越需要广大文艺工作者把准方向，增强定力，坚定"各美其美"的自信，涵养"美人之美"的气度，追求"美美与共"的境界，以富有时代精神气质和中华文明气韵的精品佳作，全方位全景式展现中华历史之美、山河之美，以审美的力量传递文明的能量，涵养全社会人文情怀，提升全民族审美修养。

文艺创作不仅要有当代生活的底蕴，而且要有文化传统的血脉，以文脉赓续传承是新时代文艺必须拥有的文化自觉。中华优秀传统文化是中华民族的精神命脉，也是铸就属于我们这个时代文艺高峰的坚实根基。在文艺创作中，如果割断民族血脉，以洋为尊、以洋为美，转文明之"轨"、变文化之"道"，跟在别人后面亦步亦趋，那是绝对没有前途的。广大文艺工作者应坚守中华文化立场，以推动中华文化创造性转化和创新性发展为己任，收百世之阙文，采千载之遗韵，通古今之变，汇中西之流，在汲取中华文化价值中焕发创造活力，在促进文明交流互鉴中增强创新动力，做到古为今用、洋为中用，辩证取舍、推陈出新，以高质量的文艺精品指引和推动人们走进历史深处、感受文明气韵，让中华优秀传统文化成为滋养当代中国人心灵的精神泉源。

有文化自信的民族，才能立得住、站得稳、行得远。只有坚定文化自信，才能从文化自立走向文化自觉，进而实现文化自强。在社会主义文化强国和中华民族现代文明建设进程中，我们坚信，新时代文艺一定能以更加自信自觉的状态，用文艺创作和审美表达，把文化自信融入全民族的精神气质与文化品格当中，不断反哺并继续巩固中华民族的文化主体性，为实现中华民族伟大复兴提供更为主动的精神力量。

3. 紧紧依靠文艺工作者

聚焦做人的工作 向建成文化强国目标进军

文化是一个国家、一个民族的血脉，是人民的精神家园。党的十九届五中全会高度重视文化建设，全会提出繁荣发展文化事业和文化产业，提高国家文化软实力，要促进满足人民文化需求和增强人民精神力量相统一，推进社会主义文化强国建设，明确提出2035年建成文化强国的远景目标。这为我国未来5年乃至15年的文化发展指明了奋斗方向，规划了战略目标。习近平总书记反复强调："为了不断满足人民群众对美好生活的需要，我们就要不断制定新的阶段性目标，一步一个脚印沿着正确的道路往前走。"

建设文化强国，强就强在马克思主义及其中国化成果的强大引领；强就强在中国精神、中国文化、中国价值的强势主导；强就强在由改革激发、由创新释放的强劲动能；强就强在始终为人的全面发展、社会全面进步强基铸魂。归结到一点，那就是做好人的思想工作，建设好人们的精神世界，让每个人心里都迸发出为家国梦想不懈奋斗的内在动力。正如马克思主义所指出的那样，社会全面进步是与人的全面发展相统一的过程。人是社会实践的主体，既被现实社会塑造，又在推动社会进步中实现自身发展。在我国，也有这样的古训："国有贤良之士众，则国家之治厚；贤良之士寡，则国家之治薄。"建设什么样的社会、实现什么样的目标，人是决定性因素。人民群众精神文化素质的提高，既是文化强国建设的重要内容，也是文化强国建设的重要尺度。文艺作为无言之教、无声之化，在文化强国建设中，其独特价值就在于用审美的方式鼓舞和引导人们向往和追求高远的境界。

文联组织是党和政府联系广大文艺工作者的桥梁和纽带，是党领导下的人民团体，是贯彻落实党的文艺路线方针政策和决策部署、繁荣发展社会主义文艺事业、建设社会主义文化强国的重要力量。党的十九届五中全会鲜明提出"促进满足人民文化需求和增强人民精神力量相统一"的重要论断，就要求文艺工作和文联工作必须以"做人的工作"为核心任务，以提高人民精神文化素质、提升全社会文明程度为己任，积极参与实施文艺作品质量提升工程，着力引导加强现实题材创作生产，大力弘扬中华美学精神和中华美育精神，把美的创造和美的教育统一起来，把提升艺术创作质量和推动艺术普及结合起来，用文艺的力量温暖人、鼓舞人、启迪人，努力引导和推动全社会形成适应新时代要求的思想观念、精神面貌、文明风尚、行为规范。

习近平总书记多次明确要求，文联组织要发挥在行业建设中的主导作用，把文艺战线的力量发动起来，把人民群众中蕴藏的创作能量激发出来，推动文艺事业呈现百花齐放的繁荣景象。进入新发展阶段，贯彻新发展理念，构建新发展格局，文联工作要紧扣高质量发展主题，聚焦主责主业，更加用心用力用功推动文艺行业建设。我们要按照党中央赋予新时代中国文联新的职能定位,积极探索行业服务、行业管理、行业自律的新思路、新途径、新举措,在做好传统工作领域的同时,努力把工作对象向新文艺组织、新文艺群体延伸,提高工作质量和水平,通过开展"深入生活、扎根人民"主题实践活动,组织建党 100 周年等重大主题文艺精品创作,扶持优秀青年文艺人才创作,开展文艺志愿服务,推进网上文联建设等,"把千千万万文艺从业者、爱好者凝聚起来",将文联组织建成覆盖广泛、凝聚力强、温馨和美的文艺工作者之家,成为推动我国文艺事业繁荣发展主力军和主导力量的重要组成部分。

谱写新时代中国文艺更加动人的青春华章

"青春孕育无限希望,青年创造美好明天。一个民族只有寄望青春、永葆青春,才能兴旺发达。"2022年5月10日,在中国共产主义青年团成立100周年之际,习近平总书记出席庆祝大会并发表重要讲话,勉励广大青年在实现中华民族伟大复兴中国梦的新征程上奋勇前进。

文艺是青春的嘹亮呐喊,青年是文艺的弄潮先锋。作为文艺队伍里最有朝气最为活跃的力量,青年文艺工作者的成长进步从来都同时代紧密相连。在"觉醒年代",一大批先进青年高举文学之火、绽放艺术之光,唤醒沉睡的同胞,打破"铁屋子",照亮救国路。在革命、建设和改革的年代,青年文艺工作者勇当"开路先锋",谱出"起来,不愿做奴隶"的时代强音,唱响"没有共产党就没有新中国"的历史真谛,抒写"好地方来好风光"的动人景象,高歌"青春万岁"的豪情畅想,发出"于无声处听惊雷"的振兴期盼,鼓舞人们"在希望的田野上"播种美好梦想……中国特色社会主义进入新时代,广大青年文艺工作者团结凝聚在党的周围,心系复兴伟业,聚焦大势大局,矢志守正创新,潜心创作耕耘,热情讴歌建党百年,倾情书写脱贫史诗,热忱描绘小康画卷，倾力抗击新冠疫情，为实现中华民族伟大复兴中国梦挥洒着青春才情，贡献了文艺力量。

时代的光荣需要文艺书写，时代的责任呼唤青年担当。新时代是需要文艺大师也完全能够造就文艺大师的时代，也是需要文艺高峰也完全能够铸就文艺高峰的时代。新时代的青年文艺工作者，面对壮丽江山，奋进复兴赛道，吸吮文脉滋养，瞩目远大前程，创造精品的舞台无比广阔，成就人生价值的前景无比光明。"人生万事须自为，跬步江山即寥廓。"青年文艺工作者要牢记党和人民"追求进步"的殷切希望，深刻把握民族复兴的时代主题，坚持以人民为中心的创作导向，心怀对艺术的敬畏之心和对专业的赤诚之心，坚定信念、弘扬正道，刻苦学习、锐意创新，敢于斗争、迎难而上，以心血培育创作，凭实力塑造形象，用作品彰显价值，靠德艺赢得美名。只有在继承前人中超越古人，在融入大我中突破自我，才能把青春的力量、青春的涌动、青春的创造，汇聚成新时代中国文艺更加动人的青春华章。

文联是党和政府联系文艺界的桥梁纽带。对于青年文艺工作者而言，文联组织更是砥砺品性、精进技艺、立己铸己、赋能蓄能的文艺家之家。新时代的青年文艺工作者视野开阔、心态开放，更加自信自强、富于创造精神，同时也会面临各种社会思潮的影响，可能在文艺与人民、文艺与生活、文艺与时代、文艺与市场、传承与创新、创作与评论等方面产生思想困惑，遇到创作难题、发展瓶颈，这就更加需要文联组织坚持中国特色社会主义群团发展道路和党领导的文艺发展道路，切实发挥组织优势、专业优势，把"做人的工作"和"推动文艺创作"贯通起来，敏于把握当前青年文艺工作者的思想意识、集聚形式和创作方式的新变化新特点，尊重遵循青年文艺人才成长规律，探索工作新思路新模式新手段，创新工作体系，拓宽联系渠道，积极解疑释惑，推进行风建设，为青年文艺工作者办实事、解难事、真办事，构建有利于文艺人才成长的科学评价体系和清朗行业生态。作为党和人民的文学艺术工作的组织者、服务者，广大文联工作者应自觉践行党的群众路线，扎根文艺工作者，以澄明的心境感染人，以茁壮的心力鼓舞人，以艺术的清澈和纯粹凝聚人，诚心诚意同青年文艺工作者交朋友，引导他们守正道、走大道，鼓励他们多创新、出精品，支持他们挑大梁、当主角，激励他们用光和热书写生生不息的人民史诗，展现新时代新征程的恢宏气象。

抓好"做人的工作" 开创文联工作新格局

十三届全国人大四次会议表决通过的《中华人民共和国国民经济和社会发展第十四个五年规划和2035年远景目标纲要》，明确提出到2035年建成文化强国的战略目标。在建设文化强国的征程中，人是最关键的因素。文联组织作为党领导的文艺界人民团体，在团结凝聚广大文艺工作者、推进文化强国建设中担负着重大职责，必须始终坚持把"做人的工作"作为核心任务，最广泛地团结凝聚各领域各层级的文艺工作者、文艺从业者、文艺爱好者，充分发挥文联组织在行业建设中的主导作用，不断提升文联组织活力、向心力、吸引力和行业影响力，为文化强国建设提供有力的人才支撑。

以"做人的工作"为核心，关键要在加强引领上下功夫，不断提升文联组织的向心力。政治性是文联组织的灵魂，是第一位的，文艺事业繁荣发展必须坚持正确的政治方向，坚持正确的价值导向。"知之愈明，则行之愈笃。"通过教育培训、媒体宣传等方式，加强对广大文艺工作者的思想政治引领和价值引领，持续推动习近平新时代中国特色社会主义思想，特别是习近平总书记关于文化文艺文联的重要论述入脑入心，团结带领广大文艺工作者听党话、跟党走，把思想和行动统一到党中央决策部署上来，成为党的文艺方针政策的坚定拥护者、笃定践行者，始终做到与时代同步伐、与人民同呼吸、与祖国共命运。要引导广大文艺工作者在守正创新中践行社会主义核心价值观，提高思想道德素养，旗帜鲜明讲品位、讲格调、讲责任，抵制低俗庸俗媚俗，传递真善美，贬斥假恶丑，弘扬公德良序，树立新风正气。团结引导广大文艺工作者自觉砥砺从艺初心，坚守"爱国、为民、崇德、尚艺"的文艺界核心价值观，秉持和践行正确的历史观、人民观、审美观、创作观和职业观，把个人的艺术追求同国家命运和人民福祉紧密结合起来，把为人、做事、从艺有机统一起来，以文质兼美的优秀作品热情讴歌党、讴歌祖国、讴歌人民、讴歌英雄，唱响时代主旋律，传播社会正能量，不断满足人民群众对美好精神文化生活的向往。

以"做人的工作"为核心，重点要在加强联络上下功夫，不断提升文联组织的吸引力。近年来，随着文化环境、业态、格局深刻调整，创作、传播、消费深刻变化，新文艺组织和新文艺群体（简称"文艺两新"）已成为文化艺术领域的有生力量。习近平总书记在中国文联十大、中国作协九大开幕式上的讲话中强调指出，"要加强联络，延伸工作手臂，加强对新文艺组织、新文艺群体的团结引导，把千千万万文艺从业者、爱好者凝聚起来，不断增强组织吸引力"。这就要求我们用全新的眼光看待"文艺两新"，把工作对象向"文艺两新"延伸，用全新的政策和方法团结、吸引他们，引导他们在繁荣社会主义文艺中发挥积极作用。为"文艺两新"成长成才搭建有效平台，在评奖推优、教育培训、展览展示、采风创作、对外文化交流等方面给"文艺两新"提供更多的机会和扶持，鼓励各全国文艺家协会成立新文艺群体专业委员会，建立新文艺群体代表人士信息库,把新文艺群体纳入中青年文艺人才成长计划。畅通对"文艺两新"的吸纳渠道,各全国文艺家协会发展会员时注重吸纳"文艺两新",在各全国文艺家协会代表大会、理事会、主席团中给予新文艺工作者一定比例。加强对"文艺两新"的服务保障,解决其自身生存和业务发展所面临的从业资格认定、职称评审、合法权益保护等实际问题。健全工作机制,尝试在新文艺群体集聚区建立联系点,发挥地方文联和市县等基层文联组织的职能作用,打通联络服务"文艺两新"的"最后一公里"。

以"做人的工作"为核心,根本在增强自身素质上下功夫,不断提升文联组织活力和行业影响力。立足新发展阶段,文联组织必须贯彻新发展理念,坚持以人民为中心,坚持系统观念,坚持问题导向,切实转变工作作风,加强能力建设,练就过硬本领,通过深化改革增强发展内生动力,把组织活力充分激发出来,发挥行业建设主导作用,在构建新发展格局中"迈好第一步,见到新气象"。着力增强行业服务能力,发扬"俯首甘为孺子牛"的精神,工作向基层倾斜,服务向最广大文艺工作者拓展,把调查研究作为履职基础,主动深入基层、深入一线、深入新文艺组织和新文艺群体,多坐坐基层的"热板凳",多钻钻基层的"矛盾窝",多听听基层的"心里话",做到身入、心入、情入,了解文艺群体的所思、所想、所需、所盼,了解基层开展工作中存在的问题、困难,多办雪中送炭之事,多做排忧解难之功,当好党和政府与广大文艺工作者的"连心桥"。着力增强行业管理能力,强化文联组织在国家治理体系中的职责,发挥人才优势和专业优势,在创新管理运行机制、丰富组织活动形式、完善网络服务管理平台等方面凝心聚力,推动行业管理向精细化、科学化、规范化方向拓展，更好地服务大局、服务社会、服务人民。着力增强行业自律能力，大力推进文艺工作者职业道德建设和文艺界行风建设，做好顶层设计，注重以点带面和示范引领并举，树立新时代文艺工作者的良好形象，依法维护广大文艺工作者的社会保障权、名誉权、著作权等合法权益，激发文艺创作能量，推动文艺事业呈现百花齐放的繁荣景象。

新时代召唤新奋斗，新阶段期待新作为。文联组织必须按照习近平总书记"哪里有文艺工作者，文联、作协的工作就要做到哪里"的根本要求，聚焦"做人的工作"这一核心任务，切实增强政治性、先进性、群众性，不断探索发挥行业建设主导作用的实现途径，努力营造文艺界崇德尚艺、潜心耕耘、打造精品力作、繁荣文艺创作的良好风气，促进满足人民文化需求和增强人民精神力量相统一，为提高国家文化软实力、建设社会主义文化强国作出新的更大贡献。

链接知识

自 2022 年 7 月，中国文联首个"文艺两新"集聚区实践基地在景德镇揭牌，截至 2024 年 8 月底，中国文联已建立国家级"文艺两新"集聚区实践基地 31 个，统筹各地建立省级"文艺两新"集聚区实践基地 130 个，副省级城市"文艺两新"集聚区实践基地 37 个。大力鼓励、引导各"文艺两新"集聚区实践基地结合自身特点，通过打造特色项目和活动品牌，以项目化方式带动基地可持续良性发展，吸引社会各方面资源和关注，实现对"文艺两新"有效团结引领。

团结凝聚"文艺两新"成为有生力量

随着我国进入新发展阶段，在文艺领域，新文艺组织和新文艺群体迅速崛起并发展壮大。他们数量众多、分布广泛、作用突出，业已成为广大人民群众精神文化产品的重要供给者，成为繁荣发展社会主义文化事业和建设社会主义文化强国的一支重要的有生力量。《中华人民共和国国民经济和社会发展第十四个五年规划和2035年远景目标纲要》明确提出要激发人才创新活力，并强调深化人才发展体制机制改革，全方位培养、引进、用好人才。这一要求，阐明了干事业、创伟业关键在用人才。对于文联组织来说，就是要广泛团结凝聚包括"文艺两新"在内的广大优秀文艺人才，共同致力于文化强国建设。

党的十八大以来，以习近平同志为核心的党中央高度重视新文艺组织和新文艺群体团结引领工作。习近平总书记在文艺工作座谈会上专门谈到新的文艺组织和新的文艺群体，殷切希望"引导他们成为繁荣社会主义文艺的有生力量"。习近平总书记在中国文联十大、中国作协九大开幕式上发表的重要讲话中再次强调，文联、作协"要加强联络，延伸工作手臂，加强对新文艺组织、新文艺群体的团结引导，把千千万万文艺从业者、爱好者凝聚起来，不断增强组织吸引力"。《中共中央关于繁荣发展社会主义文艺的意见》也明确提出,"做好新的文艺组织和文艺群体工作"。

文联作为党领导下的人民团体,本职就是"做人的工作"。把各领域、各层次的文艺人才最广泛地团结起来,是党中央交给我们的重要政治任务,也是检验我们工作得失成败的重要标准。延伸工作手臂、扩大工作覆盖,用全新的眼光、全新的政策和方法团结凝聚好"文艺两新",是文联组织面临的新课题新挑战,也是拓展文联工作新机遇新空间,充分发挥桥梁纽带作用,进一步增强"三性"、提升"四力"的重要途径。针对"文艺两新"发展迅速、规模庞大、影响面大、关注度高等特点,需要深入研究其基本构成、生存现状、成长成才规律、存在的困难和诉求,提出有利于改善他们从艺、从业条件,有利于发现人才、培养人才的措施和办法,为"文艺两新"更好发展创造条件,让他们深切感受到,在繁荣发展新时代中国特色社会主义文艺事业中不仅大有可为,而且必将大有作为。

近年来,中国文联高度重视"文艺两新"团结引领工作。通过召开全国文联"文艺两新"工作座谈会,探讨交流工作思路、举措和经验,部署全国文联系统团结引领"文艺两新"工作;举办各类面向新文艺群体人才的培训班,大力提升新文艺群体思想理论武装;提高"文艺两新"在协会理事、主席团中的比例,制定出台团结服务"文艺两新"的制度举措,提升工作规范化、科学化水平;成立各文艺家协会新文艺群体专业委员会,积极搭建形式多样的服务平台;建立新文艺群体代表人士人才库,不断拓宽新文艺群体优秀人才入会渠道;设立"文艺两新"健康发展专项扶持基金,逐年

中国文联"文艺两新"集聚区杭州实践基地,培育孵化高质量文艺作品《黑神话:悟空》《长安三万里》《白蛇·浮生》等

　　提高新文艺群体文艺创作项目的扶持力度;积极推动专业技术职称评定工作,着力畅通新文艺群体职业发展通道;完善政府购买服务相关政策规定,大力支持"文艺两新"作为社会力量参与公共文化服务;密切关注"文艺两新"聚集区,指导基层文联与其建立经常性联系制度;以推进新文艺组织行业评价体系建设为切口,深入开展调查研究,形成新文艺组织评价体系建设的思路对策等一系列扎实有效的举措,推动团结凝聚"文艺两新"工作迈出新步伐。

　　当前,我国各项事业发展已经站在新的历史起点上,推动文艺工作和文联工作高质量发展,务必要根据新发展阶段的新要求,更加精准地贯彻新发展理念。"文艺两新"创新能力强,善于接受新生事物，市场导向明确，经营意识灵活，但同时也面临着规模散而小、展示空间少、生存压力大、创作引导扶持不足等发展困境。少数文艺从业人员还受到资本和利益裹挟诱惑，出现浮躁低俗、急功近利、偷税漏税、恶意炒作等不良现象。这就迫切要求我们在工作理念、工作方式、工作作风等方面做出全新改变，积极思考、研究探索各种可能的体制机制、思路举措，在联络服务中实现有效引导，在团结引领中推动扬长避短。聚焦"做人的工作"这一核心任务，工作向基层和一线倾斜，服务向精准化精细化拓展，努力探索实施属地化、层级化、专业化、分众化相结合的工作新模式，最大限度地团结引领"文艺两新"听党话跟党走，为繁荣发展社会主义文艺事业、推进社会主义文化强国建设贡献智慧和力量。

> **链接知识**
>
> 从2017年4月起，中国文联围绕新文艺群体职称评审的有关事宜开展了广泛调研，深入了解新文艺群体职称评审的现状以及参加职称评审的诉求，提出面向新文艺群体开展职称评审的工作建议。2020年9月，人力资源社会保障部、文化和旅游部联合印发了《关于深化艺术专业人员职称制度改革的指导意见》（以下简称《指导意见》），对文联、作协作为新文艺群体职称评审主渠道作了原则性规定。按照《指导意见》的精神，中国文联研究制订了《中国文联关于开展新文艺群体职称评审工作的实施意见》，就文联面向新文艺群体开展职称评审的指导思想、基本原则、主要措施和组织实施等提出制度性安排，并广泛征求各省级、副省级文联意见建议，进行修改完善。

在青春的赛道上绽放文艺的风采

在五四青年节到来之际,习近平总书记到中国人民大学考察,深情寄语青年,希望全国广大青年牢记党的教诲,立志民族复兴,不负韶华,不负时代,不负人民,在青春的赛道上奋力奔跑,争取跑出当代青年的最好成绩。"青年是事业的未来。只有青年文艺工作者强起来,我们的文艺事业才能形成长江后浪推前浪的生动局面。"在中国文联十一大、中国作协十大开幕式上,习近平总书记对青年文艺工作者充满期许。谆谆话语、殷殷嘱托,鼓舞人心、催人奋进,激发青年一代为梦想不懈奋斗的澎湃力量。

国家的希望在青年,民族的未来在青年。青年是整个社会力量中最积极、最有生气的力量,也是文艺创新创造的生力军。伴随着从革命到建设,从改革到复兴事业的百年征程,广大青年文艺工作者始终铿锵行进在中国文艺奋进之路上,感国运之变化、发时代之先声,把个人的艺术理想深切融入民族复兴大业之中,用文艺探寻救国之路、书写强国之路、助力复兴之路,在国家和民族的历史发展潮流里奏响了属于一代又一代的青春文艺的华章。

广大青年文艺工作者深刻把握民族复兴时代主题,聚焦国家大局大事,书写着朝气蓬勃的文艺画卷。脱贫攻坚战中,他们发挥文艺力量扶贫扶智扶志；新冠抗疫大考中，他们以艺战"疫"勇当"逆行者"；北京冬奥盛事中，他们以艺术创新表达中华文化的强大感召力和吸引力。以青年文艺工作者为主创的《战狼》系列、《流浪地球》《红海行动》等一批"新主流大片"崛起，创造了中国电影工业化的全新高度，不断提升着中国电影与世界对话的能力。新时代青年文艺工作者挺立文艺潮头，潜心创作，踔厉笃行，为"请党放心，强国有我！"的青春誓言做出了文艺注脚，以其巨大的创新能力助力构建新时代中国文艺新生态，向世界展现出新时代中国文艺的新风采。

中国文联积极发挥组织优势和专业优势，支持青年文艺工作者挑大梁、当主角，引导青年文艺工作者守正道、走大道，联合有关部门表彰全国中青年德艺双馨文艺工作者，彰显榜样的力量；充分发挥全国性文艺评奖作用，推介激励各艺术门类新人；有序落实青年艺术创作人才资助和扶持计划，为青年文艺工作者创作保驾护航；多措并举，广泛团结凝聚"文艺两新"队伍，为青年文艺工作者茁壮成长和施展才华提供了有利条件和广阔舞台。

青春须早为。奋斗是青春最亮丽的底色，使命是青年义不容辞的担当。新征程前景壮阔，新蓝图振奋人心。愿广大青年文艺工作者心怀"国之大者"，青春作桨、梦想为帆，让奋斗之光照亮青春之路，让使命担当唱响青春之歌，立大志、明大德、成大才、担大任，努力为建设社会主义现代化强国、实现中华民族伟大复兴的中国梦注入青春的文艺力量。

4. 尊重和遵循文艺规律

把握创作规律 繁荣文艺事业

马克思主义认为，规律是事物发展中本身所固有的、本质的、必然的、稳定的联系。只有深刻认识到这种联系，形成规律性认识，才能准确把握住事物发展的规律。党的十八大以来，习近平总书记站在统筹两个大局的战略高度，对事关新时代文艺工作方向性、基础性、战略性的重大问题作出了一系列重要论述，全面阐述了文艺与时代、文艺与人民、文艺与市场、文艺与世界、文艺与社会、传承与创新、创作与评论等一系列重大关系，科学揭示了文艺创作的基本规律。新时代非凡十年文艺创作的成功实践进一步验证并彰显出马克思主义文艺理论中国化时代化最新成果的强大思想伟力，为繁荣文艺创作、铸就新时代文艺高峰提供了丰富的宝贵经验。

衡量一个时代的文艺成就最终要看作品。强国复兴的伟大时代，需要创作出与时代相匹配、标定时代的优秀作品，给前行的时代注入强大的价值引导力、文化凝聚力、精神推动力。这决定了身处伟大时代的创作者要把搞好创作作为中心任务和分内之事，依靠自身努力不断地提升创作能力和水平，同时也决定了，创作生产优

2023年5月14日至17日,中国文联举办推进文艺创作工作会

秀作品是文艺文联工作的中心环节,需要善于从创作规律中把握推动创作的规律,以文联组织之力促进形成文艺精品之果。近日,中国文联召开推进文艺创作工作会,围绕创作本身和组织推动创作问题,系统提出了在思想开掘上勇立时代潮头、在题材选择上回应人民需求、在表达形式上大胆创新创造、在审美追求上弘扬中华美学精神、在艺术评价上坚持社会效益至上五条规律性认识,总结强调了重大主题牵引创作、专项资金扶持创作、深扎采风助推创作、行业培训支撑创作、评奖评论引导创作、宣传展示推介创作等近年来文联组织推进创作取得的成绩和经验,引发了广大文艺工作者和文联工作者的强烈共鸣。

规律性认识既是理论思考,也是实践要求。文艺创作是复杂的精神生产和创造实践活动,其规律既不是一成不变的数学公式,也不是可以直接照抄照搬的格式模板,而是需要我们在科学的理论指导下,不断地学习、实践、总结、深化。文联组织应该正确认识和准确把握文艺创作规律,立足自身实际,运用各种载体,调动多方资源,发挥"两个优势",在贯通"做人的工作"和"推动文艺创作"方面下功夫,不断提升创作的组织化程度和专业化水平。全国文联系统应牢固树立"全国文联一盘棋"的意识和工作理念,同题共答、同向用力,共同抓好推动文艺创作这项在人民精神世界建大厦的系统工程,不断推动创作出满足人民精神生活、增强人民精神力量的优秀作品。

新时代新征程为文艺工作者潜心创作、施展本领搭建了广阔的舞台,也为文联组织推动文艺创作提供了无限的空间。新时代新征程上需要我们携起手来,踔厉奋发、不负韶华,让文艺名篇佳作如星河般浩瀚璀璨,让文艺登顶高峰铸就光荣与梦想。

增强系统观念　共谋文联发展

党的十八大以来，习近平总书记就坚持系统观念作出一系列重要论述，提出一系列重要指示和要求，为我们用系统观念指导推动各项工作提供了思想指引和行动遵循。党的十九届五中全会明确提出，坚持系统观念是"十四五"时期经济社会发展必须遵循的重要原则，强调要加强前瞻性思考、全局性谋划、战略性布局、整体性推进。系统观念是马克思主义基本原理的重要内容，是一个带有根本性、基础性、全局性的思想方法、领导方法和工作方法，是增强文艺文联工作整体性协同性、实现文艺高质量发展的必由之路。

中国文联现有团体会员55个，其中包括14个全国性文艺家协会、32个省级文联、9个产（行）业文联。多年来，经过各个团体会员、各级文联组织的齐心协力、携手并肩共谋发展，基本形成了上下联通、横向联动、覆盖全国的文联系统。中国文联及各团体会员应进一步增强对系统观念的认识和理解，聚焦主责主业，把系统的思维、观念和要求贯穿于文联工作全过程各方面，强化系统引导、系统谋划、系统发力，形成同向同行、互联互通、共谋发展的全国文联组织成系统、工作一盘棋的可喜局面。坚持把文联改革作为破解发展难题的"金钥匙"，在深化改革、优化职能上同心谋划、同向发力。夯实树牢抓基层、打基础、利长远的鲜明导向，注重调查研究、深化改革、顶层设计和示范指导，探索适应经济社会发展要求、符合文艺文联工作实际、遵循艺术规律特点、满足文艺工作者需求的工作运行机制和方式，着力破解一些瓶颈问题，强弱项、补短板、防风险、堵漏洞，推动基层文联创新发展。

文艺界的行风状况体现着文艺行业的整体素质和精神风貌，关系着文艺行业的道德水准和社会形象，是文艺行业健康发展的风向标和突破口，也是一项需要上下左右综合施策的系统工程。加强行业建设、强化行风建设同样需要协同一致、聚力用劲，紧紧抓住行风建设这个"牛鼻子"不放松，突出加强行业教育、行业自律、行业管理、行业维权、行业服务，着力发挥文艺界先进典型和公众人物的标杆带动作用，综合施策、系统治理，促进文联更好发挥行业建设主导作用，推动形成昂扬向上、担当作为的精神风貌。

全国文联"一张网"，是我们顺应信息化、网络化时代，更好履行文联组织职能，激发文联组织内生动力，彰显文联组织生机活力的必然要求。必须深入贯彻习近平总书记关于网络强国的重要思想，适应疫情防控常态化要求，结合国家"十四五"文化和信息化建设发展规划，立足文联组织职能充分有效发挥对网络信息化建设的需求，加强顶层设计，规范系统标准，强化上下联动，在共建共享中加快推进"一张网"建设步伐，充分运用互联网信息化手段形成工作合力，激发创新创造活力，整体提升文联系统协同效能。

众人同心，其利断金。文联工作应聚焦"做人的工作"这一核心职责任务，坚持眼睛向下、身子下沉、劲往下使，想方设法延伸工作手臂，千方百计扩大工作覆盖，密切联系广大文艺工作者特别是基层一线文艺工作者和新文艺组织、新文艺群体，把他们作为繁荣发展新时代社会主义文艺事业的重要力量，引导他们坚守崇高艺术理想、担负光荣文化使命，努力做到系统内各方面资源整合、要素联动、优势互补、形成合力，进一步扩大和提升工作的整体效应，共同开创文联工作新格局。

文艺新征程：团结就是力量

党的二十大站在历史和时代的高度，吹响了全面建设社会主义现代化国家的前进号角，号召全党全国各族人民为全面推进中华民族伟大复兴而团结奋斗。力量源于团结、事业成于奋斗，把各方面文艺力量团结起来推动民族复兴的历史伟业不断前进，是广大文艺工作者的共同职责与荣光。

团结就是力量。习近平总书记强调，繁荣发展社会主义文艺、建设社会主义文化强国，需要在党的领导下，广泛团结凝聚爱国奉献的文艺工作者，培养造就一大批德才兼备的文学家、艺术家。文联组织是党和政府联系广大文艺工作者的桥梁和纽带。文联组织自成立之初，就始终把团结奋斗深深地刻印在骨子里。中国文联第一任主席郭沫若在中华全国文学艺术界联合会成立之时高呼：一切进步的文学艺术工作者团结起来！毛泽东同志指出，文联，核心在文，关键在联。文联，就是要"联"嘛，上联、下联、左联、右联、内联、外联。邓小平同志希望文艺队伍更加团结壮大，通过广大文艺工作者的辛勤劳动，创造文学艺术蓬勃繁荣、争奇斗艳的新阶段。初心凝聚人心，使命汇聚力量。实践充分证明，党中央赋予文联"团结引导、联络协调、服务管理、自律维权"十六字基本职

"征程:迎接庆祝党的二十大胜利召开书法大展"展览现场

能始于团结,发挥作用依靠团结,体现价值离不开团结。

全面建设社会主义现代化国家,需要充分发挥文艺大军的创造伟力。一曲《义勇军进行曲》点燃了全体中华儿女的爱国激情,一部《红岩》激发了无数革命志士的坚强意志和大无畏精神,一支曲艺小分队深入灾区以"千金难买一笑"的节目抚慰心灵凝聚力量,一部电视剧《觉醒年代》诠释了共产党人的精神谱系。中华民族伟大复兴进入了不可逆转的历史进程,更加需要广大文艺工作者创造一大批标识时代精神气象的优秀文艺作品,用文艺的魅力和力量不断巩固全国各族人民大团结,激励人们踏着时代前进的鼓点,携手共创强国业、同圆中国梦。

团结奋斗是伟大民族精神的重要内容,是中国共产党和中国人民的显著精神标识。团结凝聚伟力，奋斗开创未来。创造新的历史伟业依靠持续团结奋斗，需要持续用习近平新时代中国特色社会主义思想统一思想、统一意志、统一行动，通过立体化、多层面的组织体系、工作体系广聚文艺英才，把党和政府联系文艺界的桥梁架得更多、纽带系得更紧，形成文艺界广泛团结在党的旗帜下，听党话跟党走、出精品出人才的生动局面。

讲团结就是讲政治，讲奋斗就要讲奉献。没有原则的团结是虚幻的、错误的，没有斗争的奋斗是空洞的、无力的。文艺要通俗，但决不能庸俗、低俗、媚俗。文艺要生活，但决不能成为不良风气的制造者、跟风者、鼓吹者。文艺要创新，但决不能搞光怪陆离、荒腔走板的东西。文艺要效益，但决不能沾染铜臭气、当市场的奴隶。我们要坚持从团结的愿望出发，大力弘扬行风艺德，运用"团结—批评—团结"的公式，在斗争中促团结、谋发展、求进步，营造自尊自爱、互学互鉴、天朗气清的行业风气。

新时代开辟文艺事业的广阔前景，新征程呼唤文艺家们的大有作为。有信仰有情怀有担当、讲团结能奋斗愿奉献，理应成为广大文艺工作者和全国文联组织的目标追求，以苦干实干书写人生，用创新创造彪炳伟业，在全面建设社会主义现代化国家、全面推进中华民族伟大复兴的历史进程中始终镌刻中国文艺团结奋斗的鲜明印记。

让调查研究为文艺高质量发展赋能

调查研究是我们党的传家宝，是做好工作的基本功，是提高本领的必修课。党的十八大以来，以习近平同志为核心的党中央高度重视调查研究工作，习近平总书记围绕调查研究作出一系列重要论述和指示批示，深刻阐明了调查研究的极端重要性，为大兴调查研究、做好各项工作提供了根本遵循。

当前，我国发展面临新的战略机遇、新的战略任务、新的战略阶段、新的战略要求、新的战略环境，为文艺事业和文联工作高质量发展开辟了广阔空间，提出了新的任务，迫切需要通过调查研究把握文艺文联工作本质和规律，找到破解难题的办法和路径。加强改进文艺文联工作调查研究，必须坚持以习近平新时代中国特色社会主义思想为指导，全面贯彻落实党的二十大精神，紧紧围绕党的文艺理论路线方针政策和党中央关于文艺文联工作重大决策部署的贯彻执行，大力弘扬党的优良传统和作风，不断深化对习近平总书记关于文艺工作重要论述精神的认识和把握，善于运用中国化时代化的马克思主义文艺理论研究新问题、解决新问题、总结新经验，更好地推动科学决策，促进文艺事业和文联工作高质量发展。

群众最智慧，高手在民间。加强改进文艺文联工作调查研究，应当坚持党的群众路线，树牢大抓基层导向，深入文艺创作现场和文联工作一线，扑下身子、满腔热情，面对面、心贴心和广大文艺工作者交朋友、拉家常，真情关心他们的诉求、真实反映他们的愿望，善于发现和总结各级文联组织做人的工作、推动文艺创作、服务基层群众的鲜活经验，从文艺文联工作的创造性实践中获得正确认识，把党的文艺主张转变为广大文艺工作者的自觉行动。

问题是时代的口号，是最实际的呼声。加强改进文艺文联工作调查研究，应当增强问题意识，坚持问题导向，一切从实际出发，不仅要全面深入细致了解实际情况，更要善于分析矛盾、发现问题，透过现象看本质。主动聚焦新时代新征程文艺文联工作新任务新要求新挑战，工作进展到哪里，调研就跟进到哪里，持续加强前瞻性思考、全局性谋划、整体性推进，了解真情况，研究真问题，迎难而上，攻坚克难，拿出一批高质量的调研成果，为开创文艺文联工作新局面提供有力支撑。

成果转化是检验调研实效的"金标准"。调查研究的过程就是解放思想、守正创新，摸清情况、找准问题、提实对策的过程。调研成果不出来，调研过程就没有结束。衡量调查研究搞得好不好，不是光看调查研究的规模有多大、时间有多长，也不是光看调研报告写得怎么样，关键要看调研成果的运用，看能不能解决问题。加强改进文艺文联工作调查研究，应当不断拓宽调研成果转化应用的渠道和途径，不能为了调研而调研，而是要在求深、求实、求细、求准、求效上下功夫，真正把调查研究作为解决实际问题、推动高质量发展不可分割的组成部分，针对发现的每个问题形成务实管用、具体可行的破解方案，切实把调查研究成果转化为服务决策、推进工作的实际成效。

精心浇灌文艺繁荣发展之根

习近平文化思想突出强调人是事业发展最关键的因素。人才是强国之本，兴业之基。习近平总书记强调，"我国文艺事业要实现繁荣发展，就必须培养人才、发现人才、珍惜人才、凝聚人才"。党的二十大报告明确提出"培育造就大批德艺双馨的文学艺术家和规模宏大的文化文艺人才队伍"这一战略任务。培英育才是党和人民交给文联组织的光荣使命，也是文联组织推动文艺之树繁荣的根本所在，需要久久为功、常抓不懈。

作品永远是文艺人才的安身立命之根本。文艺创作的过程是艰辛的，离不开文艺工作者永不停歇的艰苦训练、日复一日的辛勤劳作。创作出好作品既是文艺工作者最关心、最急切的诉求，也是人民大众对文艺工作者的殷切期盼。文联组织应充分发挥组织优势和专业优势，既要对有好的创意的文艺工作者给予及时的专业指导和必要的资金支持，让那些有潜力有价值的文艺作品呱呱坠地。同时，也要常态化长效化地组织创作者深入改革开放最前沿、生产生活第一线采风调研，体悟人间冷暖，激发创新灵感，涵养创作要素，为创作文艺精品积势蓄能。

"人品高则诗格高，心术正则诗体正。"作品是立身之本，人品是向上之根。以文弘业、以文培元、以文立心、以文铸魂，创作者的思想水平、业务水平、道德水平是根本。文艺要塑造人心，留下传世之作，创作者首先要塑造自己，修炼传世之心。创作者志存高远、心胸坦荡，才能为作品灌注浩然正气，才能成风化人。修身修德既关乎每个文艺工作者的长远发展，也关乎整个文艺行业的健康发展。文联组织应大力弘扬行风艺德，持续深入推进职业道德和行风建设，坚持治标与治本相结合、思想引领与专业培训相结合、正面倡导与负面惩戒相结合、柔性引导与刚性约束相结合，把教育、引导、服务、管理、自律、维权等各个方面贯通起来，有效引导广大文艺工作者做真善美的追求者、社会风尚的引领者、先进文化的传播者，在为祖国、为人民立德立言中铸就高峰。

青年是事业的未来，是文艺事业的生力军。紧抓事业后继有人这一根本大计，形成人才辈出的蓬勃气象，让新时代的文艺天空更加群星灿烂，是文联组织的职责所系、使命所系。这就要求，文联组织遵循文艺规律和文艺人才成长规律，深入青年文艺工作者当中，悉心倾听他们所思所求所盼，真心真意为他们纾难解困、帮忙助力。同时，加大青年文艺人才扶持引导力度，引导他们扣好从艺"第一粒扣子"，帮助他们锤炼专业本领、砥砺品格操守，支持他们成为骨干力量、中坚力量，推动文艺事业形成长江后浪推前浪的生动局面。

5. 充分发挥文联优势

争做抓落实促落实保落实的表率

建党百年华诞、"十四五"开局、"两个一百年"历史交汇点、中国文联第十一次全国代表大会召开等大事要事喜事，必将注定2021年是党和国家发展史上极其特殊而又重要的年份，也是新时代文艺事业和文联工作发展历程中极其特殊而又重要的年份。我们肩负的使命神圣而又光荣，我们承担的责任重大而又艰巨。欣逢盛世的广大文联组织、文艺工作者和文联工作者，应当而且能够紧紧抓住难得机遇，担当作为，履职尽责，争做抓落实促落实保落实的表率，以具体扎实负责任的果敢行动书写特殊重要之年的风采和荣光。

一分部署，九分落实。方向路径明晰，工作任务清楚，时间节点知晓，路线图、任务书、时间表均已确定，最关键最紧要的就是狠抓落实，促进落实，保障落实，见到实实在在的成效和结果。如果不沉下心来、横下心来、静下心来，聚精会神抓落实，心无旁骛加油干，那么再好的目标、再好的蓝图、再好的愿景，最终也只能是镜中花、水中月。崇尚实干，脚踏实地，身体力行，最能检验和锤炼一个共产党员的党性。正如习近平总书记指出，"抓落实，是党的政治路线、思想路线、群众路线的根本要求，也是衡量领导干部党性和政绩观的重要标志"。因此，我们必须从政治高度，深刻认识狠抓落实的极端重要性和现实紧迫性，永不停歇、永不疲倦地把落实工作抓下去、抓彻底、抓到位，直至抓出最大效果。与此同时，还应树立狠抓落实的科学态度。历史和现实的经验教训反复表明，抓落实、促落实、保落实来不得一星半点虚伪，来不得任何花拳绣腿，光喊口号不付诸行动不行，单单开会发发文件也不够，只能而且必须狠抓落实，一抓到底，落到实处。必须聚焦、聚神、聚力抓落实，做到紧之又紧、细之又细、实之又实。必须有真抓的实劲、敢抓的狠劲、善抓的巧劲、常抓的韧劲，抓铁有痕、踏石留印抓落实。归根到底，崇尚实干、狠抓落实，干在实处、走在前列，是新时代赋予我们每个人的历史责任。正如邓小平同志所言，"不干，连半点马克思主义都没有"。

狠抓落实，重在带头。面对任何一件事情、一项工作，不为不成，不行不至。中华民族从来都是一个崇尚实干、重视践行的伟大民族。古人所讲"博学之、审问之、慎思之、明辨之、笃行之"五个环节构成的学习之序完整链条，以博学打头、以笃行收尾，彰显了学贵力行、学以致用的深刻真谛。新时代的共产党人更应在学用贯通、知行统一方面起到示范带头作用。习近平总书记明确指出："抓落实，一把手是关键，要把责任扛在肩上，勇于挑最重的担子，敢于啃最硬的骨头，善于接最烫的山芋，把分管工作抓紧抓实，抓出成效。"身教重于言教。文联系统广大党员特别是各级领导干部应当聚焦主责主业和使命任务，亲自抓，带头干，扑下身子，狠抓落实，为推动文艺事业繁荣兴盛、实现文联工作高质量发展发挥"头雁效应"。让各项工作任务落地生根，确保贯彻落实不走偏、不走样，力戒形式主义、官僚主义，还必须大兴调查研究，强化问题导向和实践导向，对真实情况了然于胸，区分不同情况，实施分类指导，做到察实情、讲实话、谋实策、干实事、求实效。

崇尚实干，贵在恒久。幸福美好生活是实干出来的，生机勃勃的新时代伟大事业是创造出来的，中华民族的伟大复兴必将在一代又一代中国共产党人的接续奋斗中得以逐步实现。"合抱之木，生于毫末；九层之台，起于累土。"漫漫征途，唯有崇尚实干，唯有恒久用力，唯有不懈奋斗。当代文艺工作者和文联工作者，必须具有功成不必在我的思想境界和功成必定有我的历史担当，以奋发有为的状态和一往无前的姿态，爱岗敬业，恪尽职守，像牛一样耕耘，像牛一样奋发，用一流的工作实绩和突出的工作实效，不负有信仰、有情怀、有担当的新时代文艺工作者的荣光和人类灵魂工程师的美誉。

让我们以实干为美，向行动致敬，努力干成一番新事业，干出一片新天地。

文联"两个优势"是历史形成的,也是时代召唤的

习近平总书记在中国文联十一大、中国作协十大开幕式上的重要讲话,对发挥文联的组织优势和专业优势作出重要论述。"两个优势"是党领导文艺百年历程重大成就和重要经验在文联工作方面的重要体现,是党中央对开展文联工作规律的最新总结,为新时代新征程文艺文联工作提供了根本遵循和行动指南。

文联组织是党在长期革命斗争和文艺实践中逐步形成的可靠政治组织,其形成具有深刻的历史逻辑。早在革命时期,面对残酷的斗争形势,广大文艺工作者认识到,只有组织起来,才有优势;只有团结起来,才有力量。1930年3月,"左联"在上海成立。1936年11月,中国文艺协会在陕北成立。1938年3月,中华全国文艺界抗敌协会在武汉成立。当时,对于苏区、解放区等党管理地区的文艺团体,党直接设置文艺组织的领导机构;对于党管辖外地区的文艺组织,党采取设立派出机构、加强统一战线等方式进行领导。正是通过这些早期进步文艺团体,我们党团结了一大批进步的文艺人士,培育了一大批志同道合、投身革命的文艺骨干,使文艺成为"枪杆子"之外的"另一支军队"。中国文联的诞生,便是早期进步文艺团体发展的必然结果。

1949年7月，迎着新中国成立的曙光，中华全国文学艺术界联合会在北平成立。毛主席在7月6日亲临会场，"全场欢动，前后掌声，达半小时之久"。毛主席亲切地向代表们说："你们都是人民所需要的人，你们是人民的文学家、人民的艺术家，或者是人民的文学艺术工作的组织者。"周恩来在作政治报告中指出，"这次文艺界代表大会的团结是这样一种情形的团结：是从老解放区来的与从新解放区来的两部分文艺军队的会师，也是新文艺部队的代表与赞成改造的旧文艺的代表的会师，又是在农村中的，在城市中的，在部队中的这三部文艺军队的会师"。几十年过去了，每次想起这段历史，广大文艺工作者总是心潮澎湃，倍感温暖。中国文联的成立，使一大批具有深厚艺术造诣和广泛社会影响力的文学艺术工作者紧密地团结在一起，进一步巩固和发扬了党在文艺领域的统一战线，也奠定了文联组织"两个优势"的坚实根基。

1979年召开的第四次全国文代会，是文艺文联发展史上又一次极其重要的大会。在参加大会的3000多名代表中，既有久经风雨、成绩卓著的文坛老将，又有初露锋芒、朝气蓬勃的艺苑新秀，代表了全国的广大文艺工作者。邓小平同志在会上发表祝词，开启了新时期文艺文联工作的历史性转折，为新时期文联组织重新确立和巩固"两个优势"指明了方向。在改革开放和现代化建设过程中，党中央一直注重加强文联工作，江泽民同志、胡锦涛同志围绕文艺文联工作作出了许多重要论述，推动文联"两个优势"不断巩固、创新发展，成为全国数千万文艺工作者的温馨和谐之家。

党的十八大以来，习近平总书记高度重视文艺界人民团体桥梁纽带作用，强调哪里有文艺工作者，文联、作协的工作就要做到哪里，要深化改革，突出政治性、先进性、群众性，工作向基层倾斜，服务向最广大文艺工作者拓展，加强对新文艺组织、新文艺群体的团结引导，强化行业服务、行业管理、行业自律，在行业建设中发挥主导作用，不断增强组织活力、向心力、吸引力和行业影响力。在习近平总书记的关心关怀下，在各级党委宣传部门和社会各方面的支持下，文联"两个优势"日益增强。目前，全国文联系统共包括32个省级文联、346个地市级文联、2230个区县级文联；各级文联所属文艺家协会421个，其中包括13个全国文艺家协会，367个省级文艺家协会（平均每个省12个协会）。而且，文联组织覆盖不断扩大，在全国347个地市级行政区中文联覆盖率已经达到99.7%。在全国2844个区县级行政区域中文联覆盖率已经达到78.4%。截止到2023年年底，各级文联团结服务的个人会员达到462万人。其中，全国文艺家协会个人会员15万人，省级个人会员73万人，市级个人会员157万人，县级个人会员217万人。这为文联发挥"两个优势"灌注了更加坚实的底气。

"两个优势"既是历史形成的，也是时代召唤的。回顾党领导文艺的百年历程，"两个优势"伴随着文联组织的发展逐渐形成，并在文艺事业的蓬勃发展中不断得到彰显，也必将在新时代新征程焕发出新的生机活力。

善于从职能定位中　找准文联"两个优势"

党的十八大以来,以习近平同志为核心的党中央将文联组织和文联工作放在治国理政全过程谋篇布局,赋予了文联组织新的职能和任务,提出了更高的期望和要求,为新时代文联工作提供了行动指南和根本遵循。习近平总书记关于文联、作协组织优势、专业优势"两个优势"的重要论述,更是进一步丰富了对文联组织的定位归属、本质特征、职能作用、改革目标、使命任务的内涵要求,更加精准有力地为文联组织"干什么、怎么干"指明了方向。深刻理解和正确把握"两个优势"的科学含义,是实现新时代文联工作高质量发展的重大理论课题和实践命题。

党的领导是中国特色社会主义制度的最大优势。文联是党领导的群团组织,是党和政府联系广大文艺工作者的桥梁和纽带。这是党对文联组织一以贯之的定位,也是"两个优势"的根本所系和来源所在。在我们党治国理政的序列中,中国文联是党领导的文艺界人民团体,不是一般意义上的社会团体,也不同于其他界别的人民团体。作为群团组织,文联从全国到地方,到产(行)业,再到基层,都有比较健全的组织体系,依法依章程构建了较为完备的管理制度和有效的运行机制,在文艺界拥有广泛的群众基础,在文艺工作者的思想引导、组织吸纳、情感沟通，在基层社会治理、文化建设、群众工作等方面，都具有独特价值和作用，具有不同于一般意义上社会团体的显著优势，也就是文联的"组织优势"。文艺领域专业性极强、行业特征十分明显，各级文联及所属各文艺家协会，在长期工作当中团结凝聚服务了文艺各领域各层次的优秀专业文艺人才，一定程度上代表了一个时代、一个领域、一个地方艺术发展的最高水平和发展方向，是推动中国文艺事业发展的骨干和主流，构成了文联组织不同于其他群团组织的"专业优势"。概而言之，"两个优势"就是党的领导的优势、社会主义制度的优势、文艺界人民团体的优势。

政治性、先进性、群众性是文联组织的根本属性，也是"两个优势"的内在规定性。发挥"两个优势"，要把政治性放在第一位，承担起引导群众听党话、跟党走的政治任务，把文艺工作者最广泛最紧密团结在党的周围；要把先进性作为重要着力点，以科学理论为指引，以先进文化为引领，以行业性、学术性、专业性为支撑，充分调动一切积极因素，为繁荣发展社会主义文艺、建设社会主义文化强国作贡献；要把群众性作为根本特点，立足职能定位、立足文艺工作者，强化服务意识，提升服务能力，挖掘服务资源，成为广大文艺工作者的好伙伴、真朋友、贴心人。

履行团结引导、联络协调、服务管理、自律维权职能，在行业建设中发挥主导作用，这是中央赋予文联组织的基本职能和主要任务，也是"两个优势"的直接依据和根本前提。没有职能、没有抓手、没有行业权威性，"两个优势"就会丧失根基，成为"空中楼阁"。在文联组织各项职能任务中，"做人的工作""创作生产优秀作品"是核心、是关键。一切工作的开展、一切改革的举措，都应该紧扣这两项职能任务来进行。这也决定了,能否做好"做人的工作"、能否创作出文艺精品,是检验"两个优势"发挥的硬指标。

文联组织要发挥"两个优势",就要在实践中紧扣"做人的工作"这一任务和聚焦创作生产优秀作品这一中心环节,加强各级文联特别是基层文联组织建设,在行业服务、行业管理、行业自律和行风建设等方面切实发挥行业引领和主导作用,形成全国文联工作一盘棋、全国文联系统一张网、全国文艺工作者一家亲的生动局面。随着时代进步、事业发展,"两个优势"只能不断巩固发展,不能削弱停滞,否则,优势将越来越小,甚至成为短板。因而,更好发挥"两个优势",根本在于深化改革、优化职能、强化组织力和专业性,通过增强组织活力、向心力、吸引力以壮大"组织优势",通过提高行业引领力、主导力、影响力以强化"专业优势"。

发挥"两个优势",靠的不是坐而论道,而是起而行之。只有在全国文联系统履职尽责、担当作为的共同努力中,"两个优势"才能得到切实彰显。新时代新征程赋予当代中国文艺新的历史方位,也为文联组织发挥"两个优势"提供了前所未有的广阔舞台。文联组织只有充分发挥"两个优势",更加广泛地团结凝聚广大文艺工作者听党话、跟党走,更多更好地为广大人民群众奉献优质精神食粮,才能切实肩负起举旗帜、聚民心、育新人、兴文化、展形象的使命任务,为实现民族复兴伟业提供强大精神力量。

让文联的组织优势汇聚起文艺奋进的力量

习近平总书记在中国文联十一大、中国作协十大开幕式上的重要讲话中作出了"要发挥文联、作协系统的组织优势"的重要论述，既是对文联组织历史贡献和独特作用的充分肯定，也为新时代新征程上推动文联系统改革发展、更好履行职责提出了明确要求。

文联组织作为党和政府联系文艺界的桥梁纽带，既是党领导文艺工作的重要组织载体，也是党开展文艺界群众工作的重要组织力量。文联自诞生之日起，始终贯彻落实党的文艺理论和方针政策，为把文艺界的"群众力量组织起来"进行了不懈探索，发挥了积极作用，也积累了宝贵经验。在党的领导下，文联系统组织建设不断加强，组织体系不断完善，组织能力不断提升，逐渐形成了在组织目标、理念、原则、架构、覆盖以及制度机制等各个要素上的特殊优势，成为党治国理政和国家治理体系中不可或缺的重要组成部分。

发挥文联组织优势，归根到底是为了最大限度地把广大文艺工作者团结在党的周围，坚定不移听党话、跟党走，不断巩固党执政治国的群众基础。坚持党对文艺工作和文联工作的全面领导，既是历史的选择、人民的选择，也是文联组织的政治原则和根本保证。

文联组织必须坚持政治性是第一位的属性，坚定不移走好党领导的文艺发展道路和中国特色社会主义群团发展道路，坚决贯彻党的意志和主张，深刻认识"两个确立"的决定性意义，切实增强"四个意识"、坚定"四个自信"、做到"两个维护"，确保文联工作遵循清晰的"导航仪"和"路线图"，沿着正确轨道向前推进。

组织是"形"，思想是"魂"。科学的理论为激发组织优势提供了思想武器和行动向导，是履行组织职能的"向心力"和"指挥棒"。发挥好文联系统的组织优势，必须把学习贯彻习近平新时代中国特色社会主义思想作为"铸魂工程"，切实教育引领广大文艺工作者真学真懂真信真用，引导他们自觉把习近平总书记关于文艺工作的重要论述贯穿到文艺创作实践全过程，从而形成深刻的思想认同、持久的信仰认同、真挚的情感认同，为把各方面各领域文艺人才有效组织起来提供"思想纽带"，为广泛凝聚文艺界智慧力量树立起"精神旗帜"。

文联是党领导的群团组织，也是文艺工作者自己的组织。只有深入群众、了解群众，真正代表人民群众的根本利益，才能有效发挥群团组织桥梁纽带的历史职责，获得人民群众的广泛认可。"海不辞水，山不辞土。"密切联系广大文艺工作者，是文联活力之所在、职责之所系。发挥文联组织优势，必须牢牢坚持党的群众路线，紧扣"做人的工作"这一任务，始终心系、依靠、服务文艺工作者，让他们感受到"文艺工作者之家"的温暖，广泛组织动员广大文艺工作者投身党的文艺事业。

"欲筑室者，先治其基。"严密的组织体系是发挥组织优势的根基所在。长期以来，文联系统从全国到地方，再到基层，已经构建起较为健全的网络化、层级化组织结构体系，在文艺界拥有了广泛的群众基础。但随着文艺发展格局、生态业态、队伍构成的日趋变化，对文联承担职能任务提出了更高要求和更多挑战。发挥文联组织优势，前提是具备强大的组织动员能力，关键靠覆盖广泛、充满活力的组织网络。只有按照"哪里有文艺工作者，文联、作协的工作就要做到哪里"的要求，把组织覆盖与工作覆盖有机结合起来，延伸工作手臂，做好对"文艺两新"的团结引导，用事业激励人才，让人才成就事业，才能推动组织优势进一步彰显。同时，要积极探索基层组织建设新思路新模式，提升文联组织覆盖的广度效度，通过完善"全国文联一盘棋"格局，推动文联群团组织功能落实落地。

改革创新是文联组织优势持续增强的动力源泉。各级文联组织依法依章程构建了较为完备的管理制度和有效的运行机制，在文艺工作者的思想引导、组织吸纳、情感沟通，在基层社会治理、文化建设、群众工作等方面发挥着积极作用，也形成了相对稳定的制度性安排和组织性基础。"凡益之道，与时偕行。"文联组织只有勇于自我革命，才能跟上时代前进、文艺事业发展、文艺工作者实践创新的步伐。在总结历史经验的基础上，适应时代发展变化，加强顶层设计，创新工作体系，尊重基层首创精神，从体制机制、组织设置、工作方式等根本性问题入手，强化行业服务、行业管理、行业自律，推动改革向纵深发展，文联组织一定会展现出更为旺盛的生机活力。

文联的优势应在"专"字上发力

习近平总书记在中国文联十一大、中国作协十大开幕式上的重要讲话中指出,"要发挥文艺界人民团体的专业优势,指导文学家、艺术家提高专业水平,建设更具权威性、公信力、影响力的文艺评价体系,强化行业服务、行业管理、行业自律,深入推进行风建设"。这既是对文联组织专业特性的高度认可,也为文联在新时代发挥行业和专业作用指明了方向、提出了新的更高要求。

中国文联是党领导的文艺界人民团体。群团组织、文艺专业、桥梁纽带,体现了文联的性质和任务,规定了文联组织所应该具备的文艺领域专业优势。文联组织的专业优势集中体现在一个"专"字上,专业领域、专门人才、专家指导、专长技艺、专题研究、专职岗位等等,可以说,专业优势是各艺术门类发挥作用无可替代的资源禀赋,专业代表着行业的最高水平,某种意义上就是权威性、公信力、影响力的代名词,专业优势是否得到充分发挥、发挥的效果好不好直接关系到文联组织的社会形象和长远发展。面对新形势新任务新要求,只有深入挖掘、着力培育、努力发挥文联专业优势,才能在新的历史起点上完成时代赋予的新使命。

专业理念是先导。发挥文联专业优势首要的是强化专业理念,以先进文化引领文艺创新发展。坚持以马克思主义文艺理论中国化最新成果为指导，继承创新中国古代文艺批评理论优秀遗产，批判借鉴现代西方文艺理论，打磨好批评这把"利器"，注重发挥文艺理论评论的专业引导作用，加强文艺理论建设、文艺思潮辨析、文艺作品批评，真正构建起中国特色文艺理论评论话语体系。坚守中华文化立场，弘扬中华美学精神和审美风范，践行社会主义核心价值观，坚持文以载道、文艺为民、文为时著，加强文艺创作引导，以专业水准、专业视角、专业深度聚力文艺精品创作，用心用情描绘伟大复兴时代精神图谱。坚持创造性转化、创新性发展，以高度的文化自觉、坚定的文化自信，在艺术实践中通过专业思维、专业精神和专业模式激发创新创造活力，推动文艺事业在继承中创新、在创新中发展。

专业平台是风向标。发挥文联专业优势应当打造专业平台，以真才实学凝聚锐意进取力量。要建立能够反映文艺作品综合质量的文艺专业奖项评价体系，完善科学合理的评价标准，按照思想精深、艺术精湛、制作精良的标准评价作品，把专家评议、群众评价和市场检验有机统一起来，切实发挥文艺专业评奖的示范导向作用。大力提升教育培训、展演展示、采风创作、志愿服务、对外交流等平台窗口的专业化水平，遵循和尊重文艺规律，精心组织策划，敢于突破陈规，不断打开新视野，创造新境界，用心打造文艺平台的专业水准，让参与者切实感到品位高、平台大、收获丰。加大"互联网＋文联""互联网＋文艺"平台建设，充分利用网上文艺直观便捷、快速全面、覆盖广泛的特点，将专业的文艺理论、文艺实践、文艺资讯传递给广大文艺工作者，帮助他们提升专业水平。

专业本领是黏合剂。发挥文联专业优势需要提高专业本领，以崇德尚艺营造行业新风正气。文联工作是"做人的工作"。要进一步延伸工作手臂，加强对"文艺两新"和青年文艺工作者的教育培养、团结引领力度，组织专业权威艺术家进行授课和跟踪指导，推动教育培训由广度向深度拓展、由普及向提高延伸，为发现、培养和造就各艺术门类文艺创作中坚力量和领军人物打下坚实基础。要发扬专业精神，提供专业化服务，注重用专业知识破解文联工作中的难点、痛点、堵点问题，加大文艺理论储备，用专业知识、专业语言、专业观点与广大文艺家和文艺工作者打交道，努力成为他们事业上的好伙伴、工作中的好帮手、生活中的真朋友，真正把千千万万文艺从业者、爱好者凝聚起来。要大力宣传推介先进典型，积极倡导讲品位、讲格调、讲责任，抵制低俗、庸俗、媚俗，秉持从艺初心，践行文化使命，引导广大文艺工作者倍加珍惜党和人民给予的荣誉，做有信仰、有情怀、有担当的新时代文艺工作者，肩负起立德树人、立心铸魂的神圣天职。

发挥专业优势是各级文联协会的重要责任。要跳好"集体舞"，唱好"大合唱"，带动各领域各方面各层次文艺工作者协力描绘新蓝图、演绎好故事、传递正能量，为繁荣发展社会主义文艺、建设社会主义文化强国作出文联专业优势的贡献。

贯通"两个优势" 彰显实践效能

习近平总书记在中国文联十一大、中国作协十大开幕式上的重要讲话中发出号召:"新时代需要文艺大师,也完全能够造就文艺大师!新时代需要文艺高峰,也完全能够铸就文艺高峰!"面对新时代呈现的精神气象、创造的历史机遇、绘就的光辉前景,我们有责任创作出彪炳时代的优秀文艺作品。面临文艺发展的条件、环境和格局的深刻调整,文艺创作、生产、传播、消费方式日趋多样,文艺新业态新模式新形式不断出现,"文艺两新"大量涌现,我们有义务广泛组织动员各领域各层次各方面文艺工作者投身党的文艺事业。迫切需要文联组织充分发挥组织优势和专业优势,以"两个优势"的结合来促进"做人的工作"和创作生产优秀作品的贯通,切实将"两个优势"的势能转化为推动新时代文艺文联工作高质量发展的强劲动力。

中国文联成立70多年来,在党的领导下不断发展壮大,文联组织逐步形成了遍布全国、辐射广泛、覆盖省市县到乡镇、街道的多级组织体系和工作体系,团结凝聚了涵盖各艺术门类的优秀文艺人才,是文艺事业最重要最专业的人才聚集地和蓄水池,具有其他文艺团体、文艺组织不可比拟的组织优势和专业优势。这表明,

抗击疫情影像展览展出的主题优秀作品

"两个优势"统一于文联组织的历史形成，也统一于文联系统的客观存在。"两个优势"如车之两轮、鸟之双翼，相辅相成、缺一不可。文联专业优势的发挥需要组织的力量来加持，文联组织依靠专业优势以增强行业的吸引力和主导力。相反，离开专业优势，组织优势将失去专业支撑,离开组织优势,专业优势将失去依托,势必也不复存在。这就需要我们在实践中既要抓组织优势,也要抓专业优势,力促两者优势互补、效能增强。

近年来,全国文联系统注重发挥"两个优势",运用团结起来的力量、专业汇聚的力量,服务党和国家工作大局、为人民群众奉献更多更好的精神食粮。2020年,面对突如其来的新冠疫情,在文联组织快速动员、高效协调下,短时间内广大文艺工作者推出一大批有筋骨、有道德、有温度的抗疫主题优秀作品,激发了文艺界巨大的抗疫力量,也进一步彰显了文联组织"两个优势"在实践中贯通结合起来的行业组织力、行业引领力和行业影响力。实践表明,文联组织所开展的教育培训、人才培养、采风创作、主题实践、评奖表彰、职称评审、传播展示、志愿服务、理论评论、对外交流和权益保护等各项工作,既有组织优势的内容,也有专业优势的体现。文联组织履行"十六字"基本职能的过程是"两个优势"发挥的过程,文联组织在行业建设中所起的主导作用是"两个优势"发挥的结果。只有立足职责定位,增强历史主动,把组织当作工作的平台,拿专业拓展干事的空间,用事业激励人才,让人才成就事业,推动"两个优势"相互促进、相得益彰,才能真正走出一条文联组织创新发展、科学发展、高质量发展之路。

历史和实践反复证明,"两个优势"并不是自然而然形成的,而是文联组织始终坚持党的领导、围绕中心服务大局、紧紧依靠广大文艺工作者逐步得来的。归根结底,"两个优势"是在实践中走出来的、干出来的,也必须在实践中不断得到巩固和发展。要把"两个优势"更加精准地聚焦到"做人的工作"这一任务和"创作生产优秀作品"这一中心环节上来，培养人才、发现人才、珍惜人才、凝聚人才，繁荣文艺创作、推动文艺创新。让春风化雨、凝心聚力的"做人的工作"孕育养德修艺的持久力量，积蓄精益求精的创作能量，从而创作出无愧于伟大时代、伟大民族的高峰之作。通过不断提高创作的组织化程度和专业化水准，让文艺工作者在重大主题创作、深入基层创作、服务人民创作、聚焦时代创作中得到思想淬炼、政治历练、实践锻炼、专业训练，从而真正打造一支政治过硬、本领高强、守正创新、作风优良、德艺双馨、堪当重任的浩浩荡荡的文艺大军。2022年召开的党的二十大，是对文联"两个优势"的一次重要检阅，我们必须以高度的责任感、使命感，发挥好文联"两个优势"，组织动员全国文联系统，团结引导各艺术门类专业人才，围绕"喜迎二十大，礼赞新时代"，全方位全景式展现新时代的伟大成就和精神气象，以丰富多彩的文艺形式奏响新时代颂歌。

奋进新征程，建功新时代。文联组织依靠"两个优势"走到今天，也必将依靠"两个优势"走向未来。文联组织应赓续传承"两个优势"这个文联取得伟大历史成就的重要法宝，进一步探寻发挥其广泛动员力、强大执行力、专业引领力、行业影响力之源，团结引领广大文艺工作者紧跟时代步伐，用更多思想深刻、清新质朴、刚健有力的优秀作品满足人民文化需求，增强人民精神力量，为繁荣发展社会主义文艺、建设社会主义文化强国贡献不可替代的文联优势和文艺力量。

6. 创新优化文联组织职能

加强文艺人才培训培养　为文化强国建设提供厚实支撑

人是事业发展之本、事业前进之基。党的十八大以来，以习近平同志为核心的党中央把文艺工作提到了更高位置。2014年10月15日，习近平总书记主持召开文艺工作座谈会，要求"要把文艺队伍建设摆在更加突出的重要位置"。2017年10月18日，习近平总书记在党的十九大报告中进一步重申："加强文艺队伍建设，造就一大批德艺双馨名家大师，培育一大批高水平创作人才。"习近平总书记这些重要论述为文艺队伍建设明确了努力方向。

我们党一贯重视文艺人才培养和队伍建设工作。1938年年初，毛泽东等在延安发起成立鲁迅艺术学院，旨在从抗战实际需要出发，培养"大批艺术干部"和"新时代的艺术人才"。从1938年4月到1945年11月，鲁艺凝聚和培养了一大批日后灿若星辰的文艺家和文艺干部，对新中国成立后文化文艺事业发展起到了"定盘星"和"压舱石"的作用，其深远影响一直绵延至今。鲁艺真正成为实现党的文艺政策的"堡垒与核心"。

1979年10月30日，邓小平在《中国文学艺术工作者第四次代表大会上的祝词》中指出:"必须十分重视文艺人才的培养。在一个九亿多人口的大国里,杰出的文艺家实在太少了。"邓小平在祝词中还特别指出:"我们不仅要从思想上,而且要从工作制度上创造有利于杰出人才涌现和成长的必要条件。"

文艺事业要实现繁荣发展,必须要把人才工作放在重要位置。开展文艺人才培训,是做好文艺界人才工作的有效载体和有力抓手,是推进文艺人才培养和队伍建设的重要途径,也是培养人才、发现人才、珍惜人才、凝聚人才的重要平台。

党的十八大以来,截至2020年年底,中国文联累计举办培训班880余期,线上线下共培训学员19.98万余人次,逐步形成了从基层文艺骨干到文艺领军人才包括新文艺群体在内的全国文艺人才培训培养的梯次格局。

文艺人才培训重在思想引导。培训是载体,思想内容是关键。文以载道,以文化人,对于文艺培训工作同样适用。开展文艺人才培训,必须要以习近平新时代中国特色社会主义思想,特别是习近平总书记关于文化文艺工作的重要论述作为教学主线,把马克思主义文艺观、社会主义核心价值观和以人民为中心的创作观教育贯彻教学始终。通过开展文艺人才培训,切实推动文艺界的政治认同、思想认同、理论认同、情感认同,凝聚起文艺事业发展的强大力量。

文艺人才培训须在提升创作上用力。文艺工作者的中心任务是创作,不断提高创造创新能力是文艺工作者一生的课题。做好文艺人才培训,要从文艺工作者的需求出发,以学员为本,通过培训推动教学相长、学学相长,通过互学互鉴,促进文艺创作创新能力的

中国文联2022年度"文艺两新"骨干培训班在大理举办

提升。做好文艺人才培训，还要从繁荣发展社会主义文艺事业的需求出发，不断加强文艺工作者的思想积累、知识储备、文化修养、艺术训练，着力增强文艺原创能力。

文艺人才培训须坚持立德树人。1938年，毛泽东在鲁迅艺术学院的讲话中指出："鲁迅艺术学院要造就有远大的理想、丰富的生活经验、良好的艺术技巧的一派艺术工作者。"习近平总书记强调，新时代文化文艺工作者、哲学社会科学工作者明大德、立大德，就要有信仰、有情怀、有担当，树立高远的理想追求和深沉的家国情怀，把个人的艺术追求、学术理想同国家前途、民族命运紧紧结合在一起。培训是教育事业。做好文艺人才培训，要以教育的视野看待培训工作,以教育的心态从事培训工作,久久为功,立德树人,培养造就更多有信仰、有情怀、有担当的文艺工作者,为建设社会主义文化强国提供有力的人才支撑。

> **链接知识**
>
> 2016年—2017年,为贯彻落实中宣部、财政部、文化部、新闻出版广电总局、中国文联、中国作协联合印发的《2016—2017年全国文艺骨干和管理干部培训工作规划》,中国文联会同各团体会员,以学习习近平总书记文艺工作重要论述为重点内容,首次大规模组织全国文艺骨干大培训,文联系统上下联动、密切合作,累计举办培训班241期,培训会员8.5万人(其中通过邮寄教材方式培训2.6万人),圆满完成预定的两年培训任务。

以艺术教育之光塑造时代新人

教育学奠基人夸美纽斯认为，教育是"把一切事物教给一切人类的全部艺术"。艺术与教育都承担着启迪人、引导人、塑造人的职责，都发挥着培根铸魂、立德树人的作用。两者双向奔赴，自然珠联璧合。当艺术成为主体、载体和导体，通过学校教育的方式和途径塑造未来人，一大批现代化建设需要的德才兼备的高素质人才必将呼之欲出、竞相涌现。

福楼拜有句名言："越往前走，艺术越要科学化，同时科学也要艺术化。两人从山麓分手，又在山顶会合。"艺术教育有利于培养出全面发展的人才。这是因为，通过艺术教育，可以使青少年培养感受美、表现美、鉴赏美、创造美的能力，进而树立正确的审美观念，陶冶高尚的道德情操，培养深厚的民族情感，激发想象力和创新意识。钱学森在谈到杰出人才的培养问题时意味深长地讲，"教育要把科学技术和文学艺术结合起来""处理好科学和艺术的关系，就能够创新，中国人就一定能赛过外国人"。2022 年 11 月 22 日，教育部印发《高等学校公共艺术课程指导纲要》，鲜明指出了艺术教育对于引导学生树立正确的历史观、民族观、国家观、文化观，提高学生的审美和人文素养，培养创新精神和实践能力，塑造

中国文联2024年文艺名家宣讲活动现场

健全人格，具有不可替代的价值和作用。同时，充分释放了通过艺术教育促进人才培养的强烈信号。

建设社会主义现代化强国、实现中华民族伟大复兴，离不开中华文化繁荣兴盛，必须造就一大批德艺双馨的文艺人才队伍。未来五年，我国高等院校艺术学科毕业生将接近300万人，且绝大多数将成为"文艺两新"，这是我国文艺事业的有生力量。2022年10月，中国文联印发的《中国文联学习研究宣传阐释贯彻习近平总书记文艺工作重要论述五年工作规划（2022—2026）》明确提出，深入宣传阐释习近平总书记文艺工作重要论述，推动马克思主义文艺观进校园、进课堂、进头脑。这一举措，有利于让艺术专业的学生从进校门开始就系好第一粒扣子，为将来成为一名有信仰、有情怀、有担当的文艺工作者打下坚实思想基础。

艺术教育与行业建设密不可分。推进艺术教育，文联组织大有可为。通过加强与高校深度合作，将行业服务、行业管理与高等教育紧密结合，把文艺人才培养和艺术创作、行业建设贯通起来，实现文联"两个优势"与高校（科研院所）科研和人才两个资源之间的资源共享、优势互补，必将让艺术教育在社会主义文化强国、教育强国、人才强国建设中发挥更大的作用，塑造好更多担当民族复兴大任的时代新人。

> **链接知识**
>
> 2022年9月13日，国务院学位委员会、教育部印发《研究生教育学科专业目录（2022年）》《研究生教育学科专业目录管理办法》，"戏曲与曲艺"被纳入教育部本科专业目录，并纳入研究生教育学科目录。曲艺不仅获得了本科层次人才培养的发展机遇，也获得了硕博高层次人才培养和学位授予的"户籍"，可以成建制地发展曲艺专业和学科，从专业设置和学科建制来说，曲艺成为与戏曲并列的专业，并同"戏剧与影视"一起构成艺术学学科的重要板块。

让文艺评奖引领德艺双馨的行业风尚

社会主义文化强国的精神大厦，需要一大批文艺精品和文艺名家大师构筑起的精神支柱来支撑。文艺评奖作为推出文艺精品、推介文艺人才的有效途径，引领着文艺创作的方向，代表着文艺人才的形象，标志着文艺行风的走向。近日，第十五届中国民间文艺山花奖、第十二届中国曲艺牡丹奖相继成功举办，第七届"啄木鸟杯"中国文艺评论年度推优活动如期推进，奖掖推出了一批精品佳作和名家新秀，引发社会良好反响。

各类全国性文艺评奖和推优活动不仅评选推选出标定时代的作品和人才，而且充分发挥出树立行业标杆的引领示范作用。文艺评奖就是用看得见听得到的方式告诉从业者，只要坚守人民立场、聚焦时代主题、讲好中国故事、弘扬中国精神、传播中华文化、追求德艺双馨，就一定能够赢得行业认可、人民满意的鲜花和掌声。作为检阅、展示艺术创作最新成果，激发文艺工作者创作热情的重要平台，文艺评奖通过科学的评价体系、明确的评价标准、规范的评奖程序，评选表彰推广优秀作品和优秀人才，引领广大文艺工作者在创作上精益求精，在从艺上守正创新、在做人上崇德尚艺，对于新时代文艺事业繁荣发展至关重要。

文艺评奖，方式在奖，重在引领示范，需要下功夫持续增强权威性、公信力、影响力。权威性代表专业性，真正专业权威的评奖会让文艺工作者信服，才能为文艺创作指引正确方向。传播力往往决定了影响力，文艺评奖的行业引导力和社会影响力的提高离不开评奖成果的充分转化。应借助全媒体传播力量，强化多渠道、多平台、多手段融合传播推广评奖活动和评奖成果，提供更多机会让获奖作品与观众接触，搭建更大舞台让获奖人才回报社会，充分释放出文艺评奖引领示范的最大正能量。

文艺评奖，过程在评，在坚持结果正义基础上更应彰显出程序正义。文艺创作需要山清水秀的文艺生态，文艺评奖也需要公平公开公正的评奖环境。近年来，中国文联持续深化全国性文艺评奖改革，专家评委差额随机抽选、纪检部门全程监督、签订责任书承诺书、探索"互联网＋文艺评奖"等等，举措更加务实，标准更加具体，流程更加规范，机制更加完善，确保评出精品、评出人才、评出导向。文艺工作者纷纷表示，评奖数量虽然减少了，但"含金量"更高了。

文艺评论被喻作文艺创作的一面镜子、一剂良药，具有引导创作、推出精品、提高审美、引领风尚的重要作用，与文艺评奖具有异曲同工之妙。一个属于艺术理论范畴，一个属于艺术实践层面，两者相辅相成、相互促进。对文艺评奖而言，评委参与评奖的过程，实质就是运用文艺评论的方式评价参选作品和人员的过程。就文艺评论来讲，理论评论家只有抵达艺术创作的现场，才能获得真知灼见。获奖的作品好在哪儿，未能获奖的作品不足在哪儿，获奖的人才艺术发展潜力在哪儿，进一步提升和改进的地方又在哪儿，这些都需要评论家站出来说话,给出专业权威的点评。

  专业权威的文艺评奖和文艺评论是需要建立在科学的文艺评价体系之上的。建设更具权威性、公信力和影响力的文艺评价体系是深化文艺评奖改革的关键一招,是关乎作品之本、人才之基、行业之发展的战略性举措。这迫切需要我们,坚持以习近平总书记关于文艺工作的重要论述为根本遵循,运用历史的、人民的、艺术的、美学的观点,综合人民评价、专家评价、市场检验,坚持思想精深、艺术精湛、制作精良,彰显中国特色、中国风格、中国气派,研究制定出一套针对性强、操作性好、实效性突出的评价标准、规范和机制,用中华审美风范剪裁出文艺精品,用既看作品更重人品的标准选拔出栋梁之材,用科学公正的文艺评价浇灌出文艺繁荣之花。

链接知识

  2015年,按照中共中央办公厅、国务院办公厅印发的《关于全国性文艺评奖制度改革的意见》要求,中国文联将原有的全国文艺奖项由1123个大幅整改压缩为248个,压缩比例达78%;子项由237项压缩为67项,压缩比例达72%,并取消了全部分项。此外,还着手修改完善了《中国文联全国性文艺评奖管理办法》《中国文联全国性文艺评奖评委库建立实施规范》,并指导各全国文艺家协会细化完善文艺评奖的"章程""细则"和"评委库建设实施规范"。

维护文艺工作者合法权益文联组织责无旁贷、大有可为

作品是文艺工作者的立身之本，著作权则是关乎他们从业根基的重要权利。一旦原创作品被抄袭剽窃，艺术表演形象被歪曲，文艺工作者倾注心血的劳动成果被轻而易举地侵害，就会让文艺工作者心伤心痛心灰意冷，极大地挫伤他们的文艺创造热情。更为严重的是，如此循环往复，将导致山寨模仿、粗制滥造、机械化生产大行其道，在民族复兴时代需要伟大作品的时刻，将会拖慢文艺工作者攀登高峰的脚步。创作要靠心血，表演要靠实力，良好的创作环境更要靠法治的保驾护航。加强文艺界的知识产权保护，使潜心创作的文艺工作者的合法权益得到有力保障，使抄袭者的违法行为受到应有惩罚，文联组织既责无旁贷，更大有可为。

做群众工作是本职，做人心的工作是本质。群团组织承担着把各自所联系的人民群众团结起来，拧成一股绳，汇聚起实现中华民族伟大复兴磅礴力量的光荣使命。文联作为党领导的群团组织、文艺界的人民团体，是温馨和谐的文艺工作者之家。文艺工作者有所呼，文联组织当有所应；文艺工作者的合法权益所在，就是文联组织的目光和力量所向。

文艺界需要一面"公平之盾"，保障文艺工作者的合法权益不

受侵犯；文艺界也要有一方"正义之师"，执法律之杖，为文艺工作者依法维权。文艺维权工作谈的是问题，触的是矛盾，解的是纠纷，专业性强、工作难度大，组织保障和专业人才队伍尤为关键。近年来，中国文联出台关于进一步加强文艺维权工作的指导意见，指导各全国文艺家协会和省级文联加强维权机构和队伍建设，组建文艺法律志愿服务团，深入基层提供免费法律服务，大力推行法律顾问制度，实现所属各单位法律顾问全覆盖，为文联科学决策、依法管理、防范风险、化解矛盾、服务维权提供了智力支持和专业支撑。文艺工作者逐渐形成了"要维权、找文联"的意识，权益保护成为文联组织团结凝聚服务文艺工作者的心灵纽带，全国文联系统文艺维权工作步入组织化、常规化、高质量发展的新阶段。

"全国文联知识产权宣传周"每年举办一次，旨在让广大文艺工作者更加深刻地认识文艺作品版权的重要社会价值和巨大经济价值，坚持正确导向，努力创作精品，持续提升文艺作品版权创造运用管理保护水平，促进文艺繁荣和文化产业发展，为建成社会主义文化强国贡献力量。

自律维权是党中央赋予文联组织的重要职能。自律和维权本是一个硬币的两面，自律要求文艺工作者自觉遵守法律法规、行业规范、公序良俗和道德底线，时时刻刻保持自省，加以自我约束；维权则要求文艺工作者一旦受到不法侵害或者伤害，需要积极依靠法律、依靠行业、依靠组织，维护自身的合法权利和正当权益。维权的人越多，自律的人就会越多；自律的人越多，侵权的人就会越少。这就需要大力开展普法宣传，深入开展职业道德和法治教育，坚持正面倡导和依法依规惩戒相结合，惩前毖后和治病救人相结合，不断提高广大文艺工作者的法律意识、规则意识和维权意识，推动文艺界形成尊法学法守法用法的良好氛围，营造自尊自爱、互学互鉴、天朗气清的行业风气。

新时代为文艺工作者潜心创作、施展本领搭建了广阔的舞台，也为文联维权工作提供了无限的空间。真诚做广大文艺工作者事业上的好伙伴、生活里的真朋友、人生中的娘家人，维护好权益，保护好热情，守护好人心，与广大文艺工作者携手并肩书写中华民族新史诗，共创中华文化新辉煌，是全国文艺界的共同心愿和责任。

链接知识

2021年10月，中国文联印发《中国文联关于进一步加强文艺维权工作的指导意见》，旨在围绕鼓励文艺创作、促进文艺发展，切实保护著作权，激发广大文艺工作者的创造性，促进文艺作品的创作、生产、使用和传播；围绕倡导尊重艺术、尊重创造、尊重人才，切实保护名誉权，维护广大文艺工作者的人格尊严和公众人物的社会形象；围绕团结、培育更多的文艺人才，协调推动有关方面积极解决文艺工作者面临的基本社会保障问题，促进文艺工作者社会保障权的实现。

做好会员工作　发挥文联优势

会员是文联协会组织宝贵的人才资源。只有做好会员工作，切实发挥文联系统组织优势和专业优势，充分调动广大会员创造活力和工作热情，才能够带动全国广大文艺工作者勇于创新创造，为建设社会主义文化强国贡献智慧、才情和力量。

做好协会会员工作，正确认识和看待会员是前提。各文艺家协会会员是各艺术门类文艺工作者的中坚力量。文联协会聚焦"做人的工作"与推动文艺创作相贯通，会员工作是关键，是基础。紧紧依靠热爱党的文艺事业、团结凝聚在协会组织周围的广大会员，是文联发挥行业建设主导作用的前提条件。文联、协会组织是会员之家，是志同道合者在一起学习理论、砥砺德行、精进技艺的地方。要尊重遵循文艺规律和文联协会工作规律，按照党中央赋予文联的"十六字"基本职能开展工作，把服务会员放在突出位置，把引导和管理融入服务之中，切实改变会员工作中"重发展、轻管理、缺服务"倾向。要进一步夯实工作基础，强化联络沟通机制，发挥网络平台作用，建立健全各层级职责清晰、高效联动的会员服务管理机制，团结引导广大会员听党话、跟党走，繁荣文艺创作，服务人民群众。

做好协会会员工作，尊重人才和艺术规律是根本。用心用情用功是尊重的真情流露。政治上充分信任，创作上热情支持，生活上关心关爱，待人以诚，待人以亲，实现从"接触打交道"的握手，到"交流思想认识"的交心，再到"理想信念认同"的共鸣的逐步递进，从"想到一起"到"心在一起"再到"行在一起"的不断升华，用实实在在的服务，成为会员事业上的好伙伴、生活中的真朋友、情感上的自家人。遵循艺术发展规律和人才成长规律在会员工作中尤为重要，应采取灵活多样的形式，如培训班、研讨班等，组织会员加强思想积累、知识储备、艺术训练，帮助会员提升理论素养、专业学养、职业涵养、道德修养，引导会员把为人、做事、从艺统一起来，努力追求真才学、好德行、高品位，做到德艺双馨。

做好协会会员工作，处理好主动吸纳和从严把关是关键。青年文艺工作者特别是"文艺两新"人才是文艺事业的有生力量。吸纳"文艺两新"人才成为会员，是新时代文联协会始终保持蓬勃生机、充满活力的必然要求。在完善个人会员入会规则基础上，要积极主动、不拘一格地向"文艺两新"人才敞开胸怀，张开臂膀，逐步提升"文艺两新"会员比例。大力培养青年文艺工作者特别是"文艺两新"人才，在创作采风、志愿服务、展演展示、研修培训、对外交流等各项活动中向他们倾斜，帮助他们成长为文艺事业发展的骨干力量和代表性人才，形成相互激励、人才辈出的良好局面。当前，越来越多的文艺工作者想要加入协会、成为会员，希望通过入会更好地融入组织，提升业务水平，取得更大的艺术成就。会员理应是各行业各领域内的专家和翘楚，具备较高的艺术水准和良好的道德品行。新会员发展应把好关口,注重质量,坚持高标准、严要求的原则,采取综合考量的评审标准,既看作品,更重人品,实现整体严格、质量优先、兼顾规模、有序发展的目标。对已入会会员应加强监督管理,及时排查处理违法失德会员,建立健全会员惩戒和退出机制。

> **链接知识**
>
> 2021年10月印发的《中国文联关于进一步加强会员联络服务管理工作的意见》进一步改进了各文艺家协会的会员联络服务管理工作,加强了会员数据库建设和会员信息化管理,解决会员信息不全、不新、不准等问题,建立了稳定有效联络服务渠道,提高会员联络服务管理水平,提升协会会员的归属感、荣誉感和责任感,发挥协会会员在作品创作、行风建设、职业道德等方面的引领作用。

以深化改革成效汇聚文联发展新力量

党的十八大以来，以习近平同志为核心的党中央对全面深化改革的整体布局、重大问题、关键环节作出一系列重要战略部署和指示批示，为推动包括文化在内的新时代改革发展提供了政治遵循、理论指导和行动指南。中国文联深化改革工作是中央文化体制改革和群团改革的重要组成部分，也是实现2035年建成社会主义文化强国宏伟目标的重要内容和题中应有之义。2014年文艺工作座谈会召开以来，以习近平同志为核心的党中央更加重视文艺事业、文联工作，《中共中央关于繁荣发展社会主义文艺的意见》《中共中央关于加强和改进党的群团工作的意见》等纲领性文件和《中国文联深化改革方案》，对中国文联深化改革提出了明确要求，确立了目标任务，绘制了文联改革的时间表、路线图、任务书。近年来，中国文联落实中央决策部署，聚焦主责主业，突出重点关键，变思维、换思路，调机构、转职能，取得积极成效。广大文艺工作者呈现出新风貌新作为，文艺界展现了新气象新创造，文联组织政治性、先进性、群众性不断增强，日益成为建设社会主义文化强国的主体力量。

党中央提出，"十四五"时期经济社会发展要立足新发展阶段，贯彻新理念，构建新格局，推动高质量发展。文联深化改革也进入守正创新、乘势而上的关键时期。2021年，中国文联召开第十一次全国代表大会，对深化改革工作成效是一次全方位的回顾检阅，对巩固拓展改革成果、推进更深层次改革、增强文联组织发展动力活力、开创文艺界人民团体工作新局面具有重要意义。

实践证明，立足新发展阶段，坚持党的领导是推进文联深化改革的第一位原则和根本政治保证。中国共产党成立近100年和新中国成立70余年来的文艺实践，特别是党的十八大以来中央关于文艺作出的一系列重大决策部署都表明，文艺的繁荣发展，其根本保证是坚持党对文艺工作的全面领导。当前，社会主义文艺繁荣发展仍有很多亟须解决的矛盾和问题。坚持社会主义文艺发展的正确方向，破除制约文艺高质量发展的体制机制障碍，打通堵点、解决难点、疏解痛点，其政治前提是始终坚持党的领导。只有深入贯彻习近平总书记系列重要讲话精神和治国理政新理念新思想新战略，准确把握文艺工作的时代主题和文联组织的职责使命，从建设社会主义文化强国的高度谋划深化改革，从满足人民精神文化需求、增强人民精神力量的高度落实改革任务，才能推动改革工作行稳致远。

实践证明，贯彻新发展理念，坚持提升质量和水平是推进文联深化改革的基本任务和试金石。文联工作归根结底是"做人的工作"。习近平总书记深刻指出，哪里有文艺工作者，文联的工作就要做到哪里；文联要发挥好党和政府联系文艺界的桥梁纽带作用。聚焦履行文联组织基本职能，在行业建设中充分发挥主导作用，不断强化行业服务、行业管理、行业自律，是党和人民赋予文联组织的重要职责和光荣使命。只有积极适应文艺新形式、把握新规律、延伸工作手臂，加

推动文联工作高质量发展座谈会现场

强行风建设,加强文艺评奖评论,推动出精品出人才;多做暖人心、聚人心、得人心、稳人心的实事,不断增强文联的组织活力、向心力、吸引力和行业影响力,才能推进改革工作取得实效。

实践证明,构建新发展格局,坚持增强基层文联活力是推进深化改革的坚实基础和生命线。许多文艺工作者活跃在基层一线,是改革开放的记录者和践行者。作为改革的"最后一公里",加强新时代基层文联组织建设是改革的关键点。我们应坚持改革的系统性、整体性、协同性,督促地市级文联改革方案落地生根、县级文联全覆盖,不断提升改革的整体效应。只有坚持顶层设计与基层探索有机结合,深入调查研究,推广典型经验,坚持协调联动、有力有序,调动文联系统和各方面力量积极参与改革实践,才能保障改革工作大有作为。

"积力之所举，则无不胜也；众智之所为，则无不成也。"文联深化改革正处于啃硬骨头、涉险滩的关键阶段，机遇与挑战并存，只要我们增强政治上的团结、思想上的共识、行动上的一致，坚定改革信心，汇聚改革合力，一定能向党和人民交出一份合格的文联组织深化改革答卷，以文艺界崭新的面貌共迎社会主义文艺繁荣发展的美好明天。

> **链接知识**
>
> 2016年，中共中央办公厅印发了《中国文联深化改革方案》，面对新形势新任务，中国文联先后召开了党组扩大会、专题会，进行了深化改革的思想动员，并于2016年印发了贯彻落实《中国文联深化改革方案》的任务分工方案，细化了67项具体改革措施，确定了责任单位和完成时限，确保各项改革工作有序高效推进。目前，11家全国文艺家协会深化改革方案得到有效实施；32家省级文联深化改革方案全部出台，90%以上地市级文联出台了改革方案。

让专委会真正"专"起来

中国文联所属各全国文艺家协会在20世纪八九十年代就开始成立专委会(亦称"艺委会"),到2021年年底,专委会数量达到300个左右,已经成为一支不可或缺的重要力量。

文艺家协会根据章程和相关规则,经过一定程序,可以成立某一个具体领域或方面的专委会。从性质上看,它是非营利性的公益自律组织,文艺界的专家艺术家组织,发挥专家艺术家作用的平台组织,文艺家协会深化改革、延伸手臂的载体组织。从地位上看,它是文艺家协会优化职能配置、践行使命任务、推动事业发展的重要构成,是贯彻党的文艺理论路线方针政策,尊重劳动、尊重知识、尊重人才、尊重创造,凝聚团结服务文艺名家大家、代表性人物领军性人物的重要途径,是规范文艺行业道德、弘扬职业精神、塑造社会形象、树立新风正气的重要力量。它的基本职能是研究咨询、艺术指导、传播推广、建言献策等。30多年的实践告诉我们,专委会必须坚持正确的政治方向、价值取向、舆论导向,必须自觉接受文艺家协会的直接领导、指导、监督、管理,必须按照一定的规则规范规定来开展工作或组织活动,必须遵守文联在宏观上的统筹、协调、管理、指导,必须为文联协会的中心任务、工作大局和重点活动服务。

当下，个别专委会还存在一些问题：有的定位不清、职责不明；有的程序不规范、机制不健全、管理不到底；有的热衷于搞活动，不进行理论冷思考；有的名不副实，没有履行职责、发挥作用；有的超出职责范围，盲目搞活动，存在风险隐患；等等。这些问题必须引起我们的足够重视和高度警觉。应当按照文联协会章程及专委会履职规则和管理办法，负起责任，实事求是，该规范的规范，该重组的重组，该调整的调整，该撤销的撤销，在改革中在动态中在实践中持续提升其规范化管理的质量和科学化发展的水平。

立足现实，面向未来，文艺家协会专委会定会大显身手。关键是在七个重点方面用心用力，尽职尽责，发挥应有作用。一是强化思想引领。始终坚持以习近平新时代中国特色社会主义思想为指导，深入学习贯彻习近平总书记关于文艺工作的系列重要论述，使专委会工作沿着正确的方向前进。二是强化学术研究。目前一些专委会缺乏专业性，根本在于不重视学术研究，不愿意做广泛的调查、深入的思考和艰苦的辨析，只有以学术性作支撑，专委会才能充分彰显专业性。三是强化文艺评论。文艺批评是推动文艺创作的一剂良药、一把利器，好学才能上进，批评方能进步。不敢批评或没有批评，在很大程度上等于扼杀了文艺存在的价值和意义。必须把深化文艺理论特别是习近平总书记关于文艺工作重要论述的学习、研究、宣传、阐释作为重中之重，加强艺术学科建设，培养骨干力量，使文艺评论既有专业性、权威性，又充满锐气、朝气。四是强化专业咨询。专委会的成员不是名家大家就是新秀才俊，都有一定的社会公信度和行业影响力，应当用自己熟悉和擅长的艺术形式奉献社会、服务人民，同时，有责任义务向文联协会建真言、献良策，提出有见地有价值的意见建议。五是强化艺术指导。能够进入专委会的专家艺术家大都是领军性代表性人物，很多专委会的主任都是文艺家协会主席团成员，他们的艺术成就、心路历程对年青一代从业者影响甚大，应发挥他们的示范引领和传帮带作用。六是强化人才培养。每个专委会及其成员都应当把发现、教育、培养优秀文艺人才作为一项重大使命责任，身体力行地、毫无保留地爱才、识才、用才、聚才，把更多爱国敬业奉献的文艺人才团结凝聚到党的旗帜之下。七是强化行风建设。专委会人才济济，星光闪耀，他们的一举一动、一言一行对文艺界的影响不可小觑。专委会应大力倡导和践行社会主义核心价值观、文艺界核心价值观，积极地参与制定行业标准、行业规范、行业守则、行业公约，主动地塑造行业形象、职业形象和社会形象，争做坚持爱国为民、坚定文化自信、潜心创作耕耘、追求德艺双馨、倡导团结向上、引领时代风尚的榜样。

7. 高度重视和切实加强文艺评论工作

文艺评论须增强历史主动

党的二十大吹响了以中国式现代化全面推进中华民族伟大复兴的前进号角。建设社会主义现代化强国需要强大的物质基础，也需要更为主动的强大精神力量。文艺不仅要形成能够把亿万人民凝聚起来的精神伟力，还要创造出发时代之先声、推动时代前进的精神引力，让人们看到美好、看到希望、看到梦想就在前方。如果说，文艺工作者是生产精神伟力、精神引力的"工程师"，那么，包括"文艺评论两新"在内的广大文艺评论工作者就是参与工程生产建造的"监理师"，其天职就是和创作者一道确保文艺作品这一特殊精神产品的质量，为实现中华民族伟大复兴提供价值引导力、文化凝聚力、精神推动力。

举精神之旗、立精神支柱、建精神家园，一刻都离不开文艺的滋养和支撑，都离不开文艺工作者的担当和作为。文艺评论应在增强历史自觉、历史主动上持续发力，树立大历史观、大时代观，看清楚中华优秀传统文化、革命文化、社会主义先进文化的来龙去脉，秉承辩证的、全面的、发展的科学观点，去审视一切文艺作品、文艺现象、文艺思潮，透过现象看本质，抓住要害找规律，方能给出真正客观权威的文艺评价。这就要求广大文艺评论工作者坚持以马克思主义中国化时代化的最新成果为根本指导，把眼光放在"两个大局"之中，胸怀世界大格局，心有中国大历史，永葆心系国家前途、民族命运的家国情怀，热忱服务群众、倾情奉献社会，成为文艺事业的推动者、高质量精神产品的锻造者，不负韶华、不负时代。

艺术创作需要一对放飞想象的翅膀，文艺评论需要一双发掘真善美的慧眼。这是一个日新月异、风云际会、气象万千、英雄辈出的时代，也是一个文艺工作者不断书写中华民族新史诗、铸就中华文化新辉煌的时代。当新时代的灿烂星河里闪耀着无数文艺名家大师和精品力作的时候，更加迫切地呼唤更多独具慧眼的文艺评论家一起引领人们仰望星空、欣赏光明、追逐梦想。读懂社会、读懂生活、读懂大师、读懂精品、读懂历史、读懂时代，让文艺真正成为更为主动的强大的精神力量，广大文艺评论工作者责无旁贷、大有可为。

理论评论应观照艺术现场

扎根人民、扎根生活，是文艺创作的最根本、最关键、最牢靠的办法。人民生活为文艺创作提供了源头活水，也为文艺理论评论提供了精神滋养。文艺理论评论工作者只有熟悉人民、了解生活、读懂人生，才能从根本上理解作品、洞察本质、抓住规律。

文艺理论评论工作者应把"为什么人"的问题作为安身立业的根本，始终坚守人民立场，坚持以人民为中心的创作导向，把满足人民精神文化需求作为出发点和落脚点，把人民当作文艺审美的鉴赏家和评判者，把人民满不满意作为检验艺术的最高标准，把增强人民精神力量作为使命和任务。这就需要格外重视文艺理论评论的语言和文风，多讲一些通俗易懂、深入浅出的大众语言，少讲一些佶屈聱牙、自说自话的抽象概念，更好地为群众所喜闻乐见，从而赢得受众、影响观众，引导和提高群众的审美鉴赏水平，丰富人民的精神文化生活。

实践出作品，实践出真知，这是文艺创作的规律，也是文艺理论评论的不二法门。当前，文艺创作与理论评论存在脱节的现象，其中一个重要原因就是不掌握创作规律、不熟悉艺术实践，很少抵达艺术现场，理论评论缺少专业的深度和学术的精度，自然说不到点子上。美学家朱光潜说："不通一艺莫谈美，不通一技莫谈艺。"舞蹈表演艺术家、评论家资华筠在舞蹈表演、舞蹈理论、舞蹈教学方面均取得了令人瞩目的成就，她提出要有"三真精神"，即"对作品的真实感受、心口如一的真诚表述、对艺术真谛的求索与揭示"。实践证明，没有深入的艺术实践和扎实的学术功底，就很难谈出、讲出真切的艺术感受和审美体验，开展的文艺理论评论也就很难让人信服。一切有情怀、有追求、有担当的文艺理论评论工作者都应该保有"虽不能至，心向往之"的心态，积极利用各种途径，深入艺术实践，潜心学术研究，深挖艺术特点和规律，把自己锻造成为艺术家认同、同行认可的行家里手。

文艺理论评论的生命力在于权威性和影响力，客观、理性、专业、权威是需要时刻牢记的核心词、关键词。客观才能理性，理性提升专业，专业确保权威，这需要广大文艺理论评论工作者下大功夫、花大力气，与时代同步伐，与人民共命运，积极介入当下文艺实践，紧密联系创作实际，对重点作品进行密切关注和跟踪，多角度、全方位、历史地、辩证地对文艺创作和文艺实践进行研究，注重价值引导、精神引领、审美启迪，努力创造出与新时代文艺高峰相匹配的文艺理论评论经典之作、扛鼎之作。

构建中国特色评论话语正当其时

2021年8月，中央宣传部、文化和旅游部、国家广播电视总局、中国文联、中国作协等五部门联合印发的《关于加强新时代文艺评论工作的指导意见》，明确提出了构建中国特色评论话语的重大任务，可谓切中肯綮，正当其时。

文艺评论是党和国家文艺事业的重要组成部分。中国特色评论话语，必须坚持以马克思主义文艺理论为指导。党的十八大以来，党中央高度重视文艺工作，赋予文艺评论引导创作、推出精品、提高审美、引领风尚的重要职能。习近平总书记关于文艺工作重要论述，是马克思主义文艺理论中国化的最新成果，包含着丰富而深刻的文艺评论思想。2014年，在文艺工作座谈会上，习近平总书记深刻论述文艺与人民、文艺与时代、文艺与市场等重大问题，并对文艺评论工作的职责使命、评价标准、理论建设、批评精神等作出精辟阐述。2016年，在中国文联十大、中国作协九大开幕式上，习近平总书记把文艺评论与文学、戏剧、电影等文艺门类并列并提，充分肯定取得的丰硕成果，并提出加强改进的明确要求。2015年的《中共中央关于繁荣发展社会主义文艺的意见》，把"高度重视和切实加强文艺理论和评论工作"作为标题性段落，加以明确。2017年

第二届粤港澳大湾区文艺创新论坛现场

的《关于实施中华优秀传统文化传承发展工程的意见》,明确提出加强文艺评论,建立有中国特色的文艺研究评论体系。这些都为构建中国特色评论话语指明了方向,奠定了坚实的理论根基和政策依据。

中国文艺"长安论坛"是配合国家"一带一路"倡议,在文艺创作与评论领域为弘扬文化自信而打造的中国文艺评论高端论坛。该论坛会聚近百名文艺理论评论家,从多个学科作了深层次、全方位的交流与探讨,破解难题、凝聚力量、增进共识,为树立文化自信、推动中国传统文化的创造性转化、创新性发展以及新时代中国文艺理论与创作的融合、创新与发展提供精神坐标和价值参照。

"全国民族文艺论坛"着眼于推动各民族文艺评论工作共建共享、一体发展,为民族文艺的研讨和交流搭建了新平台,邀请来自全国各地的专家学者,为推动民族文艺理论评论的发展起到积极作用，获得广泛认同，成为中国文艺评论家协会与边疆民族地区联合推动民族文艺研究与创作不断发展的新举措。

"粤港澳大湾区文艺创新论坛"是积极响应和服务建设粤港澳大湾区国家战略，主动以文艺评论形式和力量，努力促进和推动大湾区文化建设，进一步贯彻落实习近平总书记关于文艺工作重要论述和文艺评论重要指示批示精神的一项有力举措。交流分享优秀文艺创新案例和重点文艺研究课题，为湾区文艺创新设立可资借鉴的标杆，传播成功的实践经验；成立论坛执行委员会，并设轮值主席、委员；组建了论坛专家库，聚合文艺评论专家学术力量，充分体现出湾区的活力，展示出文艺的魅力，释放出创新的潜力，激发出评论的引力，引发出发展的实力。

实践是理论之源。新时代中国文艺的实践，为建构中国特色评论话语提供了坚实基础。新时代以来，我国文艺事业发生历史性变革、取得历史性成就，呈现出蒸蒸日上的生动景象。文艺创作生产活跃，内容形式丰富，风格手法多样，涌现出一大批叫好又叫座的优秀作品。文艺领域新业态生机勃勃，在科技进步赋能下，繁花盛开，百舸争流。文艺行业建设深入推进，正导向，转作风，立大德，树新风，面貌一新、格局一新、气象一新。学术史的演进表明，新话语是新实践的产物，又对新实践起到淬炼、升华和推动作用。作为"运动的美学"，文艺评论是文艺实践与文艺理论之间的桥梁，也是文艺创作与文艺欣赏之间的纽带。新的文艺实践需要新的评论话语来总结，新的文艺现象需要新的评论话语来分析。构建中国特色评论话语，是新时代文艺实践的必然产物，也是推动其进一步发展的客观要求。

中华文化是我国文艺评论根脉所在。新时代以来，中国人的文化自信进一步坚定,民族精神极大彰显,传承弘扬优秀传统文化蔚然成风。越来越多的文艺创作者,在中华文化宝库中汲取智慧、寻找灵感、激发创意、挖掘素材,推出了许多富有中华文化气度、风格、神韵的作品。越来越多的文艺理论评论家,积极继承中国古代文艺批评理论遗产,大力弘扬中华美学精神,深入研究中华文论并赋予其时代内涵。中华文化创造性转化、创新性发展的蓬勃开展及成果,为中国特色评论话语提供了丰厚的文化沃土。

文艺评论是兼具理论性和实践性的学术活动。评论话语必须具备扎实的学术基础。文艺评论既包括对文艺作品、文艺现象、文艺思潮等的评价和阐释,也涉及网络文艺、文化产业、美育、艺术教育、艺术管理等的评析,除了覆盖文学、艺术学这两大基本学科外,还涵盖多个学科专业。新时代以来,我国哲学社会科学体系不断健全,研究水平和创新能力不断提高,学术成果十分丰硕。特别是艺术学升格为门类学科,真正获得了独立的学科地位,十余年来,艺术学研究在内涵深化和外延扩展中持续推进,取得了一批积极成果,丰富了文艺评论的观念、范畴和理论。文艺评论的学科保障更加巩固,学术基础更加扎实。

向着文化强国的远景目标,社会主义文艺繁荣发展的画卷正徐徐展开,扎实推进具有中国特色的文艺理论与评论学科体系、学术体系和话语体系建设,健全文艺评论标准,改进评论文风,用我们自己的语言,评价阐释我们的文艺创新创造,不套用西方理论剪裁中国人的审美,才能以文质兼美的评论激浊扬清、褒优贬劣,营造健康评论生态,推动创作与评论有效互动,为人民提供更好更多精神食粮。这是人民对于文艺的期盼,也是时代赋予评论的使命。

以科学的文艺评价体系推动行业建设

习近平总书记在中国文联十一大、中国作协十大开幕式上的重要讲话中明确提出了"建设更具权威性、公信力、影响力的文艺评价体系"的重大任务,为做好新时代文艺评价工作指明了前进方向。评价问题至关重要。评价体现着文艺发展的方向,引领着文艺创作的导向,标识着文艺思潮的倾向,凸显着文艺工作的靶向。评价准,则生态清;评价强,则文艺兴。增强文艺评价体系的权威性、公信力、影响力,有利于占领促进文艺创作的制高点,找准文艺行业和生态建设的切入点,不断壮大推动文艺事业繁荣发展的主动力量。

权威性、公信力和影响力的文艺评价来自科学理论的指引。文艺评价体系建设必须坚持以习近平总书记关于文艺工作的重要论述为根本遵循,运用马克思主义文艺理论中国化的最新成果,准确把握文艺与时代、文艺与人民、文艺与生活、文艺与民族等重大命题,科学回答为什么要发展文艺、发展什么样的文艺、为了谁发展文艺、依靠谁发展文艺、怎么样发展文艺等根本问题,找到衡量文艺作品、现象、思潮是非得失最精准的指南针、定盘星。只有这样,才能引导广大文艺工作者树立大历史观、大时代观,紧扣民族复兴的时代主题，把握新时代新征程的历史方位，怀大局、明大势、立大德、铸大我、弘大义、行大道，站在时代之先，点亮理想之灯，抒写奋斗之美，用好科学评价之力，结出创作繁荣之果。

权威性、公信力和影响力的文艺评价根源于正确、坚定的价值主张。文艺评价体系建设必须牢牢坚守社会主义文艺的人民立场，高扬人民性的价值准则，坚持以人民为中心的评价导向，把人民满意不满意作为检验艺术的最高标准，引导广大文艺工作者用诚挚的、礼赞的态度讴歌人民，用真实的、鲜明的形象塑造人民，用质朴的、清新的风格表现人民。这就要求紧扣"把社会效益放在首位"的基本原则，科学评价文艺作品的优劣得失。正确处理文艺领域的义利关系，弘扬社会主义核心价值观，牢记文艺的社会责任和历史担当，避免以牺牲社会效益为代价换取经济利益，杜绝低格调的搞笑、无底线的放纵、博眼球的娱乐、不知止的欲望，反对一夜成名、一夜暴富的错误思想，防止文艺成为市场的奴隶、资本的工具、流量的仆从。

任何评价都离不开判断与选择，都意味着奖优汰劣、去粗取精、激浊扬清。具有权威性、公信力和影响力的文艺评价体系，更是承担着加强行业建设有力杠杆、弘扬行风艺德重要路径、塑造文艺生态有效手段的职能，必然是全面、系统、动态的评价，也必然是立破并举、务实管用的评价。我们应当认识到，文艺作品展演展览展映、文艺理论评论研讨，是一种评价；文艺家协会会员管理服务、青年人才选拔、文艺队伍建设，也是一种评价；文艺领域评奖办节，作品宣传推广，行业规范制定，文艺表彰激励，更是一种评价。它们都以显性或隐性的方式，履行着评价的功能。为此，应当把文艺评价体系建设作为一项基础工程，贯穿于文艺创作生产、理论评论、传播欣赏各领域，融入文艺工作全过程各方面。特别是要加强改进文艺评论工作，发扬文艺批评的真精神，提升评论家的真本事，推动创作与评论的真对话，不断增强朝气锐气，切实发挥引导创作、推出精品、提高审美、引领风尚的作用，让当代中国文学艺术的天空更加光辉璀璨，铸就中华民族伟大复兴时代的文艺高峰。

大力倡导文艺评论说真话、讲道理

文艺评论是文艺事业的重要组成部分，是引导和推动文艺创作的重要力量。我国文艺创作的繁荣发展、文艺事业的不断前进，都离不开文艺评论的重要作用。只有文艺评论和文艺创作两轮驱动、比翼齐飞，文艺事业才能兴旺发达。"十四五"时期我国文化建设的目标任务、基本途径、重要原则为文艺评论提供了基本遵循，2035年建成文化强国的远景目标为文艺评论指明了发展方向。站在"两个一百年"的历史交汇点上，文艺评论必须坚持以人民为中心的导向，贯彻"百花齐放，百家争鸣"的方针，做到说真话、讲道理，更好地发挥引导创作、推出精品、提高审美、引领风尚的重要作用。

说真话、讲道理，就要有锐气。习近平总书记指出，"文艺批评要的就是批评，不能都是表扬甚至庸俗吹捧、阿谀奉承"。文艺批评是文艺创作的一面镜子、一剂良药，而批评精神是文艺批评的灵魂和风骨。文艺评论有锐气，就要在大是大非问题上表明立场，在艺术质量和水平上实话实说，既坚持标准、坦诚相见，好处说好，不足处说不足，又杜绝无原则的吹捧和恶意贬损。要做鲁迅先生所说的"剜烂苹果"的工作，指出坏的，奖励好的，聚焦具体的文艺作品、人物、事件、现象和思潮,运用历史的、人民的、艺术的、美学的观点,进行有说服力的评价和分析。对各种不良文艺作品、现象、思潮,应表明态度,加以评析,指出改进的方向和做法,真正做到褒优贬劣、激浊扬清。同时,注重区分政治原则问题、思想认识问题、学术观点问题和艺术表达问题,坚持具体问题具体分析,建设性地开展文艺评论。

说真话、讲道理,还要有底气。文艺评论是一种学术活动,必须以思想理论为武器,进行专业、权威的批评,承担起思想启迪、价值引导、文化引领的社会责任。文艺评论有底气,就要坚持正确导向,夯实理论根基,自觉运用马克思主义的立场、观点和方法,品鉴文艺作品、观察文艺现象、剖析文艺思潮。坚定的文化自信是底气的重要来源,要坚守中华文化立场,弘扬中华美学精神,坚持创造性转化和创新性发展,继承中国传统文艺理论评论优秀遗产,发掘中华文化的精神理念和中国审美的价值标准。对现代西方文艺理论应坚持以我为主、批判借鉴,不能套用西方理论来剪裁中国人的审美,而应在中外文化的交流对话与融合碰撞中,构建当代中国文艺评论的学术体系和话语体系。

说真话、讲道理,贵在有灵气。文艺评论既是理性的抽象思辨过程,也是感性的审美鉴赏过程,应融科学与艺术、智慧与美感于一体。文艺评论有灵气,就要增强评论自身的艺术性,始终聚焦现实,密切关注生活、深入艺术现场,不断适应社会发展的步伐,品味百姓生活冷暖和人间社会百态,追踪文艺欣赏趣味和文艺消费方式的新变化新热点,以深入浅出的内容、鞭辟入里的分析、生动活泼的语言、质朴清新的文风,提升文艺评论的战斗力和说服力,做到悦耳悦目、悦心悦意、悦志悦神。文艺评论工作者应该自觉培养敏锐的观察力，不断提高学养、涵养、修养，增强审美判断力和鉴赏力，细致剖析文艺作品的主题内蕴、人物塑造、情感建构、意境营造和语言修辞等，深入发掘其历史、人性和文化内涵，既热情洋溢地推介文艺作品的思想内涵和艺术价值，又一针见血地指出作品存在的问题，以有见地、有逻辑、文质兼美的评论作品赢得人民的尊重和欢迎。

党中央高度重视文艺评论工作，文艺评论工作者使命在肩，任重道远。着眼提高文艺作品的思想水准和艺术水准，着眼为人民提供更多更好的精神食粮，对各种文艺作品和现象开展科学的、正确的、全面的评论，切实推动文艺高质量发展，为当代中国文艺繁荣发展、社会主义文化强国建设作出新的贡献，是我们义不容辞必须承担的责任。